Sabine Spitzer-Prochazka (Hrsg.)

Brot und Spiele

Die Rollen des Essens im psychodramatischen Fokus

Zeitschrift für Psychodrama und Soziometrie

Sonderheft 10 | 2018

Sabine Spitzer-Prochazka (Hrsg.)

Brot und Spiele
Die Rollen des Essens im psychodramatischen Fokus

Impressum

ZPS

Zeitschrift für Psychodrama und Soziometrie
www.springer.com/11620
Heft 02/2018, 17. Jahrgang

Redaktion:
Mag.a Sabine Kern, MSc (Wien), Dr.in Kristina Scheuffgen (Hamm), Sabine Spitzer-Prochazka, MSc (Wien), Christian Stadler (München), Dr. Falko von Ameln (Norden), Mag.a Nadine Wickert, Msc (Wien)

In Zusammenarbeit mit der *Fachsektion für Psychodrama, Soziometrie und Rollenspiel im Österreichischen Arbeitskreis für Gruppenpsychotherapie und Gruppendynamik (ÖAGG)* sowie dem *Deutschen Fachverband für Psychodrama (DFP)*

Anschrift: Redaktion ZPS, Konrad-Adenauer-Str. 27, 85221 Dachau, e-mail: praxisstadler@arcor.de

Wissenschaftlicher Beirat:
Prof. Dr. Dr. Wolfram Bender (München), Adam Blatner, M.D. (San Luis Obispo, CA (California), USA), Prof. Dr. Ferdinand Buer (Münster), Dr.in Ulrike Fangauf (Hofheim), Dr. José Fonseca (Sao Paolo, Brasilien), Dr.in Jutta Fürst (Hall, Austria), Dr. Manfred Gellert (Gelnhausen), Marcia Karp (London, England), Prof. Dr. Jürgen Kriz (Osnabrück), Dr. Reinhard T. Krüger (Isernhagen), Dr.in Grete A. Leutz (Überlingen), Prof. Dr. René Marineau (Montreal, Kanada), Prof. Dr. Klaus Ottomeyer (Klagenfurt, Austria), Hildegard Pruckner MSc (Wien), Prof.in Dr.in Christa Rohde-Dachser (Frankfurt/M.), Eva Røine (Oslo, Norwegen), Dr. Michael Schacht (Münster), Prof. Dr. Michael Schulte-Markwort (Hamburg), Prof. Dr. Franz Stimmer (Lüneburg), Dr.in Maja Storch (Zürich), Dr.in Teodóra Tomcsányi (Budapest, Ungarn), Dr. Kurt Weber (Würzburg), Dr. Michael Wieser (Klagenfurt), Dr. Antony Williams (Melbourne, Australia)

Springer VS | Springer Fachmedien Wiesbaden GmbH
Abraham-Lincoln-Str. 46 | 65189 Wiesbaden
Amtsgericht Wiesbaden, HRB 9754
USt-IdNr. DE811148419

Geschäftsführer: Stefanie Burgmaier | Joachim Krieger | Juliane Ritt

Executive Editor Scientific Journals (GLSP): Sabine Ibkendanz
Editor Scientific Journals (GLSP): Sebastian Frühwirth
Gesamtleitung Anzeigen und Märkte: Volker Hesedenz

Kundenservice: Springer Customer Service Center GmbH; Springer VS-Service; Haberstr. 7, D-69126 Heidelberg; Telefon: +49 (0)6221/345-4303; Telefax: +49 (0)6221/345-4229; Montag bis Freitag 8.00 Uhr bis 18.00 Uhr
E-Mail: springervs-service@springer.com

Marketing: Ronald Schmidt-Serrière M.A.; Telefon: (06 11) 78 78-280; Telefax: (06 11) 78 78-439
E-Mail: Ronald.Schmidt-Serriere@springer.com

Mediaberatung: Yvonne Guderjahn; Telefon: (06 11) 78 78-155; Telefax: (06 11) 78 78-430
E-Mail: Yvonne.Guderjahn@springer.com

Anzeigendisposition: Nicole Frohnweiler; Telefon: (06 11) 78 78-147; Telefax: (06 11) 78 78-443
E-Mail: nicole.frohnweiler@springer.com
Anzeigenpreise: Es gelten die Mediadaten vom 1.1.2016

Produktion/Layout: Marina Litterer; Telefon: (0 62 21) 48 78-755
E-Mail: marina.litterer@springer.com

Den Bezugspreis können Sie beim Kundenservice Zeitschriften erfragen:
E-Mail: subscriptions@springer.com

Jährlich können Sonderhefte erscheinen, die nach Umfang berechnet und den AbonnentInnen des laufenden Jahrgangs mit einem Nachlass von 25% Rabatt des jeweiligen Ladenpreises geliefert werden. Bei Nichtgefallen können die Sonderhefte innerhalb einer Frist von 3 Wochen zurückgegeben werden.

© Springer 2018

Alle Rechte vorbehalten. Kein Teil dieser Zeitschrift darf ohne schriftliche Genehmigung des Verlages vervielfältigt oder verbreitet werden. Unter dieses Verbot fällt insbesondere die gewerbliche Vervielfältigung per Kopie, die Aufnahme in elektronische Datenbanken und die Vervielfältigung auf CD-Rom und allen anderen elektronischen Datenträgern.

ISSN 1619-5507 (Print)
ISSN 1862-2526 (Online)

Zeitschrift für Psychodrama und Soziometrie

Vorwort

Sabine Spitzer-Prochazka
Brot und Spiele. Die Rollen des Essens im psychodramatischen Fokus 1

Hauptbeiträge

Julia Ortner
In aller Munde – eine soziodramatische Betrachtung der Ernährung. 7

Lisa Tomaschek-Habrina
Ernährung und Essverhalten bei Erschöpfungsprozessen von Burnout-Betroffenen
aus psychodramatischer Sicht. 17

Christoph Buckel · Uwe Reineck
Szenen des Essens im Rahmen von Lernreisen. Begegnungen beim Essen als Lernimpuls
für Organisationen. 33

Daniela Trattnigg
Soul_cuisine – das psychodramatische Arrangement des sinnlichen KOCH_DIALOGES. . . . 45

Regina Bulian
Von Knusperhäuschen, süßem Brei und Götterspeisen: Die Inszenierung
von Märchenszenen im Psychodrama. 67

Sabine Spitzer-Prochazka · Christian Stadler
Zum Essen, bitte! Psychodramatische Arrangements rund ums Thema Essen. 81

Birgit Zilch-Purucker
Ernährung und Essen in der Psychoonkologie: ein Begegnungs- und Handlungsraum. 89

Christine Pichlhöfer
Wann bin ich richtig? Prävention von Essstörungen 103

Bettina Waldhelm-Auer
Das Wiederentdecken des gesunden Essverhaltens 119

Heidi Fausch-Pfister
Musikalische Interventionen in der Psychodrama-Therapie. Musik, ein Lebensmittel
bei Essstörungen. 129

Susanne Kunz-Mehlstaub
Komorbidität bei Essstörungen und ihre therapeutischen Implikationen.
Die Zeit allein heilt nicht alle Wunden. 143

Ulrike Altendorfer-Kling
An der Schnittstelle zwischen ärztlicher und psychotherapeutischer Behandlung
der Anorexia nervosa. Anika bietet eine Freundschaft am Abgrund 159

VORWORT

Brot und Spiele
Die Rollen des Essens im psychodramatischen Fokus

Sabine Spitzer-Prochazka

Online publiziert: 23. Oktober 2018
© Springer Fachmedien Wiesbaden GmbH, ein Teil von Springer Nature 2018

Liebe Leserin, lieber Leser,

ich möchte Sie gerne einladen, folgendes Bild auf Ihrer inneren Bühne entstehen zu lassen:

> Ein reich gedeckter Tisch im Schatten eines ausladenden Apfelbaums, üppig dekoriert mit bunten Blumen, deren Farben sich auf den kunstvoll gefalteten Servietten wiederfinden. Im geflochtenen Weidenkorb verstecken sich knusprige Gebäckstücke, reichlich bestreut mit Sesam, Mohn oder Rosmarinsalz, in der Schüssel daneben stapeln sich goldgelbe Birnen, saftige Melonenstücke, überreife Pfirsiche und leuchtendrote Himbeeren. Nebenan eine Platte mit kaltem Braten (sehen Sie die krosse, pikant gewürzte Kruste?), rosafarbene Schinkenrollen, fein durchzogene Wurstscheiben neben großlöchrigem Emmentaler und cremigem Weichkäse. Farbenfroh harmoniert das Rote-Rüben-Carpaccio mit dem steirischen Käferbohnen-Salat. Der Altwiener Guglhupf trägt eine dicke Schicht aus Staubzucker, daneben warten hübsche Croissants auf die selbstgemachten Marmeladen. Dazu passt der erfrischende, eiskalt aufgeschäumte Lavendelsirup. Falls Sie Tee bevorzugen: die bauchigen Kannen halten anregende Aromen für Sie bereit ....

Wenn Sie mir bis hierher gefolgt sind, woran denken Sie gerade? Vielleicht hat der süße Kuchen Erinnerungen geweckt? Gut möglich, dass Sie Ihre längst verstorbene Großmutter sehen, wie sie in der Blumenschürze vor dem Backrohr steht und den Handmixer schwingt. Oder gab es bei Ihnen immer sonntags Braten, und die ganze Familie versammelte sich um den Mittagstisch? Gut möglich, dass Onkel Gebhard

S. Spitzer-Prochazka (✉)
Schwaigergasse 35/25, 1210 Wien, Österreich
E-Mail: therapeutin@aon.at

und Tante Mitzi noch vor der Suppe so innig zu streiten begonnen haben, dass bis zum Hauptgang sämtliche Familienmitglieder in die Kontroversen involviert waren – aber spätestens beim Dessert alle wieder gut miteinander waren.

Oder haben Sie Hunger verspürt, angesichts unseres reich gedeckten Tisches? Wann haben Sie eigentlich zuletzt gegessen, was und wie viel? Haben Sie achtsam Bissen für Bissen genossen oder in atemberaubender Geschwindigkeit alles hinuntergeschlungen? Gut möglich, dass Sie beim Anblick der Speisen blitzschnell, weil routiniert, das Mischungsverhältnis aus Kohlehydraten und Eiweiß überprüft, den Fettgehalt gecheckt und die Kalorien addiert haben. Um gleich danach die nächste Sporteinheit zu planen (um das Croissant zu verbrennen, müssten Sie 28 min joggen oder 38 min Yoga machen ...). Gut möglich aber auch, dass Sie unserem Buffet angeekelt den Rücken kehren, weil es alles andere als vegan gestaltet ist.

Das Essen in all seinen Facetten berührt uns auf sämtlichen Rollenebenen: es beeinflusst unsere körperliche Verfassung, weckt und dämpft Gefühle, ist wichtiges Bindemittel sozialer Beziehungen und wird oftmals zur Glaubensfrage. Es begleitet uns ein Leben lang: vom Säuglingsbrei der ersten bis zum Brei der späten Jahre im Altersheim spiegelt unsere Nahrung auch Abhängigkeiten wieder. So mancher Kampf um Autonomie spielt sich am Familienesstisch ab und wird über die Nahrung ausgefochten. In allen Schattierungen kann das Essverhalten problematisch werden oder gestört sein, ein Zuviel oder Zuwenig, Einseitigkeit oder generelle Verweigerung bieten ausreichend Konfliktstoff für die Beziehung zum eigenen Körper.

Glücklich schätzen kann sich, wer mit obigem Buffet einfach einen schönen Sonntagmorgen beim Brunch mit den Liebsten verbindet, und genießen kann, den Moment, die Begegnung und die wunderbaren Nahrungsmittel. Nicht umsonst gilt das (Wieder)Entdecken der Genussfähigkeit als ein wesentliches Ziel in der Psychotherapie. Davon und von anderen Themen rund ums Essen handeln die Beiträge in diesem Sonderband, für den Autorinnen und Autoren aus Deutschland, Österreich und der Schweiz ihren psychodramatischen Erfahrungsschatz zur Verfügung gestellt haben.

Den Sonderband eröffnet Julia Ortner mit einer soziodramatischen Betrachtung der Ernährung. Als gebürtige Kärntnerin lebt die Autorin seit mehr als zwei Jahrzehnten in Wien, sie war unter anderem in der Sozial- und Jugendarbeit sowie in der Film- und Werbebranche tätig, bevor sie ihre Psychotherapiepraxis in Wien eröffnete. In ihrem Artikel geht sie bis in die Steinzeit zurück, um die Entwicklung der aktuellen Ernährungstrends nachzuzeichnen – Trends, deren es immer mehr zu geben scheint und die sie in ihrer Auflistung erklärt: Von Veganismus und Clean Eating, über Super- und Raw Food, bis hin zu Low- und gänzlich Free-Carb reichen die Ernährungsgewohnheiten der heutigen Zeit. In einer „Gesellschaft der OptimiererInnen", so Ortner, „wird die intensive Beschäftigung mit der Ernährung zur Pflicht".

Lisa Tomaschek-Habrina ist – unter anderem – Mitbegründerin eines Instituts für Burnout- und Stressmanagement in Wien und Betreiberin eines Blogs zu allen Themen rund um Burnout und dessen Behandlungsmöglichkeiten. In ihrem Beitrag stellt sie Zusammenhänge zwischen Erschöpfungsprozessen und der Ernährung her und erläutert, wie sie betroffene KlientInnen mittels mehrdimensionalen Behandlungskonzepts begleitet und dabei unterstützt, jene Lebensgewohnheiten zu verändern, die zur Erschöpfung geführt haben.

Die Unternehmensberater Christoph Buckel und Uwe Reineck, beide vom Psychodrama-Institut Freiburg/Heidelberg, gestalten Lernreisen, das sind mobile Seminare mit dem Ziel, die TeilnehmerInnen szenisch mit unbekannteren Welten zu konfrontieren, um ihnen neue Perspektiven auf die eigene Rollengestaltung zu ermöglichen. Im Rahmen dieser ganzheitlichen, reich- und nachhaltigen Form von Lernen und Persönlichkeitsentwicklung spielen Szenen des Essens eine besonders nahrhafte Rolle, weil: „Sie aktivieren basale Rollen, die sonst häufig ausgeblendet werden. Sie schaffen Atmosphäre, in der es sich leichter vertrauen und leichter verdauen lässt.", so die Autoren.

Ein psychodramatisches Arrangement, das sie vollständig aus Szenen des Essens entwickelt hat, präsentiert Daniela Trattnigg in ihrem Beitrag über den sinnlichen Koch_Dialog. Die Kärntner Psychodramatikerin und zusätzlich ausgebildete Sexualtherapeutin bezeichnet sich selbst als Lebenslustköchin und zieht zahlreiche Parallelen zwischen Kochen, Essen und Sexualität. Letztere müsse „ebenso wie Kochen gelernt werden, damit sie schließlich zur Kunstform wird und auf mehreren Ebenen erfüllend gelebt werden kann", postuliert sie in ihrem Beitrag.

Das Lebkuchenhaus, den süßen Brei, Schneewittchens vergifteten Apfel – wer kennt sie nicht, die anschaulichen, symbolstarken Nahrungsmittel aus den Überlieferungen der Gebrüder Grimm. Märchenhafte Essens-Szenen serviert uns Regina Bulian, Psychotherapeutin und Pädagogin aus der Steiermark, wenn sie in ihrem Artikel über die Inszenierung verschiedener Märchenstoffe schreibt. In einem Beispiel lässt sie die TeilnehmerInnen einer Jahresgruppe ein neues Gruppenmärchen entwickeln, indem jedeR die eigene Lieblingsfigur auf die Bühne bringt. Im Feedback und Sharing zu diesem Spiel wird erkennbar, welche Themen die DarstellerInnen der Prinzessin auf der Erbse, vom Wolf sowie der Hexe aus Hänsel und Gretel im Alltag gerade beschäftigen.

Spielerisch geht es auch im nächsten Beitrag weiter: Christian Stadler und Sabine Spitzer-Prochazka, die beiden HerausgeberInnen der Zeitschrift für Psychodrama und Soziometrie, haben verschiedene Arrangements gesammelt, die sich der Symbolik des Essens bedienen und in Beratung und Therapie eingesetzt werden können, um Gruppenprozesse in Gang zu bringen.

Findet der Alltag vorwiegend im Krankenhaus statt und ist er geprägt von lebensbedrohlichem Kranksein, kommt der Ernährung wiederum eine besondere Rolle zu. Über ihren Zugang in der Rolle der Psychoonkologin schreibt Birgt Zilch-Purucker: „Wenn die Begegnung tragend ist, dann kann über die Themen Ernährung und Essen sich das Existentielle öffnen: Gespräche über Tod und Abschied, Autonomie und Abhängigkeit, Zwänge und Freiheit in den zwischenmenschlichen Beziehungen, nur um die wichtigsten zu benennen." Die Autorin ist ärztliche Psychotherapeutin und hat langjährige Erfahrung in der Beratung und Betreuung krebskranker Menschen und deren Angehöriger. Sie arbeitet im evangelischen Krankenhaus in Wesel.

Der zweite Teil des Sonderbandes widmet sich dem Thema Essstörungen. Damit diese gar nicht erst entstehen, setzt die Präventionsarbeit schon in Kindergarten und Schule an. „Die Förderung von Lebenskompetenz wird international als wirkungsvollste (sucht-)präventive Maßnahme bei Kindern und Jugendlichen ein-

gesetzt", schreibt Christine Pichlhöfer in der Einleitung ihres Beitrags „Wann bin ich richtig?" und erläutert den Aufbau und Inhalt jener Präventions-Workshops, die sie an verschiedenen Schulen leitet. Als Ursachen für Essstörungen ortet sie neben anderen Faktoren auch gesellschaftliche Entwicklungen wie den Trend zur „Körperoptimierung". Die Psychotherapeutin und Sozialarbeiterin ist seit den 90er Jahren in der Suchtarbeit tätig, unter anderem ist sie Projektleiterin in der Suchtprävention in Niederösterreich und Wien.

Besonders erfahren und spezialisiert in der Suchtarbeit ist auch Bettina Waldhelm-Auer, die in eigener Praxis in Salzburg tätig ist und zahlreiche Lehraufträge für Suchttherapie innehat. Ausgehend vom Fallbeispiel einer Bulimie-Patientin zeigt die Autorin die Entwicklungsschritte auf dem Weg zu einem gesunden Essverhalten auf: „Zum Wiedererlernen normalen Essverhaltens gehören die Integration des Körpers, die Wahrnehmung abgespaltener Gefühle und perfekter Ziele, sowie die Förderung entsprechender Rollen der körperlichen Fürsorglichkeit.", zählt sie in ihrem Beitrag auf.

Warum sich Musiktherapie so gut für den Einsatz in der Behandlung von Essstörungen eignet und wie diese im Rahmen einer Psychodramatherapie eingesetzt werden kann, beschreibt Heidi Fausch-Pfister in ihrem Artikel. Neben der Arbeit in ihrem Atelier für Musiktherapie und Psychodrama im Schweizer Kanton Aargau lehrt und publiziert sie international. „Musik berührt ohne Körperkontakt", schreibt sie in ihrem Beitrag und resümiert: „Psychodrama und Musiktherapie sind ein starkes Paar."

Menschen mit Essstörungen leiden oft zusätzlich an weiteren Erkrankungen, wie Depressionen, posttraumatischen Belastungs- oder Persönlichkeitsstörungen – diesem Phänomen der Komorbidität widmet sich Susanne Kunz-Mehlstaub in ihrem Beitrag. Die Psychotherapeutin und Fachärztin für Psychiatrie, die ihre Ausbildung in Österreich und der Schweiz absolviert hat, lebt in St. Gallen und hat kürzlich, gemeinsam mit Christian Stadler, ihr erstes Buch veröffentlicht.

Abschließend führt uns Ulrike Altendorfer-Kling an die Schnittstelle zwischen Medizin und Psychotherapie. Anhand eines Fallbeispiels zeigt sie auf, welche komplexen Herausforderungen die stationäre Behandlung einer Jugendlichen mit Anorexie an die BehandlerInnen beider Disziplinen stellt und wo die Gefahren einer Rollenkonfusion liegen. Die Autorin ist Fachärztin am Salzburger Landesklinikum, Leiterin der Kinderseelenhilfe Salzburg und hat verschiedene Lehraufträge inne.

Trotz der Fülle an Beiträgen liegt eine unfreiwillig abgespeckte Version dieses Sonderbandes vor Ihnen, weil zahlreiche KollegInnen ihre zugesagten Beiträge leider nicht abgeliefert haben. Etliche Zusagen wurden im allerletzten Moment noch zurückgezogen, sodass es auch nicht mehr möglich war, rechtzeitig Ersatz zu finden. Damit sind viele weitere spannende Aspekte des Essens-Themas leider buchstäblich unter den Tisch gefallen. Umso mehr: ganz herzlichen Dank an jene Autorinnen und Autoren, die sich durchgebissen und uns die Lektüre schmackhaft gemacht haben!

Übrigens: falls Sie tatsächlich Lust auf die Speisen unseres eingangs imaginierten Buffets bekommen haben – Sie finden einige Rezepte zum Nachkochen in diesem Heft. Wir haben die Autorinnen und Autoren gebeten, ihre Lieblingsrezepte zu verraten und haben diese im Anschluss nach jedem Artikel abgedruckt. In diesem Sinne wünsche ich Ihnen diesmal nicht nur viel Freude beim Lesen, sondern auch

beim Nachkochen und Genießen von Rote-Rüben-Carpaccio, Schweinebraten und mehr.

Guten Appetit!

S. Spitzer-Prochazka

Sabine Spitzer-Prochazka, Jg. 1968, Psychodrama-Psychotherapeutin in freier Praxis in Wien, Gruppentherapeutin in der psychotherapeutischen Ambulanz des ÖAGG, Redakteurin und Mitherausgeberin der Zeitschrift für Psychodrama und Soziometrie.

HAUPTBEITRÄGE

In aller Munde – eine soziodramatische Betrachtung der Ernährung

Julia Ortner

Online publiziert: 24. Oktober 2018
© Springer Fachmedien Wiesbaden GmbH, ein Teil von Springer Nature 2018

Zusammenfassung Dieser Beitrag der Zeitschrift für Psychodrama und Soziometrie gibt einen kurzen Überblick über die Geschichte der Nahrung und der soziodramatischen Entwicklung von Ernährung. Dabei beleuchtet er den allgemeinen Wandel der Bedeutung des Essens in der westlichen Gesellschaft. Er zeigt Ursachen und Gründe für die steigende Zahl an Ernährungstrends und beschreibt den Einfluss dieser gesellschaftlichen Entwicklung in der therapeutischen Arbeit.

Schlüsselwörter Psychodrama · Soziodrama · Sozimetrischer Status · Ernährung · Essstörungen · Soziokulturelles Atom · Rolle · Identität

On everyone's lips – a sociodramatic view of nutrition

Abstract This article gives a short overview of the history of food and sociodramatic developments in nutrition. It also sheds light on how the meaning of food has changed in western society. It addresses the causes of emerging nutritional trends and how they affect therapeutic work.

Keywords Psychodrama · Sociodrama · Sociometric Status · Nutrition · Eating Disorder · Sociocultural Atom · Role · Identity

---

J. Ortner, DSA, MSc (✉)
Antonigasse 92, 1180 Wien, Österreich
E-Mail: praxis@juliaortner.at

1 Einleitung

Die einen essen nur unbehandelte Lebensmittel aus lokalem Anbau, andere ernähren sich wie die Menschen in der Steinzeit. Wieder andere verschreiben sich sogenannten Superfoods oder essen ihre Lebensmittel einfach roh. Ernährungstrends gibt es derzeit wohl mehr denn je (Trendreport Food 2017, 15.07.2018).

Seit Beginn des 21. Jahrhunderts wuchs die Vielfalt an Ernährungsgewohnheiten in Europa und den USA stetig. Zwar war Ernährung immer schon von den wirtschaftlichen Möglichkeiten abhängig und sozialisatorisch-kulturell geprägt, nie war die Bandbreite an Ernährungsformen und -möglichkeiten jedoch so groß wie heute. Und nie diente Ernährung so stark als Ausdruck des soziometrischen Status in der Gesellschaft und der eigenen Individualität (Schröder 2016).

So spiegelt Ernährung immer auch die soziale Ungleichheit einer Gesellschaft wider. Untersuchungen zeigen, dass sich Menschen mit niedrigem sozialen Status häufig ungünstiger ernähren, als Menschen mit hohem sozialen Status. Als Ursachen können ein komplexes Zusammenspiel aus *sozioökonomischen/strukturellen Faktoren* (z. B. fehlende finanzielle Ressourcen und Einfluss aus dem Wohnumfeld), *psychosoziale Faktoren* (z. B. Selbstwirksamkeitserwartungen und fehlende soziale Unterstützung) und *soziokulturelle Faktoren* (z. B. Körperbild und die Sozialisation von Ernährungsgewohnheiten) gesehen werden (Sozialer Status und Ernährungsqualität 2010, 15.07.2018).

Soziale Ungleichheiten im Ernährungsverhalten und den Ernährungsmöglichkeiten begleiteten die Menschen durch alle Zeitepochen. Was „auf den Teller kommt" ist seit je her auch Ausdruck des gesellschaftlichen Status eines Menschen.

Das folgende Kapitel soll einen kurzen Überblick über Entwicklung und Wandel des Nahrungsangebotes geben und soziometrische Dynamiken durch Veränderungen in der Nahrungsgewinnung so wie die Auswirkungen der sozialen Stellung auf die Ernährung aufzeigen.

2 Der Wandel der Ernährung von der Steinzeit bis ins 20. Jahrhundert

Zu *Beginn der Menschheitsgeschichte* war das Nahrungsangebot äußerst eingeschränkt. Als SammlerInnen ernährten sich die Menschen hauptsächlich von rohen Pflanzenteilen, Wildgemüse und Obst. In der Steinzeit erweiterte die Jagd das karge Nahrungsangebot durch Fleisch (Hoffmann 2012).

Der *Beginn der Landwirtschaft* ergänzte schließlich den Speiseplan der Menschen mit Getreide- und Milchprodukten. Dennoch aßen die ersten Bauern weniger vielseitig, als zuvor die Jäger und Sammler. Das Grundnahrungsmittel war Brot, gebacken aus unterschiedlichen Getreidesorten. Es stellte den Hauptbestandteil jeder Mahlzeit dar. Nur der Adel und andere höhere Gesellschaftsschichten aßen etwas abwechslungsreicher. Durch Trocken, Einsalzen oder Räuchern konnten Nahrungsmittel nun bereits haltbar gemacht werden.

Zu trinken gab es neben Wasser, hauptsächlich Wein, aber auch Bier. Auch Alkohol war überwiegend höher gestellten Personen und Mönchen vorbehalten (Hirschfelder 2001).

Noch im *15. Jahrhundert* fanden sich hauptsächlich Kohl, Milch, Getreide und wässrige Suppe, Schmalz oder Fleisch auf dem Teller. Mit dem Beginn der Entdeckungen neuer Kontinente und Länder kamen nun jedoch mehr und mehr „neue" Pflanzen über den Seeweg von Indien und Amerika nach Europa. Die Bedeutendste davon war die Kartoffel. Anfangs als Zierpflanze genützt, löste sie schon bald das Brot in seiner Funktion als Grundnahrungsmittel ab. Auch Tomaten wurden zu einem wichtigen Bestandteil der Ernährung. Ebenso erfreuten sich Genussmittel wie Kakao, Zucker, Kaffee und Zitrusfrüchte immer größerer Beliebtheit (Hirschfelder 2001).

Qualität, Quantität und Zusammensetzung der Nahrung waren auch im Spätmittelalter und in der Frühen Neuzeit eine Frage der sozialen Zugehörigkeit. Sozial schwache Schichten hatten auf Grund ihrer schlechten wirtschaftlichen Situation oft Schwierigkeiten sich ausreichend zu ernähren. Auch das Witterungsgeschehen und durch Naturkatastrophen ausgelöste Hungerkrisen führten immer wieder zu Unterversorgung (Ernährung: Spätmittelalter/Frühe Neuzeit, 15.07.2018).

Im *18. Jahrhundert*, mit dem Entstehen neuer Technologien und der Industrialisierung von Produktion, stiegen die Bevölkerungszahlen sprunghaft. Erneut entstand Ressourcenknappheit, die Lebenshaltungskosten stiegen stark an und wieder breitete sich Hunger aus. Fleisch wurde nur noch selten verzehrt. Um die Bevölkerung ernähren zu können, wurde der Anbau robuster Getreidesorten vorangetrieben. Mais, Reis, Kartoffel und Brot bestimmten in dieser Zeit den Speiseplan.

Im *19. Jahrhundert* wurde es schließlich möglich Lebensmittel zu kühlen, gefrieren und luftdicht zu verpacken. Mit der Erfindung der Dampfmaschine entstand erstmals die Möglichkeit, Lebensmittel in größeren Mengen mit der Eisenbahn zu transportieren.

Trotz Industrialisierung und einer Reduktion der Transportkosten bestimmten jedoch, vor allem in ländlichen Gebieten und in der ArbeiterInnenklasse, regionale Nahrungsmittel die Mahlzeiten. Auch waren Speisen wie Fleisch und Weißbrot stark mit sozialem Status und Männlichkeit verknüpft (Pfister et al. 2003/2004).

Die *erste Hälfte des 20. Jahrhunderts* war, vor allem bedingt durch die beiden Weltkriege, erneut geprägt von Lebensmittelknappheit und Hunger. Mit Beginn des Wiederaufbaus verbesserte sich die Nahrungssituation und durch das Wirtschaftswachstum stiegen Nahrungsmittelangebot und Vielfalt. Nach Zeiten des Hungers war nun Schlemmen angesagt. Mahlzeiten wurden als familiäres Ereignis zelebriert.

In den *1960er Jahren* begann auch die außerhäusliche Verpflegung Verbreitung zu finden. Kantinen und Schnellimbisse setzten sich immer mehr durch. Durch vorgefertigte Mahlzeiten konnten die Kochzeiten reduziert und Essgewohnheiten individualisiert werden (Ernährungssysteme, 15.07.2018).

Der Trend zu gesünderer, ausgewogener Ernährung begann in den *1970er Jahren*. Besonders jüngere Menschen begannen sich gesünder zu ernähren. Das hieß weniger Fett, weniger Zusatzstoffe, weniger Weizenmehlprodukte, dafür mehr Vollkorn, mehr naturbelassene Produkte, mehr biologischer Anbau. Der damit verbundene Umweltgedanke etablierte sich auch gesellschaftlich und politisch. Meldungen über Hormone im Fleisch ließ die Zahl der AnhängerInnen fleischloser Ernährung steigen. Das Müsli feierte Einzug am Frühstückstisch, die Zahl an Naturkost- und Bioläden explodierte.

Für die Mehrheit der Bevölkerung war allerdings nach wie vor die schnelle Zubereitung der Mahlzeiten das Wichtigste. Bis zu den *1980er Jahren* stieg der Absatz an Tiefkühlprodukten, Fertiggerichten und Convenience-Food rasant an. Konservierungsmittel, Farbstoffe und Geschmacksverstärker waren ein Verkaufsargument, die Mikrowelle wurde eine beliebte Küchenausstattung und Fast-Food-Ketten verzeichneten noch steigende Umsätze.

Diese ungesunde Ernährung mit viel Fleisch, Fett, Zucker und Eiern zeigte jedoch bald die ersten körperlichen Auswirkungen. Auf die steigende Zahl an übergewichtigen Menschen reagierte der Handel mit kalorienreduzierten Produkten. Sportarten wie Aerobic wurden zum Trend und sollten beim Abnehmen helfen. Auch zahlreiche Lebensmittelskandale verunsicherten die Menschen und nach der Atomkatastrophe von Tschernobyl 1986 galten viele Nahrungsmittel als radioaktiv belastet (Mit Vollkorn in die 80er, 15.07.2018).

Die Frage, was man bedenkenlos essen könne, drängte sich erstmals verstärkt in das Bewusstsein der Menschen in Europa und wurde in den *1990er Jahren* durch Meldungen über Kälbermast, Schweinepest, BSE, Pestizide oder anderen Schadstoffen, Genmanipulation und Hormonen im Essen, bis hin zu Krankheitserregern wie EHEC[1] oder Salmonellen, die durch die Nahrung übertragen werden, vorangetrieben. Das alles hatte zur Folge, dass Nahrung nicht mehr bedenkenlos konsumiert wurde. Vielmehr verbreiteten sich zahlreiche neue Ernährungstipps und Trends, die einen gesunden und bewussten Umgang mit Nahrung forcierten.

So entstand neben der herkömmlichen industriellen Erzeugung von Lebensmitteln eine ökologische Lebensmittelindustrie, die sich wachsender Beliebtheit erfreut.

Wie weit diese sich tatsächlich durch höhere Qualität der Lebensmittel und eine bessere Ökobilanz auszeichnet, hängt von unterschiedlichen Faktoren sowie Lebensmittelgruppen ab und kann nicht gesamtheitlich beantwortet werden (Bewertung von Lebensmitteln verschiedener Produktionsverfahren, 15.07.2018).

3 Ernährung im 21. Jahrhundert

In Europa und den USA gibt es heute deutlich mehr Lebensmittel als benötigt. Dieses Überangebot an Nahrung schaffte zum einen neue Zivilisationskrankheiten (z. B. Übergewicht, Diabetes, Bluthochdruck, Arteriosklerose) und Gefahren durch chemisch belastete Nahrungsmittel, bis hin zu Krankheitserregern (Isst sich die Menschheit krank?, 15.07.2018).

Zum anderen entstand mehr und mehr das Bedürfnis, in dieser Unübersichtlichkeit und diesem Überfluss an Nahrungsmitteln Orientierung zu finden. So bildeten sich neue Wege und Ernährungsformen, die im gesellschaftlichen Übermaß an Möglichkeiten nun als Ausdruck der eigenen Individualität stehen und Halt geben können (Schröder 2016).

---

[1] Enterohämorrhagische Escherichia coli (EHEC) sind krankheitsauslösende Stämme des Darmbakteriums Escherichia coli, die beim Menschen blutige Durchfallerkrankungen auslösen können.

Zwar ist die verbreitetste Ernährungsform immer noch, das gängige Angebot der Lebensmittelindustrie zu konsumieren, die Zahl derer, die sich mit einem Blick auf Ausgewogenheit, Qualität und Gesundheit ernähren, steigt jedoch stetig. Entsprechend vielfältig sind neu entstehende Ernährungsweisen und Ernährungstrends.

3.1 Aktuelle Ernährungstrends

Veganismus ist die derzeit bekannteste und verbreitetste Weise alternativer Ernährung und findet besonders unter jungen Menschen aus bildungsnahem Umfeld sehr großen Zuspruch. Für VeganerInnen sind Fleisch, Fisch, Honig, Eier, Milch und andere tierische Lebensmittel tabu, die Ernährung erfolgt auf rein pflanzlicher Basis. In konsequenter Form verzichten VeganerInnen auch auf jegliche andere Verwendung tierischer Produkte, sei es bei Kleidung, Kosmetik oder Einrichtungsgegenständen. Veganismus bedeutet nicht zwangsläufig sich gesund zu ernähren oder auf eine nachhaltige Lebensweise zu achten, häufig werden diese Aspekte jedoch mitbedacht und praktiziert.

Veganismus entsprich dem veganen Lebensstil, wobei die AnhängerInnen hier auf die Nährstoffe von Eiern nicht verzichten möchten und diese als Ovo-VegetarierInnen in ihren Speiseplan integrieren.

Clean Eating (vormals Vollwertkost) bedeutet auf alle Nahrungsmittel mit künstlichen Zusätzen wie Konservierungsstoffe, Geschmacksverstärker, Farbstoffe, Süß- oder Aromastoffe zu verzichten und leere Kalorien wie Zucker, gesättigte Fette, Weizenmehl oder Alkohol zu vermeiden. Am Speiseplan stehen vor allem pflanzliche Fette, so wie saisonales Obst und Gemüse, ausschließlich frisch gekocht und zubereitet. Als einfache Einkaufsregel gilt, nichts Eingeschweißtes oder anderwärtig industriell Verpacktes und schon gar nichts Vorproduziertes oder Vorgekochtes zu kaufen. Die Wahl regionaler Produkte steht im Vordergrund, wodurch sich Clean Eating nicht nur auf die Gesundheit des eigenen Körpers, sondern auf Grund geringer Transportwege der Nahrung auch positiv auf die Umwelt auswirkt und auswirken soll.

Unter *Superfood* versteht man Lebensmittel mit einem besonders hohen Gehalt an gesundheitsfördernden Stoffen, wie zum Beispiel Chia-Samen, Goji- oder Açai-Beeren. Auffallend ist, dass besonders solche Nahrungsmittel als Superfood gelten, die in entfernten Kulturkreisen beheimatet und dort seit Jahrhunderten für ihren Nährstoffgehalt bekannt sind. Lifestyle geht hier jedenfalls vor Nachhaltigkeit. Denn viele heimische Produkte wie Brombeeren, Leinsamen, Paprika bieten einen ebenso hohen Vitamingehalt, verfügen jedoch über nicht das wunderwirkende Image von Superfood (mit seinen langen Transportwegen).

Die *Paleo-Diät* geht zurück in die Steinzeit und streicht damit alle danach aufgekommenen Lebensmittel, wie Getreide, Nudeln, Reis, Kartoffel, Milch und Zucker etc. vom Speiseplan. Der Steinzeitmensch von heute ernährt sich, ganz wie damals, von Gemüse, Obst, Fisch, Fleisch und Nüssen, darf dabei jedoch auf mühsames Nahrungssammeln und gefährliches Jagen verzichten.

Die *Low-Carb bzw. Carb-Free Ernährung* verfolgt mit dem weitest möglichen Verzicht auf Kohlehydrate, vor allem das Ziel der Gewichtsreduktion.

Die AnhängerInnen der *Raw Food-Bewegung* (vormals Rohkost) gehen davon aus, dass stark erhitze oder gekochte Lebensmittel ihre gesunden Inhaltstoffe verlieren. Da die hierfür genannte Grenze bei 42 °C liegt, scheiden Kochen, Braten und Pasteurisieren aus. Der Verzehr bestimmter Lebensmittel ist dadurch nicht mehr möglich. Viele Raw-Food-AnhängerInnen sind daher auch VegetarierInnen oder VeganerInnen.

Der *Frei von-Trend* resultiert aus der steigenden Unverträglichkeit von Gluten, Laktose, Laktase und Ähnlichem. Die Lebensmittelindustrie hat rasch darauf reagiert und bietet mittlerweile ein großes Spektrum an „Frei von" Lebensmitteln an. Auch nicht von Unverträglichkeiten Betroffene greifen mittlerweile zu solchen Produkten. Hier ist der Verzicht jedoch ein Zeitgeistphänomen.

4 Eine Gesellschaft der OptimiererInnen

Dieser Vielzahl an aktuellen Ernährungsformen kommen auch „AllesesserInnen" nicht aus. Finden Mahlzeiten in größerer Gruppe statt, wird die Form der Ernährung schnell zum Thema und die Planung einer Essenseinladung, auf Grund der Nahrungsunverträglichkeiten und Ernährungseigenheiten, manchmal zu einer kleinen Herausforderung. In Zeitschriften und Sozialen Medien ist das Thema Ernährung ebenso präsent. Dabei geht es nicht nur um Gesundheit. Die Selbstoptimierung des eigenen Körpers ist Standard und unzählige dementsprechende Tipps füllen die Medien und finden ihre NachahmerInnen. Will man dazugehören, dabei sein, am Puls der Zeit leben, wird die intensive Beschäftigung mit Ernährung zur Pflicht. Sei es, Inhaltsstoffe und Kalorien immer präsent zu haben oder Kochen als die neue Gemütlichkeit zu zelebrieren. Diese Trends führen zu verändertem Essverhalten bis hin zu möglichen neu entstehenden Essstörungen (Orthorexie).

Nicht grundlos hat sich „Foodporn", als gängige Bezeichnung für die Darstellung des eigenen Essens in sozialen Netzwerken etabliert.

In Teilen der Gesellschaft ist Ernährung mittlerweile zu einem Lifestyle avanciert und dient als „Identitätsdomäne" (Stadler 2017, S. 38). Menschen definieren sich darüber, was sie essen oder nicht essen, fühlen sich dadurch einer bestimmten Gruppe zugehörig oder grenzen sich von anderen ab. So lässt das Ernährungsverhalten heute mehr denn je, eine Zuordnung zu einer bestimmten sozialen Gruppe zu und kann als Code eines soziometrischen Status gesehen werden (Sozialer Status und Ernährungsqualität, 15.07.2018).

Veganismus, Clean-Eating, Rohkost – sich so zu ernähren wird längst nicht mehr nur mit moralisch-ethischen Argumenten begründet, sondern entspringt einem Zeitgeist, einem Konzept der Selbstoptimierung. Genuss und Gelassenheit gehen darüber verloren. Man hofft, diese am Markt der Achtsamkeitskurse wiederzufinden, dabei doch stets im Hinterkopf eine mögliche Leistungssteigerung durch Stressreduktion.

Unsere Gesellschaft, die auf Leistung und Effizienz getrimmt ist, sieht Gesundheit, Fitness und Erfolg, ja auch Schönheit und Glück, mittlerweile fast als moralische Pflicht an. Abweichungen dieser Normen werden zumeist als rein selbstverschuldet gesehen, als allein charakterliche Schwächen des Individuums („zu faul", „zu verfressen"), das sich nicht genug bemüht hat. Gesund und krank, arm und reich,

werden heute häufig als selbstgestaltete Zustände gewertet (Thelen 2016). Eine Vorstellung, mit der sich auch politisch die schrittweise Aufhebung eines „Sozialstaats" und die Spaltung der Gesellschaft trefflich vorantreiben lässt.

5 Psychotherapie und gesellschaftliche Entwicklungen

Der Einfluss gesellschaftlicher Entwicklungen auf die therapeutische Praxis und Therapieinhalte ist immanent. Im Kontext von Selbstoptimierung und dem Drang nach Perfektion kommt auch das Thema Ernährung in seinen unterschiedlichen Facetten in der Psychotherapie verstärkt zur Sprache. Hier eine gesunde Balance zwischen Teilhabe, Abgrenzung und Arrangement zu vermitteln, ist Teil des psychotherapeutischen Prozesses und bedarf neben der therapeutischen Arbeit eines grundlegenden Interesses der TherapeutInnen an gesellschaftlichen und politischen Entwicklungen, so wie einer steten Auseinandersetzung mit dem eigenen Weltbild.

Gemüsesuppe mit (oder ohne) Huhn

Julia Ortner

Portionen: 6

- 1,5 L Gemüse- oder Hühnerbrühe
- Gemüse nach Saison, z.B.
- 1 gr. Brokkoli
- 3 Zucchini
- 5 Karotten
- 4 Tomaten
- 1 Hand Fisolen
- 1 Fenchelknolle
- 1 Bund Frühlingszwiebel
- 3 Knoblauchzehen
- 6 EL Basilikum-Pesto
- 1 kl. Portion Spagetti (in Stücke gebrochen)
- 1 Hand voll Basilikum
- 1 Hand voll Schnittlauch
- 6 Hühnerkeulen
- Olivenöl
- Meersalz
- Pfeffer

Brühe in einem Topf zum Kochen bringen. Währenddessen Gemüse klein schneiden. In einem zweiten (großen) Topf etwas Olivenöl bei mittlerer Temperatur erhitzen und Knoblauch, Frühlingszwiebel und Fenchel darin weich schwitzen. Das restliche Gemüse, die Spagetti, die heiße Brühe und das Pesto dazugeben. Zum Kochen bringen und dann etwa 10 Minuten leicht köcheln lassen. Die gehackten Kräuter dazugeben. Mit Salz und Pfeffer abschmecken. Die Suppe in großen Schalen anrichten und jede Portion mit 2–3 Basilikum-Blättern garnieren.

Variante mit Huhn:
Die Hühnerkeulen gleich zu Beginn in die Brühe geben und mitkochen. Am Ende die fertig gekochten Hühnerkeulen aus der Suppe nehmen, auslösen und das Fleisch in großen Schalen verteilen. Dann die Suppe zum Fleisch in die Schalen schöpfen.

Tipp:
Um die Spagetti zu zerkleinern, wickeln Sie sie eng in ein Küchentuch. Dann ziehen Sie das Bündel mit etwas Druck über eine Tischkante und fertig sind die Suppennudeln. ☐☐

Literatur

Verwendete Literatur

Hauner, H. (2011). Isst sich die Menschheit krank? Über den Zusammenhang von moderner Ernährung und Zivilisationskrankheiten. https://www.badw.de/fileadmin/pub/akademieAktuell/2011/36/11_hauner.pdf Zugegriffen: 15. Juli 2018.

Hirschfelder, G. (2001). *Europäische Esskultur. Geschichte der Ernährung von der Steinzeit bis heute.* Frankfurt am Main: Campus.

Hoffmann, E. (2012). *Lexikon der Steinzeit.* Norderstedt: Books on Demand.

Kink, B. (2012). Ernährung: Spätmittelalter/Frühzeit: https://www.historisches-lexikon-bayerns.de/Lexikon/Ernährung_(Spätmittelalter/Frühe_Neuzeit) Zugegriffen: 15. Juli 2018.

Mit Vollkorn in die 80er. http://www.zeitklicks.de/brd2/zeitklicks/zeit/alltag/essen-und-wohnen/mit-vollkorn-in-die-80er/ Zugegriffen: 15. Juli 2018.

Muff, C., Weyers, S. (2010). Sozialer Status und Ernährungsqualität: https://www.ernaehrungs-umschau.de/fileadmin/Ernaehrungs-Umschau/pdfs/pdf_2010/02_10/EU02_2010_084_089.qxd.pdf Zugegriffen: 15. Juli 2018.

Pfister, U., Fertig, G., Lampe, M, Lübbers, T., Flüchter, A., Baltze, M. (2003/2004). Ernährungssysteme/Facts. https://www.uni-muenster.de/Geschichte/SWG-Online/alltagsgeschichte/konsum_facts.htm Zugegriffen: 15. Juli 2018.

Schröder, T. (2016). Ernährungstrends im Kontext von Individualisierung und Identität. *HiBiFo*, *2016*(3), 127–136.

Stadler, C. (2017). *Ich bin viele. Psychotherapie mit Ich-Anteilen.* München, Basel: Ernst Reinhard.

Tauscher, B., Brack, G., Flachowsky, G., et al. (2003). Bewertung von Lebensmitteln verschiedener Produktionsverfahren. http://www.bmel.de/SharedDocs/Downloads/Ernaehrung/LebensmittelVergleich.pdf?__blob=publicationFile. Zugegriffen: 15. Juli 2018.

Thelen, C. (2016). *Gesundheitswahn? Selbstoptimierung und individueller Zwang als Reaktion auf sozialen Druck zur gesunden Ernährung.* München: Grin.

Trendreport Food © YouGov 2016 (2017). Trendreport Food 2017. https://d25d2506sfb94s.cloudfront.net/r/52/Studieninformationen_Trendreport_Food_2017.pdf, Zugegriffen: 15. Juli 2018.

Weiterführende Literatur

AOK – Die Gesundheitskasse. Welche Ernährungstrends sind gesund? https://gesundheitsmanager.aok.de/essen-und-figur/abnehmen/welche-ernaehrungstrends-sind-gesund-25839.php Zugegriffen: 15. Juli 2018.

Bundesministerium für Ernährung und Landwirtschaft (BMEL) Referat L3 (Hrsg.). (2017). Deutscher Ernährungsreport 2017: https://www.bmel.de/SharedDocs/Downloads/Broschueren/Ernaehrungsreport2017.pdf;jsessionid=5B9FB40553DE1D7E179BA987E95F9EB1.1_cid296?__blob=publicationFile Zugegriffen: 15. Juli 2018.

Pfister, U., Fertig, G., Lampe, M., et al. (2003/2004). Ernährungssysteme/Systeme. https://www.uni-muenster.de/Geschichte/SWG-Online/alltagsgeschichte/konsum_systeme.htm Zugegriffen: 15. Juli 2018.

Rützler, H., & Reitler, W. (2015). *Muss denn Essen Sünde sein? Orientierung im Dschungel der Ernährungsideologien.* Wien: Brandstätter.

Springer SE. (2016). Skurile Ernährungstrends – Von Paleo bis Pulver. https://www.welt.de/gesundheit/gallery152817340/Skurrile-Ernaehrungstrends-von-Paleo-bis-Pulver.html Zugegriffen: 15. Juli 2018.

Waskow, F., Renner, M. (1996). Ernährungskultur im Wandel der Zeiten. https://www.katalyse.de/wpcontent/uploads/2013/08/ern__hrungskultur_im_wandel_der_zeiten.pdf Zugegriffen: 15. Juli 2018.

Julia Ortner DSA, MSc, Jg. 1973, Psychodrama-Therapeutin in freier Praxis in Wien.

HAUPTBEITRÄGE

Ernährung und Essverhalten bei Erschöpfungsprozessen von Burnout-Betroffenen aus psychodramatischer Sicht

Lisa Tomaschek-Habrina

Online publiziert: 23. Oktober 2018
© Springer Fachmedien Wiesbaden GmbH, ein Teil von Springer Nature 2018

Zusammenfassung In diesem Artikel der Zeitschrift für Psychodrama und Soziometrie geht es um die Zusammenhänge zwischen Ernährung und Erschöpfungsprozessen. Burnout-Betroffene ernähren sich in Stressphasen nachweislich ungesund. Die Folge: Der allgemeine körperliche und seelische Zustand verschlechtert sich noch zusätzlich durch Fehl- und Mangelernährung. Rollenkonserven stabilisieren diesen Zustand. Die Rückbesinnung auf auto-telische Prozesse der Selbstwahrnehmung helfen der Fehlentwicklung entgegen zu steuern.

Schlüsselwörter Psychodrama · Stress · Burnout · Erschöpfung · Essverhalten · Rollenkonserven · Esstypen

Nutritionand eating behavior in exhaustion processes of burnout affected from a psychodramatic point of view

Abstract This article in the Journal of Psychodrama and Sociometry deals with the relationships between eating and exhaustion. Burnout effected have an unhealthy nutrition in stress periods. The result: The general physical and emotional state is further worsened by malnutrition. Role conserves stabilize this condition. The return to auto-telic processes of self-perception helps to counteract the maldevelopment.

Keywords Psychodrama · Stress · Burnout · Exhaustion · Eating habits · Role Conserves · Eating-Types

---

L. Tomaschek-Habrina (✉)
ESBA – European Systemic Business Academy, Frankgasse 1, 1090 Wien, Österreich
E-Mail: l.tomaschek@esba.eu

1 Essen im Stress

Leistungsfähigkeit und Gesundheit werden neben ausreichender Bewegung, entsprechenden Entspannungsphasen und Psychohygiene, in einem hohen Ausmaß von der Ernährung beeinflusst. Optimale Ernährung steigert die Widerstandskraft, Belastbarkeit und Stressresistenz. Eine ausgewogene Ernährung ist daher Voraussetzung für die Funktionstüchtigkeit des Körpers. Stress versetzt den Organismus in eine erhöhte Alarmbereitschaft mit erhöhtem Energiebedarf, der idealerweise über die Nahrungszufuhr dem Körper zur Verfügung gestellt wird (Strahler und Nater 2018).

1.1 Essen und Ernährung

Der in der professionellen Kommunikation gern verwendete Begriff „Ernährung" hat für die Bevölkerung eine gänzlich andere Bedeutung als der Begriff „Essen". „Essen" wird mit dem positiven emotionalen Genusserlebnis und dem praktischen Handeln assoziiert, während „Ernährung" deutlich auf Gesundheit und die biologischen Faktoren der Nahrungsaufnahme hinweist. „Ernährung" hat somit eine starke Wissensdimension, aber nur eine schwache Handlungsdimension, wohingegen bei „Essen" stark die Handlungsdimension dominiert (Elllrott 2015, R63). Bei Menschen unter Stressbelastung verändert sich vor allem die Handlungsdimension des Essens, obwohl die Wissensdimension der gesunden Ernährung weiterhin besteht. Das führt KlientInnen oft in ein Dilemma, wider besseren Ernährungswissens, ihr Essverhalten weniger gesundheitsförderlich zu gestalten.

1.2 Essen in Erschöpfungsprozessen

Menschen in Erschöpfungszuständen aufgrund langanhaltender Dauerstressphasen, schenken ihren Mahlzeiten über weite Strecken wenig Aufmerksamkeit. Sie nehmen sich oft keine Zeit zum Essen oder essen wahllos durcheinander. Die Ernährung spielt jedoch bei wichtigen Stoffwechselfunktionen eine wesentliche Rolle, damit wir den Stress besser verarbeiten können. Burnout Betroffene nutzen diesen wichtigen Energiebringer viel zu wenig. Schließlich hat man zu viel Stress um sich gesund und bedarfsgerecht zu ernähren – vom Einkauf bis zur aufwendigen Zubereitung – alles nur zusätzlicher Aufwand!

Im fortgeschrittenen Burnout Stadium kommen dann noch Antriebslosigkeit, Depressionen und allgemeine Schwäche und Erschöpfung hinzu: alles Faktoren, die eine Veränderung der Ernährungsgewohnheiten zum Positiven nicht unbedingt fördern. Die Folge: Der allgemeine körperliche und seelische Zustand verschlechtert sich zusehends auch durch Fehl und Mangelernährung – eine negativ Spirale beginnt und damit ein zusätzlicher Stress-Faktor.

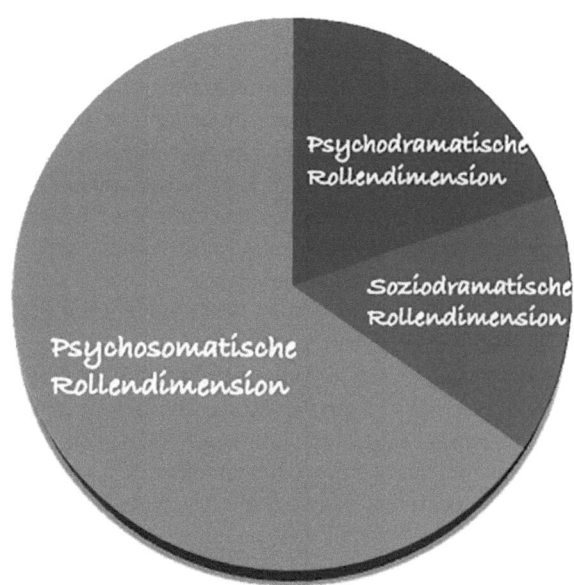

Abb. 1 Veränderung der Rollenkategorien bei Burnout-Betroffenen

2 Burnout aus psychodramatischer Sicht

Die psychodramatischen Aspekte zu Burnout-Betroffenen sind bereits in anderen Publikationen von mir ausführlich beschrieben worden. (Tomaschek 2005, 2010, 2011a, 2011b, 2012, 2015) Burnout, eine multifaktorielle Stressreaktion, die vor allem durch massive Erschöpfung auf der körperlichen, geistigen und seelischen Ebene gekennzeichnet ist, zeigt sich natürlich auch im Essverhalten. Die Verschiebung der psychodramatischen und soziodramatischen Rollenebene zugunsten der psychosomatischen Rollenebene wird deutlich. (Siehe Abb. 1) Die psychosomatischen Rollen wie die Essenden, die Schlafenden, die sich Erholenden verändern sich zusehends und überlagern den Wirkungsraum der psychodramatischen und soziodramatischen Rollen. Rollen wie die Erschöpften, die Unkonzentrierten, die Vergesslichen, die Antriebslosen, die Somatisierenden treten in den Vordergrund.

Fallbeispiel: Hubert K. Seit 7 Jahren ist Hubert K. im OP-Pflegedienst in der Unfallchirurgie eines großen Landeskrankenhauses beschäftigt, 80–90 Arbeitsstunden pro Woche sind dabei keine Seltenheit. Er hat wenige Pausen, keine Zeit zum Essen, muss über Pager permanent erreichbar sein, da jederzeit ein Notfall möglich ist bei dem man funktionieren muss und häufig mit Leben oder Tod konfrontiert wird. Seine Frau und die beiden Kinder bekommen ihn nur noch selten zu Gesicht. Seine Sporteinheiten streicht er zusehends, was ihm zusätzlich Probleme bereitet mit seinem Stützapparat. Wenn er spätabends heimkommt, findet er sich vor dem Kühlschrank wieder und stopft sich als Belohnung für den vollbrachten Tag wahllos Lebensmittel vor allem Süßes in sich hinein. Er greift in der letzten Zeit auch mal gerne zu ein bis zwei Gläschen Wein, um sich zu entspannen und runter zu kommen, weil er das Gefühl hat, ständig unter Strom zu stehen. Frühstück lässt er schon seit mehreren Monaten aus Zeitmangel aus, die erste richtige Mahlzeit nimmt er häufig erst mittags in der Kantine ein, er hin und wieder auch schmerzstillende Tabletten für seine Wirbelsäule ein. Sein Nikotinkonsum verdoppelt sich, als ein Kollege in den Krankenstand gehen muss. In letzter Zeit fühlt er sich müde und erschöpft, in der Nacht halten ihn Gedanken an den nächsten Tag und starke Schweißausbrüche vom Schlaf ab. Es häufen sich Erkältungskrankheiten, die er nicht kuriert und starke Kopfschmerzen. Schwankungen zwischen Obstipation und Diarrhö, ein nervöser Magen, sowie Sodbrennen und schlussendlich ein Hörsturz zwingen ihn schließlich Begleitung in Anspruch zu nehmen.

Durch die Anforderungen im neuen Job kommt es zu erheblichen Veränderungen im Befinden und Verhalten des Mannes, welche die zuvor beschriebene Veränderung der Rollenebenen in Abb. 1 beschreibt. Anstatt sich in Phasen massiven Stresses optimal zu ernähren, um den Körper und Geist genügend Energie zuzuführen, erfolgt genau das Gegenteil: Energydrinks, Kaffee, Kohlenhydrate, Nikotin, Alkohol und Medikamente werden eingenommen. Klassische Kompensationsmittel, die auf Dauer zu einem Totalzusammenbruch führen können.

3 Stress – Was passiert in unserem Körper? Stoffwechselvorgang bei Stresshormonausschüttung

Menschen wie Hubert K. in unserem Fallbeispiel mit langanhaltendem Dauerstress, werden merken, dass sich ihre Empfindungen auch auf ihr Hunger- und Sättigungsgefühl, ihre Vorliebe und Abneigung für bestimmte Lebensmittel und zumeist auch auf ihr Gewicht auswirkt.

Durch die Wirkung der Stresshormone Adrenalin und Cortisol wird in Leber und Muskulatur Zucker freigesetzt, dadurch steigt der Blutzuckerspiegel (BZS) stark an. Bei Dauerstress, kann der BZS häufig über einen längeren Zeitraum erhöht sein. Der menschliche Organismus ist jedoch darauf angewiesen, dass ein hoher BZS schnell wieder abgebaut wird. Zusätzlich werden unter dem Einfluss der Stresshormone Adrenalin, Cortisol, Glukogen und Triglyzeride in die Blutbahn abgegeben. Durch Zucker- und Fettmobilisierung werden große Mengen an Energie freigesetzt. Bei unseren Vorfahren hat diese große Freisetzung von Energie auch durchaus Sinn gemacht, um sich vor Gefahren und wilden Tieren zu schützen. Durch den hohen Einsatz an körperlicher Energie durch Bewegung, haben sich Zucker und Fett im Blut bei unseren Ahnen wieder gut abgebaut. Der Stress des Überlebens war irgendwann zu Ende und das gesamte System hat sich wieder normalisiert.

Heute haben wir andere Säbelzahntiger-Szenen in Form von Deadlines, Terminen, Präsentationen, Meetings oder eben OP'S und Krankenhausalltag wie in unserem Fallbeispiel, die auch viel länger oft über Wochen und Monate anhalten. In den seltensten Fällen reagieren wir auf solche Anstrengungen jedoch mit erhöhter körperlicher Aktivität, wie unsere Vorfahren, sondern meist mit viel weniger. Auch Hubert K. lässt mehr und mehr den wichtigen Sport weg. Die im Stress bereitgestellten Energiestoffe können nicht mehr abgebaut werden und entfalten ihre schädliche Wirkung: Es kann zur Gewichtszunahme, und letzten Endes zu Arteriosklerose, Herzinfarkt oder Schlaganfall führen (Graf et al. 2013, S. 39).

Das Hormon Cortisol ist das körpereigene aktive Cortison, welches den Körper eigentlich vor negativen Folgen von starkem Stress schützt. Die gesteigerte Cortisol-Ausschüttung (Hypercortisolismus) bei vermehrtem Stress zeigt sich in vermehrtem Schwitzen, die Verdauung verlangsamt sich, der Blutzucker steigt, bei parallelem Sinken von DHEA (Dihydroxyepiandosteron). Durch den hohen BZS steigt die Gefahr für Diabetes, und die Gefahr für die Umschließung viszeralen Fetts um lebenswichtige Organe (Graf et al. 2013, S. 40).

Zudem vermindert zu hohe Cortisolkonzentration im Blut das gute HDL-Cholesterin, schwächt das Immunsystem und führt zur Schlaf- wie zu sexuellen Störungen. Alles Anzeichen die wir auch bei unserem Hubert K. erkennen können.

Bei erhöhter Insulinausschüttung um den BZS zu senken, gibt es auch eine vermehrte Freisetzung vom Schilddrüsenhormon T3, was allgemein eine Beschleunigung der Stoffwechselvorgänge bewirkt bis zur völligen Erschöpfung der Reserven. Die dabei anfallende Verbrennungswärme wird durch Schwitzen und erhöhte Durchblutung der Hautgefäße an die Umwelt abgegeben. Man fühlt sich ständig unter Strom, bekommt keine Ruhephasen mehr, kann nicht mehr abschalten, auch plötzliche Gewichtsverluste oder -zunahmen sind beobachtbar. Man fühlt sich schwach, wenig leistungsfähig, antriebslos und ausgezerrt und nicht mehr in der Lage, den gestellten Anforderungen gerecht zu werden. So versucht man sich immer wieder mit den beliebten Kompensationsmittel wie Energydrinks oder Unmengen von Kaffee wie eben auch Hubert K. über diese Krisenzeiten zu manövrieren, die leider nur den negativen Kreislauf beibehalten. (Graf et al. 2013, S. 41).

4 Rollenrepertoire der Essenden bei Erschöpften

Menschen in Erschöpfungszuständen legen in der Regel keinen großen Wert auf eine gesunde Ernährung. Wie bereits im Abschn. 1.1. erwähnt entsteht so oft ein Dilemma, wider besseren Ernährungswissens, das Essverhalten weniger gesundheitsförderlich zu gestalten. Die Zeit der Zubereitung von frischen Speisen fehlt und deshalb werden oft Fertiggerichte oder schnell Verfügbares gegessen. Zeitdruck während des Essens führt zu weniger Geschmack- und mehr Hunger-Essen.[1](Reichenberger et al. 2018). Essen wird häufig als Nervenberuhigung oder als Belohnung eingesetzt. Zur Stresslösung werden immer wieder kleine Snacks verzehrt obwohl kein Hungergefühl vorhanden ist. Da Essen überall und schnell verfügbar ist, zudem nicht viel kostet, ist es oft das Mittel der Wahl.

---

[1] Ergebnisse der Studie „No haste, more taste: An EMA study of the effects of stress, negative and positive emotions on eating behavior.", zeigte Ergebnisse, dass ein höherer Stress zu einem verminderten Geschmacksverzehr führt, was mit physiologischen Stressmodellen übereinstimmt. Zeitdruck während des Essens führte zu weniger Geschmack- und mehr Hunger-Essen. In Übereinstimmung mit früheren Untersuchungen gingen stärkere positive Emotionen einher mit einem erhöhten Geschmack-Essen. Reichenberger et al. (2018), S. 54

Tab. 1 Stresstypen nach Frederic Vester

Stresstypen nach Frederic Vester	
Der Sympathikotoniker Typ A (Kampf- und Fluchttyp)	*Der Vagotoniker Typ B (Schrecktyp)*
Körper: Der vom Sympathikus regierte Mensch fühlt sich häufig angespannt, neigt zu Bluthochdruck und Kopfschmerzen, zu Unruhe, Nervosität, feuchten Händen, Konzentrationsproblemen, Einschlafschwierigkeiten durch Überaktivität und Herz-Kreislaufproblemen. Die betroffenen Organe sind: Herz, Kreislauf, Sexualität, Nieren	*Körper:* Sein Gleichgewicht ist in Richtung Parasympathikus (Vagus) verschoben, er ist oft betont ruhig und beherrscht, innere Konflikte trägt er durch parasympathische Reaktionen wie z. B. Magen-Darm-Störungen aus. Auch Schwindelgefühl, Benommenheit und Müdigkeit oder Ohnmacht sind charakteristisch. Die betroffenen Organe sind: Magen, Atmung, Blase

4.1 Stress-Typen und Ess-Typen

Menschen im Stress haben auch in der Nahrungsaufnahme Essverhaltensweisen entwickelt, die in Tab. 2 beschrieben werden. Unter Ess-Typen werden persönliche Esstrends, die meist im Laufe des Sozialisierungsprozesses entwickelt worden sind verstanden. Sie charakterisieren Richtungen in der Alltagsgestaltung (Ellrott 2015, R58). Jeder Typ hat eine vorherrschende Motivation, die bei der Nahrungsauswahl entscheidend ist, wodurch andere Aspekte in den Hintergrund treten. In Zeiten von Belastungen verändern sich diese Motivgewichtungen verfassungsabhängig erheblich. Vormalige Motive für gesundheitsförderliches Essen werden häufig zugunsten der Konvenienz (weil es schnell und einfach geht) und des Preises sukzessive aufgegeben.[2]

Die viel zitierte Stresstypen-Einteilung nach Frederic Vester in Sympathikotoner Typ A (Kampf-/Fluchttyp) und Vagotoniker Typ B (Schrecktyp) gibt uns zusätzlich Hinweise auf stressverarbeitende Verhaltens- und körperliche Reaktionsweisen. [3](siehe Tab. 1). Die Einteilung Vesters ist nicht absolut zu verstehen, sie verdeutlicht vielmehr die vorherrschende Tendenz. Ich habe nun eine Zuordnung von Vesters Stresstypen den Ess-Typen aus meiner Beobachtung mit Erschöpften aus der Praxis entsprechend vorgenommen (siehe Tab. 2).

Die in Tab. 2 beschriebenen Ess-Typen sind nicht ausschließlich in Reinform vorkommend. Vielmehr ergeben sich im Laufe des Erschöpfungsprozesses Mischformen wie bei unserem Fallbeispiel Hubert K. Er zeigt zu Beginn des Erschöpfungsprozesses Verhaltensweisen eines Schnellessers aufgrund von Zeitmangel. Im weiteren Verlauf zeigen sich Verhaltensweisen eines Belohnungsessers für die Mühen des Tages gepaart mit einem Gläschen Wein, um runter zu kommen und Zeichen des Heißhungrigen aufgrund von Blutzuckerschwankungen. In der Begleitung von

---

[2] Die Nestlé-Studie 2011 konnte innerhalb der deutschen Bevölkerung mehrere sog. „Esstypen" mit charakteristischen Motivmustern identifizieren. Der Esstyp „Gleichgültige/Maßlose" (ca. 30% der Bevölkerung) der Esstyp „Gehetzte/Multioptionale" (ca. 30%) und der Esstyp „Gesundheitsbewusste" (ca. 40%) Pudel und Westenhöfer (2003, S. 52) beschreiben ernährungspsychologisch ca. zehn zentrale Motive für die Lebensmittelwahl.

[3] Im Prinzip gibt es innerhalb der Psychologie keine fundierte Stresstypologie, zumal man das Phänomen eher unter dem Aspekt der Stressoren betrachtet. Man muss berücksichtigen, dass eine spezifische Bewältigung auch von der jeweiligen Persönlichkeit des Betroffenen abhängt.

Tab. 2 Rollenrepertoire des Essens bei Erschöpften – Ess-Typen

Ess-Typen	Verhaltensweisen
Schnellesser *Schnellschlinger* *Hungeresser* Stresstyp: Typ A	Benötigt oft nicht länger als fünf Min. für seine Mahlzeit. Zeitbedingt zu schnelle Aufnahme großer Bissen, die oft nicht ausreichend zerkaut werden. Durch die unzureichende Kaufbewegung setzt das Sättigungsgefühl erst später ein. Häufig dazu werden Getränke benutzt, um die unzerkauten Nahrungsbissen herunter schlucken zu können. Durch die unzureichende Vermischung des Nahrungsbreis im Magen wird als erstes die Flüssigkeit in den Darm abgegeben, was die Magenfüllung schneller schrumpfen lässt. Dies führt zu erneutem Hunger. Zeitdruck während des Essens führt zu weniger Geschmack- und mehr Hunger-Essen
Belohnungsesser Stresstyp: Typ A, B	Lassen aufgrund von Stress auch Mahlzeiten unter Tags aus. Wie Hubert K. in unserem Fallbeispiel, werden die Mühen des Tages am Abend mit Essen belohnt, was häufig deftig und süß ist. Alkoholkonsum zwecks Entspannung. Rollenkonserve verstärkt sich bei anhaltendem Dauerstress, da der Abend die einzige Möglichkeit darstellt, sich Zeit zu nehmen, um runter zu kommen. Stetige Gewichtszunahme, bei gleichzeitiger Abnahme von Bewegung beobachtbar
Frustesser Stresstyp: Typ B	Jede Art emotionalen Stresses und Frust wird versucht mit Essen zu bewältigen. Essen als Emotionsregulator wird hier als Gefühlsdämpfer, als Trostspender verwendet. Rollenkonserve, die meist eine Prägung durch die Primärpersonen darstellt
Appetitlose *Zweckesser* Stresstyp: Typ A, B	Vergessen durch Stress zu Trinken und Nahrung aufzunehmen. Essen wird als Aufwand konnotiert. Sie haben wenig Erwartung an die Nahrungsaufnahme, es soll schnell gehen, billig sein und nicht viel Aufwand bescheren. Sie greifen deshalb gerne zur Fertiggerichten und Fast food. Konzentrationsstörungen und Energielosigkeit sind häufig Ausprägungen
Heißhungrige Stresstyp: Typ A	Unregelmäßige Nahrungsaufnahme aufgrund von Belastungen oder Zeitmangel bewirkten hohe Blutzuckerschwankungen, die zu Heißhungerattacken, Gemütsschwankungen, Müdigkeitsattacken und Konzentrationsproblemen führen und ausgeprägtes Snacking zur Folge hat. Schokoriegel und Energydrinks sowie Unmengen von Kaffee werden zu sich genommen. Fehl- und Mangelernährung auch durch heißhungrige Fast-food-Zufuhr

Menschen in Erschöpfungsprozessen ist die Beschreibung des vorherrschenden Ess-Typs mit dem verbundenen Verhaltensrepertoire eine hilfreiche Unterstützung in der Bewusstwerdung ihrer dysfunktionalen Rollengestaltung. In Folge lassen sich daraus einfache Essverhaltensänderungen ableiten wie sie später in Abb. 2 beschrieben werden.

4.2 Symptome durch stressinduzierte Fehl- und Mangelernährung

Da der gesamte Verdauungstrakt aufs Engste mit dem Nervensystem verbunden ist, sind Verdauungsstörungen häufig die Antwort auf seelische Anspannungen. Jedoch auch eine abnorme Mikroflora im Darm kann psychische Konsequenzen haben. [4]Stress stört die körpereigene Abwehr des Darms, das Nervensystem im Darm sowie die Kommunikation zwischen Darm- und Gehirn-Nervensystem (Lyte et al. 2014).

---

[4] Dass es eine Verbindung zwischen gestörtem Verdauungstrakt und psychischen Problemen gibt, sagt noch wenig darüber aus, welche Erkrankung die andere bedingt.

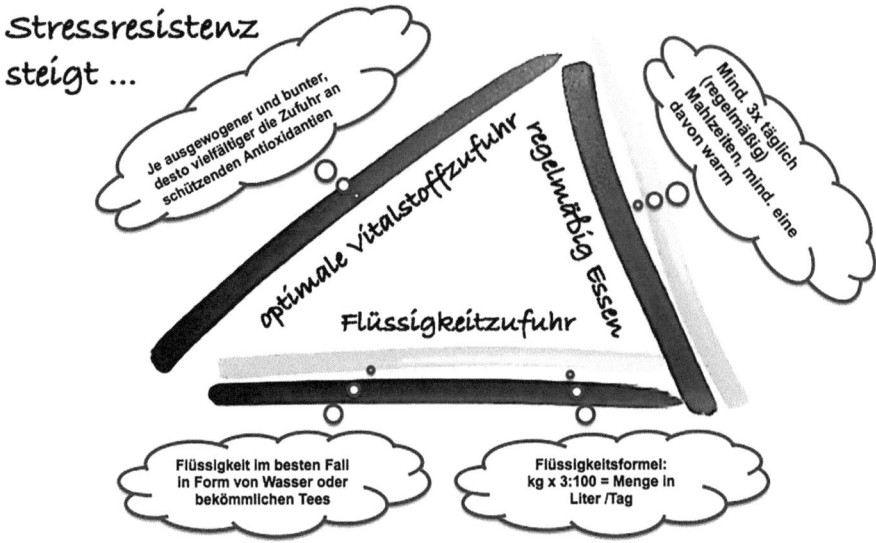

Abb. 2 Ernährung bei Stress

Mit Hilfe von Enzymen und Vitaminen werden im Stoffwechselvorgang (Energie- und Baustoffwechsel) aus körperfremden Grundsubstanzen (Nahrungsmittel), eigene Grundsubstanzen (z. B. Haare, Haut, Muskel) gebaut (Graf et al. 2013, S. 44). Durch die generelle Anspannung und die nicht optimale Nahrungszufuhr in Stresssituationen zeigt der Körper u. a. Stoffwechselprobleme und Störungen des Verdauungsapparates. Zusätzlich wird das Immunsystem durch die unzureichende oder nicht adäquate Versorgung von wichtigen Vitaminen, Mineralstoffen und Proteinen geschwächt. In Tab. 3 werden nun mögliche Symptome dieses Prozesses genannt.

5 Begleitung durch das BEEP-Prinzip

Der Versuch, der gestörten Verdauung mit Obst, Gemüse und Salat auf die Sprünge zu helfen, erweist sich bei stressbedingten Verdauungsstörungen nicht immer als erfolgreich. Wenn Gefühle von Ärger, Hektik und Angst im Spiel sind, werden

Tab. 3 Symptome durch Fehl- und Mangelernährung bei Erschöpfungsprozessen

Symptome durch Fehl- und Mangelernährung bei Erschöpfungsprozessen			
Obstipation	Haarausfall	Konzentrationsprobleme	Gewichtszunahme
Diarrhö	Hautprobleme	Blutzuckerschwankungen	Gewichtsabnahme
Nervöser Magen	Diabetes Mellitus	Müdigkeitsattacken	Alkoholkonsum
Reizdarm	Candida Pilz	Heißhungerattacken	Blähungen
Magengeschwüre Darmgeschwüre	Nahrungsmittelunverträglichkeiten	Gemütsschwankungen	Vitamin- und Nährstoffmangel
Sodbrennen	Medikamentenmissbrauch	Energielosigkeit	–

das Nervengeflecht und die physiologischen Funktionen des Darms beeinträchtigt. Seine normalerweise lebhaften Bewegungen (Peristaltik) verlangsamen sich oder setzen gar ganz aus. Das Darm-Mikrobiom kann das zentrale Nervensystem, die Entwicklung von Nervenzellen und das Immunsystem beeinflussen (Lerch et al. 2017).

Die komplexen bio-psycho-sozialen Zusammenhänge und Wechselwirkungen eines Erschöpfungsvorgangs erfordern einen interdisziplinären Behandlungszugang nach dem BEEP-Prinzip. BEEP steht für Bewegung, Entspannung, Ernährung und Psychohygiene (Tomaschek-H. 2011a). Neben der medizinischen Abklärung sollten diese vier Bereiche sowohl in der Behandlung von Burnout als auch in der Prävention berücksichtigt werden. Angemessene Bewegung im Alltag mit dementsprechenden Entspannungsphasen, eine ausgewogene Ernährung sowie Aktivierungs-, Emotionsregulation auf psychischer Ebene sind Grundlage für Gesundheit bzw. deren Wiederherstellung. Worauf man im Stress nun im speziellen in der Ernährung achten sollte, zeigt Abb. 2.

Regelmäßige und ausgewogene Ernährung durch optimale Vitalstoffzufuhr zumindest drei Mal am Tag, wovon eine Mahlzeit warm sein sollte, fördert die Stressresistenz und stabilisiert den Blutzuckerspiegel. Proteinreiche Kost wirkt dem Proteinabbau bei Stress entgegen (Fisch, helles Fleisch, Hülsenfrüchte etc.). Ausreichend Wasser, in der kalten Jahreszeit Tees trinken entsprechend der Flüssigkeitsformel, um einer Dehydrierung vorzubeugen.[5] Im Idealfall sollten KlientInnen eine auf Erschöpfung spezialisierte Ernährungsberatung aufsuchen, komplementär zur Psychotherapie oder dem Gesundheitscoaching.

6 Psychodramatische Interventionsmöglichkeiten

6.1 Auto-Tele Regulation mit Hilfe des Rollenwechsels

Im Kontakt mit seinen psychosomatischen Impulsen zu sein bedeutet die auto-telische Beziehung zum eigenen Körper zu pflegen. (Tomaschek-H. 2005, S. 21) Burnout-KlientInnen vernachlässigen oft diese auto-telische Beziehung, sie können schwer die selbstfürsorgliche Rolle einnehmen. Sie nehmen kaum noch Hunger- oder Sättigungsgefühle wahr, weil alles andere als wichtiger bewertet wird als die Zufuhr wichtiger Energielieferanten.

Telephänomene sind vor allem in der Rolle des Hilfs-Ich beim Doppeln von Bedeutung. Ebenso im Rollenwechsel in der Wahrnehmung psychischer oder physischer Anteile der eigenen Person (Tomaschek-H., 2005, S. 19). Ein Rollenwechsel mit dem Sodbrennen gibt eventuell Hinweis darauf, was dem Klienten sauer aufstoßen könnte. Die Perspektive aus einer Darmzotte zeigt vielleicht Unverdauliches.

---

[5] Diese Empfehlung ist ein Referenzwert der DACH Gesellschaften für Ernährung DGE, ÖGE, SGE für einen durchschnittlichen Energieumsatz Erwachsener von 2650 kcal bei durchschnittlichen Klimabedingungen und ändern sich entsprechend dem Energieumsatz in den einzelnen Altersgruppen. Ein erhöhter Bedarf besteht bei hohem Energieumsatz, Hitze, trockener kalter Luft, reichlichem Kochsalzverzehr, hoher Proteinzufuhr und pathologischen Zuständen wie Fieber, Erbrechen, Durchfall etc.

Das Wahrnehmen der psychosomatischen Warnsignale – das Encodieren der Symptomsprache – gibt uns möglicherweise Aufschluss über die mögliche Bedürfnislage des Organismus.

6.1.1 Aktivierungs-, Emotions- und Erschöpfungsregulation durch Rollenerweiterung

Aktivierungs-, Emotions- und Erschöpfungsregulation sind bei Burnout-KlientInnen bereits in hohem Maße beeinträchtigt. (Schacht 2003, S. 56 f) Durch die Übermüdung geschwächt, reagieren sie schnell gereizt, launisch und die kognitiven Mechanismen der Selbstregulation greifen nur noch mit großer Anstrengung, da die Erfahrung-Skripts [6](Schacht 2003, S. 132 f) nur noch erschwert zugänglich sind. Der Fokus reduziert sich dann häufig auf Rollenkonserven wie die der Essenenden als einfachsten Regulationsmechanismus, weil Essen schnell und überall verfügbar ist. KlientInnen wieder in die eigene Regiefähigkeit zu begleiten, mit einem entweder erweiterten oder wieder reaktivierten Rollenrepertoire, ist erklärtes Ziel. Positive emotionale Zustände führen darüber hinaus auch wieder zu einer geschmacksverstärkten Ernährung. (Cardi et al. 2015; Evers et al. 2013) Dazu benötigen sie Handlungsaspekte, die für den Alltag geeignet sind. Die Erarbeitung *anderer Belohnungs- und Entspannungsmöglichkeiten*, wie Atemübungen, szenische Entspannung durch den „Zufriedenheitsort", ein angepasstes Pausenmanagement, oder auch die *Aufstellung innerer Antriebsdynamiken und Erlaubersysteme*, (Tomaschek-H. 2012, S. 28: 2010, S. 143) helfen das Rollenrepertoire entsprechend zu erweitern.

Die *Aufstellung innerer Antriebsdynamiken und Erlaubersysteme* erarbeite ich meist schon sehr früh in der Begleitung.

Menschen verfügen über innere Antreiber-Muster, die sie in ihrem Leben begleiten. Wie eingespielte Partner haben diese inneren Antreiber z. B. bei Erschöpfungstendenzen einen hohen Anteil: „Ich muss alles perfekt machen!" „Ich muss es alleine machen!" „Ich muss es allen recht machen!" „Ich muss durchhalten!" sind dann häufig innere Botschaften, die wir tendieren uns selbst zu sagen und die uns in Zeiten des Stresses noch mehr Druck machen.

Es gilt nun dem jeweiligen Antreiber einen Erlauber gegenüberzustellen. In der Einzelarbeit verwende ich meistens Kärtchen, die ich mit den je individuellen Antreibern beschrifte. Bei der Aufstellung der inneren Antreiber klebe ich einen Klebestreifen mitten in den Raum. Die eine Seite steht für die inneren Antreiber, die andere für die zu formulierenden Erlauber, die ich für den jeweiligen Antreiber in Folge erarbeiten werde mit den KlientInnen. Zusätzlich werden zu den Antreibern auch noch die dahinterstehenden Glaubenssätze definiert und ihr Herkunft beschrieben. Ich starte also mit der Sammlung der Antreiber und den dahinterliegenden Glaubenssätzen. Danach formulieren die KlientInnen in einem kokreativen Akt mit den TherapeutInnen, ihre individuellen, persönlichen Erlauber mit neuen Glaubenssätzen. Kokreativ deswegen, da KlientInnen mit Erlaubersätzen oft nicht geübt sind,

---

[6] Skripts sind standardisierte Drehbücher für wiederkehrende Handlungsabläufe und für das Wechselspiel der beteiligten Rollenträger. Rituale, Einschlaf-, Essens- oder Waschrituale sind hier u. a. zu nennen. Siehe auch *Schacht* (2003), S. 132 f.

Tab. 4 Antreiber und Erlauber

Alter Glaubenssatz	Antreiber	Erlauber	Neuer Glaubenssatz
… dann bin ich kein Versager	Ich muss es alleine schaffen	Ich erlaube mir Rat einzuholen	… Hilfe annehmen ist eine Gabe
… dann kann mir keiner was anhaben	Ich darf keine Fehler machen	Ich tue, was in meinen Möglichkeiten steht	… denn ich bin auch nur ein Mensch
… dann bin ich mehr wert	Ich muss alles perfekt machen	Ich tue es so gut ich kann	… dann gebe ich auch mein Bestes
… dann darf ich mich zufrieden fühlen			
… dann werde ich gemocht	Ich muss es allen recht machen	Ich darf auch auf meine Bedürfnisse achten	… dann bin ich bei *allen* recht machen auch mit dabei
… dann habe ich es bewiesen	Ich muss durchhalten	Ich erlaube mir auch auf meine Grenzen zu schauen	… denn jeder Mensch hat Grenzen, so auch ich
… dafür werde ich geachtet			
… dann darf ich schönere Dinge tun	Ich muss es schnell machen	Ich erlaube mir die Zeit zu nehmen, die es braucht	… dann kann ich sicher sein, dass ich nichts übersehe
… dann darf ich das auch von anderen abverlangen	Ich muss stark sein	Ich erlaube mir achtsam auf meine Kräfte zu schauen	… dann kann ich Vorbild auch für andere sein

und sie einige Anläufe brauchen, bis Brauchbares entsteht. Auch diese Erlaubersätze notiere ich auf Kärtchen, so dass am Ende eine übersichtliche Matrix entsteht, wie sie exemplarisch aus der Zusammenarbeit mit dem Pfleger Hubert K., unserem Fallbeispiel von oben in Tab. 4 zu sehen ist.

In der *Einzelarbeit* lasse ich den oder die KlientIn immer wieder in die unterschiedlichen Positionen wechseln. Vom Antreiber zum jeweiligen Erlauber. Somit wird auch körperlich spürbar, ob der Erlauber im Alltag taugen kann. Der Erlauber sollte in der Wortwahl und Aussagekräftigkeit wirklich passen, nicht nur so dahinformuliert werden, damit die Übung getan ist, da dies für den Klienten im Alltag ein wichtiges Hilfsmittel sein kann, seine Antreiber abzuschwächen, zu entkräften, bekannte Stressmuster zu unterbrechen und neue Verhaltensweisen zu üben. Meist beende ich die Sitzung damit, dass diese Erlauber nun in der Praxis erprobt werden müssen, ob sie funktionieren und Alternativen zum Herkömmlichen sein können. Wenn Sie zu schwach sind, gilt es sie zu reformulieren.

In der *Gruppe* lasse ich für jeden Antreiber und Erlauber, als auch für die Glaubenssätze durch den/die ProtagonistIn TeilnehmerInnen wählen, die dann für die jeweilige Position Sätze erhalten, die nach Anweisung wiederholt werden, wenn der/die KlientIn von einem Antreiber zum nächsten schreitet. Hier erleben KlientInnen auf der Psychodramabühne exemplarisch externalisiert das, was intrapsychisch microseqenziell in Drucksituationen vor sich geht. Durch das Durchgehen und Aussprechen der Sätze, wird ProtagonistInnen klar, wie ihre Antreiber zu Stressverstärkern werden können. In der Gruppe habe ich durch das anschließende Rollenfeedback und Sharing noch zusätzliche Ebenen des Feedbacks für die ProtagonistIn, die auch Hinweise geben können, ob ein Erlauber sich wirklich als Erlauber ge-

Tab. 5 Antreiber-Erlauber des Fallbeispiels Hubert K

Alter Glaubenssatz	Antreiber	Erlauber	Neuer Glaubenssatz
... ich darf damit keine Zeit verlieren	Ich muss jetzt schnell was essen (Schnellesser)	Ich erlaube mir vor jedem Essimpuls in mich hinein zu horchen, welches Bedürfnis ich tatsächlich verspüre	... ich bin ein Mensch mit Bedürfnissen, denen will ich nachkommen
... mit irgendwas muss ich mich motivieren	Ich muss mich belohnen bei dem Stress. (Belohnungsesser)	Ich erlaube mir variationsreicher im Belohnen zu sein	... Essen & Trinken kann nicht alles kompensieren
... sonst bricht alles zusammen	Ich muss durchhalten. (Heißhungrige)	Ich erlaube mir regelmäßige Mahlzeiten zu mir zu nehmen, damit mein Blutzucker stabiler bleibt	... was für meine PatientInnen gilt, gilt auch für mich!!!

fühlt hat, oder nicht wieder ein versteckter Antreiber. Für die MitspielerInnen ist die Aufstellung ebenso Anregung ihre eigenen Antreiber zu hinterfragen.

Wesentlich zu sagen ist, dass wir gleichermaßen Antreiber wie Erlauber benötigen, um gut durchs Leben zu kommen. Antreiber sind nichts Schlechtes, denn es gibt Situationen, da müssen wir schnell sein, da müssen wir auch stark sein, und manchmal auch durchhalten. Das Problem mit den Antreibern ist jedoch, dass sie leider kein Maß haben. Wenn wir uns selber sagen: „Ich muss es perfekt machen!", dann sagt uns das leider nichts darüber aus, wann es denn jetzt perfekt genug ist. Auch beim Antreiber „Ich muss durchhalten!" – haben wir keine Aussage darüber, wann es denn nun genug durchgehalten ist. Und deshalb benötigen wir Erlauber. Sie sind wie Lizenzen, die wir uns selbst geben können, um etwas anderes tun zu können, dass gleichwertig ist.

Antreiber sind „liebgewonnene" Muster, die wir uns in der Kindheit erworben haben und meist durch wichtige Bezugspersonen verbal oder nonverbal vermittelt worden sind, im guten Glauben, dass sie uns so gut durchs Leben bringen können.

Erlauber können Musterunterbrecher sein, weil sie uns eine Wahl geben, die wir treffen können. Wenn KlientInnen die Wahl haben, dann sind sie nicht mehr von Mustern und Antriebsdynamiken getrieben, sondern können bewusst ins Handeln kommen, was v. a. bei Menschen mit Erschöpfungssymptomatik einen wesentlichen Schritt in Richtung Selbstfürsorge bedeutet.

Auch in unserem Fallbeispiel Hubert K. finden wir Antriebsdynamiken wie sie oben beschrieben wurden. Insbesondere die Antreiber „Ich muss es perfekt machen", „Ich muss es allen recht machen" und „Ich muss durchhalten" sind bei Hubert K. entsprechend hochgradig ausgeprägt. Im Modus der im Abschn. 4.1. beschriebenen Ess-Typen des Schnell- undBelohnungsessers sowie des Heißhungrigen formulierte er Antreiber wie: „Ich muss jetzt schnell was essen!", „Ich muss mich belohnen bei dem Stress!" und „Ich muss mich fit halten!" In Tab. 5 finden wir die speziell dazu erarbeiteten Erlauber und Glaubenssätze:

Hubert K. realisierte durch die Arbeit mit den inneren Antriebsdynamiken, dass er an sich selbst viel strengere Maßstäbe anlegte als an alle anderen in seiner Umgebung. Er kam seinen alten Glaubenssätzen auf die Spur, die bereits früh angelegt wurden. Er bemerkte, dass er mit dem Essen vieles an Bedürfnissen zu kompensieren versuchte, was ihm im Alltag so nicht bewusst war – auch das ein altes familiäres Muster. Er erkannte für sich, dass er in diesem Beruf nur dann gute Arbeit vollbringen kann, wenn er sich ebenso wie seinen Patienten, Regenerationszeiten gönnte, die eigene Bedürfnislage erkennt, und entsprechend dieser handelt und nicht auf alles gleichwertig vor allem mit Essen antwortet. In den folgenden Monaten gelang es ihm im Bezug auf seine Nahrungsaufnahme immer mehr seine regelmäßigen Mahlzeiten tatsächlich einzuhalten, sich dafür auch entsprechend Zeit einzuräumen und auf vollwertige Lebensmittel zu achten. In einem Erfolgstagebuch notierte er die vielen kleinen Veränderungsschritte, ebenso die Verbesserungsmöglichkeiten, sowie die Achtsamkeitsübung der Erlaubnis, vor jedem Essimpuls genau in sich hinein zu horchen, welches Bedürfnis er tatsächlich verspüre.

Der *Meta-Log* (Tomaschek-H. 2012, S. 30) hilft den KlientInnen einen Perspektivewechsel auf sich selbst vorzunehmen, indem PsychodramatikerInnen KlientInnen einladen, auch physisch auf ihre Seite des Tisches zu kommen, um sich selbst von außen zu beobachten. Im psychodramatischen Interview versucht man nun *mit* dem Klienten *über* den Klienten zu sprechen.

Hier kurz skizziert das Anspielen eines Meta-Logs bezüglich des Essverhaltens oder auch andere Themen betreffend Erschöpfungssymptomatik:

PD: „Darf ich Sie einladen, einmal zu mir auf meine Seite zu kommen?"
Wenn der Klient an der Seite der PD (Psychodramatikerin) steht, deutet PD auf den Stuhl des Klienten und sagen:
PD: „Sie kennen ja den Hubert schon länger als ich, nicht wahr?"
Nach einer kurzen Überraschung sagen die meisten Klienten dann mit einem Schmunzeln:
Klient: „Ja, schon etwas länger!"
PD: „Wie lange kennen sie den schon?"
Klient: „Wie lange, naja, das sind jetzt 46 Jahre!"
PD: „Lange Zeit! Haben Sie ihn schon früher in ähnlichen Situationen erlebt?"
Klient: „Ja, ... der gerät immer wieder in so was hinein, ... ich weiß auch nicht warum!"
PD: „Nachdem Sie ihn ja schon länger kennen, so von außen betrachtet, ... wie legt er es denn an, dass sich das immer wieder wiederholt? Was trägt er dazu bei?"

Durch das explizite Ansprechen des Klienten in dritter Person kreieren PsychodramatikerInnen eine Surplus Reality (Moreno 1995, S. 61), die als zentraler Wirkfaktor psychodramatischen Arbeitens gilt. (Vgl. von Ameln 2005, S. 5) Damit schafft man eine psychodramatische Triade, die auf spielerische Art spontan und unkompliziert einen Rollenwechsel in eine Außenperspektive eines beteiligten Dritten ermöglicht, und somit einen Ausstieg aus der Problemzentrierung bereitet. Erste mögliche Verhaltensänderungen und damit verbunden eine Erweiterung des Rollenrepertoires auch bezüglich des Essverhaltens, können im Anschluss spielerisch erarbeitet werden.

7 Ausblick

Eine Begleitung bei KlientInnen mit Erschöpfungssymptomen ist nicht nur eine vorübergehende Intervention, sondern eine längerfristige Zusammenarbeit. Das Ziel ist die generelle Veränderung von Lebensgewohnheiten, die zu Überlastungen und Erschöpfung führen. Neben angemessener Bewegung im Alltag mit entsprechenden Entspannungsphasen und Psychohygiene ist auch das Ernährungsverhalten ein wichtiger Baustein zur Regeneration, der leider auch in der Begleitung häufig vernachlässigt wird.

Wenn wir uns jedoch vor Augen führen, dass wir im Stoffwechselvorgang aus körperfremden Grundsubstanzen – also Nahrungsmittel, eigene Grundsubstanzen z. B. Haare, Haut oder Muskeln bauen, dann wird klar, welche essentiell wichtige Rolle gerade in stressigen Zeiten die Ernährung für unseren Energiehaushalt und unseren gesamten Organismus einnimmt. Gemäß dem Philosophen Ludwig Feuerbach (Feuerbach 1972, S. 367) der bereits 1850 meinte:

> Die Speisen werden zu Blut, das Blut zu Herz und Hirn, zu Gedanken und Gesinnungsstoff. Menschliche Kost ist die Grundlage menschlicher Bildung und Gesinnung. (...) Der Mensch ist, was er ißt.

Lavendelsirup

Lisa Tomaschek-Habrina

Lavendelsirup ist etwas ganz Feines. Nicht nur zum Herstellen einer Limonade, auch als Beigabe bei Kuchen oder schmackhaften Sommerdrinks oder mit heißem Wasser im Winter lässt sich etwas Bekömmliches zaubern. Ich verschenke ihn auch recht gern!

Zutaten:
2l Wasser
1kg Sirupzucker (Ist schon mit Zitronensäure gemischt)
24 EL frischer Lavendel oder 16 EL getrockneter
Saft von 2 Zitronen
Kleine Glasflaschen zum Einfüllen

Zubereitung:
Wasser mit Sirupzucker und Zitronensaft aufkochen, soll ca. 5 Min köcheln, dabei umrühren, damit sich der Zucker gut auflöst. Anschließend Wasser vom Herd nehmen und die Lavendelblüten (ohne Stängel) hinzufügen. Das Zuckerwasser mit den Blüten nun einige Stunden zugedeckt ziehen lassen. (Manche lassen ihn auch 3 Tage ziehen) Bei getrockneten Blüten reicht auch schon ein halber Tag.

Nach der individuellen Ziehzeit (ich lasse ihn meist 24 Std. ziehen) nun durch eine Sieb abseihen. Man könnte ihn auch jetzt bereits in Flaschen abfüllen, dann müsste man ihn jedoch im Kühlschrank aufbewahren. Zur längeren Haltbarkeit wärme ich Sirup jedoch nochmal kurz auf und fülle ihn noch vor dem Aufkochen in vorgewärmte kleine Flaschen. Hält nach meiner Erfahrung ca. 1 Jahr sehr gut.

Literatur

von Ameln, F. (2005). *Psychodrama*. Heidelberg: Springer.
Cardi, V., Leppanen, J., & Treasure, J. (2015). The effects of negative and positive mood induction on eating behaviour: a meta-analysis of laboratory studies in the healthy population and eating and weight disorders. *Neuroscience & Biobehavioral Reviews, 57*, 299–309. https://doi.org/10.1016/j.neubiorev.2015.08.011.
Ellrott, T. (2015). Psychologische Aspekte der Ernährung. *Diabetologie, 8*, R57–R70. https://doi.org/10.1055/s-0033-1356280.
Evers, C., Adriaanse, M., de Ridder, D. T. D., & de Witt Huberts, J. C. (2013). Good mood food: positive emotion as a neglected trigger for food intake. *Appetite, 68*, 1–7. https://doi.org/10.1016/j.appet.2013.04.007.
Feuerbach, L. (1972). Das Geheimnis des Opfers oder Der Mensch ist, was er isst. In W. Schuffenhauer (Hrsg.), *Ludwig Feuerbach. Gesammelte Werke* (Bd. 2, S. 26–52). Berlin: Akademie Verlag.
Graf, B., Loger, J., & Seiter, P. (2013). *Raus aus dem Burnout mit richtiger Ernährung: Ratgeber und Leitfaden für Betroffene und Burnout-Sensoren*. Norderstedt: BoD.
Lerch, M., & Lammert, F. (2017). *Weißbuch Gastroenterologische Erkrankungen 2017. Gegenwart und Zukunft der Versorgung von Erkrankungen des Magen-Darm-Traktes, der Leber und der Bauspeicheldrüse in Deutschland*. Herne: RISCHTEXTE.
Lyte, M., & Cryan, J. (2014). *Microbial endocrinology: the microbiota-gut-brain axis in health and disease*. New York: Springer.
Moreno, J. L. (1995). *Auszüge aus der Autobiographie*. Köln: inScenario.
Pudel, V., & Westenhöfer, J. (2003). *Ernährungspsychologie. Eine Einführung*. Göttingen: Hogrefe.
Reichenberger, J., et al. (2018). No haste, more taste: an EMA study of the effects of stress, negative and positive emotions on eating behavior. *Biological Psychology, 131*, 54–62. https://doi.org/10.1016/j.biopsycho.2016.09.002.
Schacht, M. (2003). *Spontaneität und Begegnung. Zur Persönlichkeitsentwicklung aus der Sicht des Psychodramas*. München: inScenario.
Strahler, J., & Nater, U. (2018). Differential effects of eating and drinking on wellbeing—an ecological ambulatory assessment study. *Biological Psychology, 131*, 72–88. https://doi.org/10.1016/j.biopsycho.2017.01.008.
Tomaschek-Habrina, L. (2005). *Genug ist nicht genug. Das Burnout-Syndrom. Eine psychodramatische Betrachtungsweise. Abschlussarbeit FS Psychodrama Wien*
Tomaschek-Habrina, L. (2010). Paare im Burnout. ProtagonistInnen und ihre GegenspielerInnen. *Zeitschrift für Psychodrama und Soziometrie, 9*(1), 129–147. https://doi.org/10.1007/s11620-010-0070-9.
Tomaschek-Habrina, L. (2011a). *Der Fleiß und sein Preis. Erfolgreich ohne Stress und Burnout*. Wien: origo.
Tomaschek-Habrina, L. (2011b). Ich bin viele. Die Arbeit mit dem inneren Team als Selbstmanagementmöglichkeit im Life-Coaching bei Erschöpfungszuständen. In F. Buer & C. Schmidt-Lelleck (Hrsg.), *Life Coaching Praxis* (Bd. II, S. 287–296). Göttingen: Vandenhoeck & Ruprecht.
Tomaschek-Habrina, L. (2012). Der Fleiß und sein Preis. Die Kehrseite modernen Arbeitens. *ÖAGG Feedback, 2012*(1&2), 38–46.
Tomaschek-Habrina, L. (2015). Schutz für die Seele", psychische Widerstandskraft. *Bildung Aktuell, 4*(15), 8–10.

Lisa Tomaschek-Habrina, Dr^{in} phil., Mag^a phil., MSc, 1969, Psychodrama-Psychotherapeutin (Mitglied bei ÖAGG, EAP, ACC), Senior Coach und Lehrbeauftragte für Coaching an der European Systemic Business Academy (E.S.B.A), Leitung Department Burnoutprävention und Resilienztraining der E.S.B.A, Theater-, Film-, und Medienwissenschaftlerin (Uni-Wien), Arbeitsschwerpunkte: Burnoutprävention, Stress, Resilienz, Leadership-Development, BGM-Programme, Morenos jüdische Wurzeln in Theater und Therapie, Keynote Speaker, Vortrags-, Trainingstätigkeit und Fachpublikationen zu zuvor genannten Themen.

HAUPTBEITRÄGE

Szenen des Essens im Rahmen von Lernreisen
Begegnungen beim Essen als Lernimpuls für Organisationen

Christoph Buckel · Uwe Reineck

Online publiziert: 29. Oktober 2018
© Springer Fachmedien Wiesbaden GmbH, ein Teil von Springer Nature 2018

Zusammenfassung Dieser Beitrag der Zeitschrift für Psychodrama und Soziometrie beschreibt, welche Erkenntnisse sich aus Szenen des Essens im Rahmen von Lernreisen ableiten lassen. Lernreisen sind eine vom Psychodrama und insbesondere dem Spontaneitätstest inspirierte Methode der Organisationsentwicklung. Es werden Fallbeispiele beleuchtet, bei denen Reise-TeilnehmerInnen, die meist aus großen Unternehmen stammen, Menschen aus anderen Kontexten begegnen, z. B. beim Kochen, beim Blind Dinner oder beim Führen eines Restaurants. Bei der Analyse dieser Situationen helfen psychodramatische Denkwerkzeuge wie der psychodramatische Prozess (Erwärmung – Aktion – Reflektion), die Perspektiven psychodramatischer Diagnostik (u. a. Psychodrama, Soziodrama und Soziometrie) sowie unterschiedliche Ebenen in der Begegnung (stereotype, typische, spezifische und archetypische Wahrnehmung des Anderen).

Schlüsselwörter Psychodrama · Lernreisen · Essen · Organisationsentwicklung · Sponaneitätstest · Soziodrama · Begegnung

Scenes of eating during Learning Journeys
Encounters while eating as learning momentum for organisations

Abstract The present article published in the German Psychodrama Journal (ZPS) describes what one can learn from scenes of eating during Learning Journeys. Learning Journeys are inspired by Psychodrama (especially by Spontaneity tests) and are

C. Buckel
Boeckhstr. 23, 76137 Karlsruhe, Deutschland
E-Mail: christoph.buckel@psychodrama-freiburg.de

U. Reineck (✉)
Stavanger Straße 15b, 10439 Berlin, Deutschland
E-Mail: uwe.reineck@psychodrama-freiburg.de

used within Organisational Development contexts. Case examples are discussed in which participants from large companies met people from different backgrounds. Settings varied from cooking and blind dinner to managing a restaurant. Psychodramatic tools are helpful in analyzing these situations, e. g. the Psychodramatic process, the perspectives of Psychodramatic diagnostics and different levels of encounter (from stereotypical to archetypical).

Keywords Psychodrama · Learning Journeys · Eating · Organisational Development · Spontaneity test · Sociodrama · Encounter

1 Einleitung

Sowohl im Thailändischen als auch im Chinesischen ist eine übliche Form, sich guten Tag zu sagen: „Hast du heute schon gegessen?". Um einer anderen Person seine besondere Zuneigung auszudrücken, gibt es im Persischen die Redewendung „Ich werde deine Leber essen". Auch im Deutschen hat man sich mitunter „zum Fressen gern". Essen stiftet Bande. Es verbindet und ist in der Regel mehr als nur Nahrungsaufnahme in Anwesenheit Anderer. Wer fastet, merkt meistens schnell, welchen hohen Stellenwert das (gemeinsame) Essen im Alltag einnimmt.

Umgekehrt kann das Essverhalten einen ersten Hinweis darauf geben, wie es um das soziale Atom einer Person bestellt ist: Eine Beobachtung der Autoren in den Kantinen großer Unternehmen ist, dass manche Vorstände häufig allein essen. Ist das der soziale Tod auf Raten, den das Eingehen einer Führungsposition mit sich bringt? Es wäre ein düsterer Blick auf diese Szene, wenn man bedenkt, dass für Moreno der soziale Tod ein klarer Frühindikator für den späteren körperlichen Tod war (vgl. Moreno 1947). Eine alternative Hypothese wäre, dass der Verzicht auf Gesellschaft beim Essen eine bewusste Entscheidung ist – in einem ansonsten mit (arrangierten) Begegnungen durchgetakteten Tag. Vielleicht stimmt beides nicht und die Verabredung zum Mittagessen hat einfach abgesagt und der Vorstand sich entschieden, notgedrungen allein zu essen. An dieser Stelle bleibt die Antwort Spekulation. Genau diese Spekulation wäre aber der perfekte Einstieg, um mit dem einsamen Kantinengänger ein Gespräch über diese beobachtete Szene des Essens zu führen. Damit wären wir mitten im psychodramatischen Prozess: die Szene als Ausgangspunkt der gemeinsamen Erforschung und Reflexion – oder etwas salopper ausgedrückt „Handeln und Erleben und dann Reden" (vgl. Buckel 2012) als wesentliches psychodramatisches Wirkprinzip.

Diesen roten Faden aus dem Psychodrama nutzen die Autoren gerne in einem speziellen Setting: der Lernreise. Das Konzept der Lernreise entstand mit der Absicht, eine ganzheitliche und nachhaltige Form von Lernen und Persönlichkeitsentwicklung in Unternehmen zu ermöglichen (vgl. Reineck et al. 2010). An einer Lernreise nimmt in der Regel eine feste Gruppe von etwa 5 bis 15 Personen teil. Im Mittelpunkt steht ein übergeordnetes Thema mit Bezug zu den TeilnehmerInnen. Für eine Gruppe von Nachwuchsführungskräften aus verschiedenen Unternehmensbereichen kann das zum Beispiel „Gruppen steuern" oder „Coach und Mentor sein", für ein festes Team kann es auch eine gemeinsame Herausforderung wie „Megatrends",

„Agilität" oder „Kontinuierliche Verbesserung" sein. Zu dem Schwerpunktthema erleben die TeilnehmerInnen verschiedene Situationen – psychodramatisch gesprochen „Szenen" – und gehen danach und dazwischen in eine Reflexion darüber.

Interessanterweise waren im Rahmen von Lernreisen gerade Szenen des Essens besonders lehrreich. Diese Szenen boten häufig ein ganzheitlicheres und dadurch intensiveres (Lern-)Erlebnis. Mit ganzheitlich ist hier gemeint, dass alle drei Rollenkategorien nach Moreno (1960) einbezogen sind: eben nicht nur soziale Rollen wie „der/die ManagerIn" oder „der/die IngenieurIn", sondern auch psychodramatische und psychosomatische. Die letzteren beiden sind entwicklungspsychologisch gesehen älter, sie sind basaler. Werden diese Ebenen ausgeblendet – wie es in der Unternehmenswelt häufig geschieht – „leben Menschen in einer verarmten Infra-Realität [, das heißt, ihnen fehlt häufig das sensible] Gespür für die emotionalen Untertöne des Geschehens". Gerade die Hinzunahme der psychosomatischen Rolle des/der Essenden bietet einen präreflexiven Zugang zur Einzigartigkeit einer Situation (Schacht 2009, S. 44; Hutter 2008, S. 1).

Grundsätzlich geht es in der psychodramatischen Organisationsberatung dem Verständnis der Autoren nach darum, „lang eingeübte Ausblendungen der KlientInnen wieder in den Fokus zu nehmen" (Buckel 2016, S. 294). Lernreisen und dort insbesondere Szenen des Essens können dafür ein sehr nützlicher Rahmen sein. Nach einer kurzen Einführung zu Lernreisen im Allgemeinen sollen einige Szenen des Essens im Rahmen von verschiedenen Lernreisen genauer beleuchtet und in einen psychodramatheoretischen Kontext gesetzt werden.

2 Lernreisen

Es könnte sein, dass wir am Ende der Ära angelangt sind, in der in Klassenzimmern und ähnlichen Räumen gelernt wird. Es gibt ein kleines Gedankenexperiment, mit dem ganz gut verdeutlicht werden kann, wo wir stehen. Wäre ein Mensch aus dem 18. Jahrhundert eingeschlafen und in unserer heutigen Zeit wieder aufgewacht, so würde er sich über viele Dinge wundern; über Züge und blecherne Kutschen, über flache Schatullen, die Menschen so verzaubert haben, dass sie sie immer wieder in die Hand nehmen müssen. Über Flugzeuge natürlich und Fernsehgeräte und so weiter. Der „alte" Mensch würde sich in vielen Alltagskontexten nicht mehr auskennen. Würde man ihm aber eine Schule zeigen, wüsste er sofort, was los ist. SchülerInnen sitzen an Tischen und jemand steht vorne und erzählt ....

Immer noch ist ein beträchtlicher Teil des Lernens in Organisationen „Seminarlernen", Schullernen. Eine ganze Industrie lebt davon, dass Menschen eingeladen werden, in Hotelräumen zu sitzen und sich von irgendeinem/irgendeiner TrainerIn anhören müssen, wie man alles besser machen könnte.

Mit Lernreisen soll bewusst ein anderer Weg gewählt werden. Die ursprüngliche Idee dabei ist, Menschen in einen Bus zu packen, loszufahren und mit ihnen Orte anzuschauen und Erlebnisse zu machen, die ihre Wahrnehmung von sich und ihrer eigenen Arbeit verändern. Lernreisen fördern eine umfassende Auseinandersetzung mit einem Lernthema, in dem sie Erfahrungen an ungewöhnlichen Orten und mit andersdenkenden Menschen ermöglichen. Es gibt dabei kein Konzept von

der Stange, weil „ungewöhnlich" und „andersdenkend" je nach Teilnehmerkreis sehr unterschiedlich ausfallen kann. Beispielhafte Kontrastpunkte, die den Lernprozess fördern sind Profit- und Non-Profit-Bereich, großes und kleines Unternehmen, junge und alteingesessene Organisation, konservative Branche und Kunstbetrieb oder regionale und internationale Firma. So ist jede Lernreise am Ende individuell und liebevoll zusammengestellt. Lernreisen bleiben meist unvergessen und sind deshalb so wirkungsvoll, weil sie Herzklopfen bereiten und manchmal ein wenig die Seele streifen. Sie schleifen die Kanten der Quadrate im Kopf so, dass dann im Runden dem eckigen Denken nichts Anderes übrigbleibt, als die Richtung zu wechseln.

Typische Elemente einer Lernreise sind folgende (vgl. Reineck und Buckel 2012):

1. Erster Kontakt mit dem Thema der Lernreise: Beim Lernreisen-Thema „Gruppen steuern" mussten die TeilnehmerInnen sich schon vor Beginn untereinander organisieren, da jeder einen Ausschnitt eines Links bekommen hatte, der zusammengesetzt auf eine Internetseite mit einer Karte des Treffpunkts führte.
2. Start in die Lernreise in einem ungewohnten Kontext: Das Lernreisen-Thema „Coach und Mentor sein" führte die TeilnehmerInnen zunächst zu einem Kinderhort. Dort hatten sie eine Stunde Zeit, um mit den Kindern in Kleingruppen verschiedene Aktivitäten zu unternehmen (z. B. Kirschen pflücken, Hockey spielen, Sandburg bauen …).
3. Spontaneitätstest: Im Zusammenhang mit dem Lernreisen-Thema „Führung" musste die Gruppe sich mit einer völlig aufgelösten Backpack-Touristin (die in Wirklichkeit engagiert war) auseinandersetzen, deren Portemonnaie (angeblich) gestohlen worden war und die erzählte, dass sie keine Unterkunft für die Nacht habe.
4. Übernachtung: Im Rahmen des Lernreisen-Themas „Zukunft" sollte jede/r der neun ManagerInnen den Abend in einer StudentInnen-WG verbringen und dort auch übernachten.
5. Reflexion: Bei der Lernreise zum Thema „Gruppen steuern" wurde eine angemietete Straßenbahn als immer wiederkehrender Reflexionsort genutzt. Fragen wie „Was bedeutet das jetzt konkret für uns?" „Was müssen wir ändern?" wurden dann in der Abschlussreflexion thematisiert.

Neben der Abwechslung von Aktions- und Reflexionsphasen haben sich bei Lernreisen auch Spontaneitätstests aus dem psychodramatischen Werkzeugkoffer bewährt. Bei einer Lernreise zum Thema „emotionale Kompetenz" mussten die TeilnehmerInnen beispielsweise mit einer (vermeintlichen) Touristin umgehen, die völlig aufgelöst war, weil sie ihre Geldbörse verloren hatte. Bei einer anderen Reise zum Thema „Coachingkompetenz als Führungskraft" übten die TeilnehmerInnen das neugierige Fragen, als sie bei einem großen öffentlichen Papst-Auftritt BesucherInnen nach ihren Beweggründen zu kommen befragten.

Die Aktivierung von Spontaneität und Kreativität soll dabei helfen, eingefahrene Rollen im täglichen Handeln oder im Umgang mit Problemen zu erkennen, abzulegen und ein größeres Rollenrepertoire zu erwerben. Die Gruppe bekommt somit die Möglichkeit, die Reise „als Verhaltens-Spielraum zu nutzen und in der „echten" Situation mit sich zu experimentieren" (Reineck 2006). Ferdinand Buer (2012, S. 6) bemerkte einmal in einem Vortrag beim Psychodrama Institut Freiburg/Heidelberg,

dass beim Menschen Denken erst dann einsetze, „wenn in der unmittelbaren Erfahrung eine Irritation auftritt, so dass die Anpassung an die Umwelt nicht mehr nach gewohnten Mustern – ‚sozialen Konserven' – erfolgen kann".

3 Spontaneitätstest beim Essen

Lernen scheint für Erwachsene auch deshalb so schwierig, weil von ihnen erwartet wird, sich souverän zu zeigen. Will man aber etwas lernen, ist es notwendig, sich neuen Herausforderungen zu stellen oder alten Herausforderungen neu zu begegnen. Man begibt sich auf unsicheres Terrain und verliert normalerweise seine ausbalancierte Gelassenheit, die einem lieb geworden ist, weil sie Aufregung erspart. Beim Lernen ist es notwendig, an Grenzen zu stoßen, um diese zu erweitern. Aber: Wer wird schon gerne beim Essen gestört?

> An einem See ist ein Lagerplatz aufgebaut – recht idyllisch. Die TeilnehmerInnen der Lernreise machen ein angenehmes Picknick und erholen sich von den vielen Eindrücken des Tages. Sie kommen gerade von einem Kinderzirkus, bei dem Kinder versucht haben, ihnen einige Kunststücke beizubringen und die Lernreisenden feststellen mussten, dass sie sich schwer damit tun, Anfänger zu sein, sich an Regeln zu halten, zu üben und kritisches Feedback anzunehmen; obwohl sie doch dachten, sie seien gute lebenslange LernerInnen.
> Plötzlich taucht eine Gruppe junger Leute mit einem Kasten Bier auf und fängt an, die TeilnehmerInnengruppe zu stören, sich einzumischen, zu pöbeln. Sie fragen die Gruppe, ob sie mitessen können, nehmen sich auch schon einmal etwas von den Salaten und ignorieren die irritierten Blicke der Lernreisenden. Sie verhalten sich ungehörig, unverschämt und sie nerven.
> Eine Situation, die man nicht gerne erleben möchte; die etwas ratlos macht, weil man nicht weiß, wie man handeln soll, weil man eher wenig Erfahrung damit hat, wenn man in besseren Stadtteilen wohnt. Die TeilnehmerInnen sind vor eine neue Situation gestellt, in der sie adäquat handeln müssen.

Im Gegensatz zu einem Spontaneitätstest im Rahmen einer Ausbildungs-, Selbsterfahrungs- oder Therapiegruppe ist es in einem Setting wie dem oben beschriebenen nicht immer ganz klar, ob die TeilnehmerInnen einer Lernreise wahrnehmen, dass es sich um eine gestellte Situation handelt. Entscheidend ist, dass sie sich verhalten müssen und nicht nur darüber reden, was sie tun würden. „Wie in realen Situationen entstehen also ganz aktuell (im Jetzt und Hier) sensorische Signale, die ihren Weg durch das Gehirn nehmen und dabei – im Gegensatz zu den rein internalen Signalen einer Vorstellung, die sich vorwiegend in der Hirnrinde abspielen – all die Stationen vom Stammhirn bis zum Kortex durchlaufen, die die Signale auch im realen Leben durchlaufen würden" (Klein 2012, S. 211). Auf der Psychodrama-Bühne ist jedem/jeder ProtagonistIn bewusst, dass es sich um MitspielerInnen handelt, die eine Rolle einnehmen. Er oder sie weiß, dass die Situation, die er oder sie spielt, lediglich eine Bühnenrealität ist. Gleichzeitig ist es notwendig, auf die Dynamik der Situation zu reagieren, auch wenn sie nur gespielt ist. Bei einer Lernreise kommt der Überraschungseffekt hinzu, der Zweifel, ob die Situation nicht doch echt sein könnte.

Der spezielle Rahmen des Essens erhöht die Intensität noch einmal, weil psychosomatische Rollen miteinbezogen werden. Die psychosomatischen Rollen sind die ersten, die sich beim Kind entwickeln (vgl. Moreno 1960) und tragen eine basale Bedürfnisebene in sich, bei deren Störung wir sehr empfindlich reagieren.

Die Gruppe mit dem Kasten Bier war natürlich bestellt und Teil der vorbereiteten Lernreise. Es handelte sich um eine verwegen gekleidete Gruppe von jungen PsychologiestudentInnen, die sich gerne bereit erklärt hatten, bei diesem Experiment mitzuwirken. Gewalt oder andere gefährdenden Dinge waren natürlich von vorneherein ausgeschlossen. In einer brenzligen Situation wäre das Experiment sofort abgebrochen worden.

Für diesen Aufsatz ist es nun nicht wichtig, wie die Gruppe sich konkret verhalten hat. Irgendwie hat sie sich verhalten. Jemand begann sich zu wehren und Grenzen zu setzen; dann kamen die Anderen mit dazu. Im Verlauf des Gesprächs zur Auswertung der Situation haben die Lernreisenden über Angst gesprochen, aber auch über Verhaltensmuster in der Gruppe; über das Zögern, sich zu wehren; über den Weg, sich durch Ignoranz aus der Affäre zu ziehen. Die Lernreisenden sprachen darüber, welche Mitglieder ihrer Gruppe zu denen gehörten, die schneller bereit waren, etwas zu sagen und zu handeln, und welche sich zunächst vorsichtiger verhielten. Das Gespräch, was folgte, war kein einfaches – aber sinnvoll, um etwas zu verändern.

4 Blind Dinner mit Ex-MitarbeiterInnen

Im Rahmen einer anderen Lernreise treffen sich Personalchefs zum Blind Dinner mit ihnen unbekannten Ex-MitarbeiterInnen ihres Unternehmens. Ex-MitarbeiterIn und PersonalerIn sitzen jeweils zu zweit an einem Tisch. Die Maßgabe ist, dass der/die Ex-MitarbeiterIn aus heutiger Sicht ein Feedback zu seinen/ ihren Erfahrungen im Unternehmen geben soll; der/die PersonalerIn hat die Aufgabe, zuzuhören. Gutes Essen ist manchmal hilfreich beim Zuhören, weil man, wenn es schmeckt, lieber isst statt zu reden und es sich beim Essen sogar oder gerade auch mit vollem Mund ganz gut zuhören lässt ...

Soziometrische Wahlen passieren ständig und ganz automatisch. Was seltener – gerade in großen Unternehmen – passiert, ist, die Wahlen transparent zu machen und über sie in den Dialog zu gehen. In einer negativen Wahl (in diesem Fall die Entscheidung, das Unternehmen zu verlassen) stecken sehr wertvolle Informationen für ein Unternehmen. Eine Organisation, die überleben will (ausschließlich negative Wahlen würden das Gegenteil bedeuten) sollte daher zuhören. Gerade PersonalerInnen können als „TürsteherInnen" des Unternehmens davon profitieren: Sie entscheiden schließlich, wer hereinkommt, und begleiten unliebsame Gäste nach draußen. Gäste, die von alleine gehen, nach dem „Warum" zu fragen, ist neu.

Stellen wir uns das Verlassen des Unternehmens als Szene vor, helfen die diagnostischen Perspektiven des Psychodramas (vgl. Hutter und Schwehm 2009, S. 27 ff.) beim Verstehen. Lagen die Gründe in Wertekonflikten zwischen Ex-MitarbeiterIn und Unternehmen, wie zum Beispiel das verlangte Verhalten gegenüber KundInnen (Axiodrama)? Gab es persönliche Verstrickungen in Beziehungen, die nicht

mehr haltbar waren (Soziometrie)? Ging es vielleicht körperlich nicht mehr, z. B. durch Auswirkungen von Schicht- und Wechseldienst (Physiodrama)? Waren gesellschaftliche Spannungsfelder der Grund, zum Beispiel zwischen den Rollen Familienmensch und Berufstätige/r (Soziodrama)? Welche persönlichen Lebensereignisse oder Prägungen spielten vielleicht eine Rolle (Psychodrama)?

Der sehr persönliche Rahmen eines Blind Dinners soll dabei helfen, auch solche Fragen zu stellen – und ehrliche Antworten zu bekommen. Natürlich sind die Voraussetzungen geradezu entgegengesetzt zu einem klassischen Blind Date, bei dem es um private Beziehungsanbahnung geht. Die „hypnotische" Wirkung des Kontexts (1:1-Gespräch), die entsprechende Aktivierung von Rollen („der/die Neugierige") und Gegenrollen („der/die Offene") verfehlen ihre Wirkung dennoch nicht. Das Essen wiederum schafft eine gemeinsame Basis, eine angenehme Atmosphäre, die man sich auch bei Geschäftsessen zunutze macht: das Essen steht im Mittelpunkt und „nebenbei" lassen sich auch schwere Themen leichter besprechen.

Mindestens genauso spannend wie die Themen während des Blind Dinners waren dann die neuen Fragen während der Reflexionsphasen der Lernreise, die im Folgenden entstanden: Was für ein Unternehmen wollen wir sein? Für wen möchten wir attraktiv sei? Für wen nicht? Welches Beziehungsmodell mit unseren MitarbeiterInnen wollen wir leben (langfristige Mitarbeiterbindung oder Fluktuation als willkommener Impuls)?

Genauso wie das Essen nicht mit dem Essen an sich abgeschlossen ist, ist im psychodramatischen Prozess das (unbewusste) Verdauen und (bewusste) Nachspüren wichtig. Was liegt mir immer noch schwer im Magen? Was beschwingt mich? Wovon will ich mehr und wovon reicht mir einmal probieren?

5 Graumelierte kochen für notorische Duzer

Eine Gruppe von Top-TopmanagerInnen kocht unter Anleitung eines Kochs für eine Gruppe von Start-Up-VertreterInnen. Die sonst Verwöhnten und Umschwärmten kommen so in die Rolle der GastgeberInnen, die sich Mühe geben müssen, ein gutes Essen zuzubereiten. Die „Graumelierten" treffen auf „notorische Duzer" aus den Startups – selbst schon ein wenig arrogant geworden, weil sie inzwischen schon häufiger gebeten wurden, Managern (den Digital Immigrants) ihre Welt zu erklären. Keine leichte Situation. Es gibt Ressentiments auf beiden Seiten. Die „Alten" fragen: „Was wollen wir denn mit den Jungen?!" Und die Jungen sagen: „Bleib' mir weg mit den Alten, so werde ich nie ...".

Aber kochen können die Alten oft besser. Viele Nerds erleben, dass man Essen kauen kann und nicht nur gemixte Vitamin-Cocktails aus Flaschen konsumieren. Was hat es gebracht? Jemanden in die Rolle des Gastgebers zu manövrieren, bedeutet meist, sich ausgesucht höflich gegenüber den Gästen zu verhalten, ihnen zuzuhören und sich ihnen zu widmen. Hat man etwas gekocht, will man wissen, ob es schmeckt. Ein Gespräch wird viel leichter und der Gast ist redseliger und vielleicht weniger aufgeregt, weil der Magen auch etwas zu tun hat ...

Besonders erkenntnisreich für die TeilnehmerInnen von Lernreisen ist es, wenn Begegnungen im Kontext von soziodramatischen Spannungsfeldern stattfinden. „Alt trifft Jung", „Großkonzern trifft Start-Up" oder auch „spießig trifft hip". Diese Überspitzungen legen schon nahe, dass es sich dabei um stereotype (Rollen-)Bilder handelt. Es sind Stereotype, die allerdings auch allzu oft in den Köpfen der Menschen existieren. Begegnung im Sinne des Soziodramas zu ermöglichen, hieße, Schritt für Schritt diese stereotype Ebene hinter sich zu lassen (vgl. Wiener 2011):

- Stereotype Ebene: Diese Ebene der äußerlichen Zuschreibungen hilft uns aus evolutionspsychologischer Sicht, Komplexität zu reduzieren. Menschen und Gruppen werden in Kategorien eingeteilt. Im Fallbeispiel wäre das z. B.: „ManagerInnen aus Konzernen sind distanziert, profitorientiert und unmenschlich."
- Typische Ebene: Die Schublade der Stereotype bekommt erste Risse, wenn es zu einer Begegnung mit einem/r VertreterIn einer (soziodramatischen) Gruppe kommt. Häufig werden dann Rückschlüsse auf die ganze Gruppe gezogen: „Ich habe XY kennengelernt, der schon vier Start-Ups gegründet hat. Ich denke, dass alle Start-Up-GründerInnen risikofreudig sind".
- Spezifische Ebene: Hier erhält immer mehr die individuelle (psychodramatische) Perspektive Einzug. Manager XY ist aufgrund seiner Prägung vielleicht tatsächlich sicherheitsorientiert, ManagerIn XYZ wegen einer anderen Lebensgeschichte dagegen sehr experimentierfreudig. Neben der kollektiven Rolle als Klammer werden immer stärker die individuellen Unterschiede erkannt.
- Archetypische Ebene: Im Psychodrama nutzen man diese Ebene beispielsweise im Sharing, das unabhängig von all den Unterschieden in Lebensgeschichte und Rollen wieder die Gemeinsamkeiten in den Vordergrund stellt: Der/die ProtagonistIn ist nicht allein; existenziell menschliche Themen kennen die Anderen auch. Gelingt ein Gespräch darüber, findet Begegnung auf einer anderen Ebene statt; mehr Nähe entsteht.

Zieht man die Analogie zu Bennets (2004) Modell der interkulturellen Sensibilität, geht es darum, einerseits (echte) Unterschiede anzuerkennen und andererseits die tieferliegenden Gemeinsamkeiten zu sehen.

Das Rollenpaar von GastgeberIn und Gast hilft dabei, sich zunächst einmal außerhalb soziodramatischer Schubladen (wie KonzernmanagerIn und Start-UplerIn) zu begegnen. Statt Mauern durch Vorurteile zu errichten, werden durch das gemeinsame Erlebnis der Gastfreundschaft erste Brücken gebaut, auf denen man sich später dann aufeinander zu bewegen kann.

6 Herausfordernde Settings

„... Und dann gehen wir in das Restaurant dort drüben ..." sagt der Lernreiseführer und alle freuen sich schon auf ein leckeres Abendessen. Und dann führt der Reiseführer ins Restaurant, durch das Restaurant aus dem Restaurant ... wohin? In die Küche. „Essen in der Restaurantküche ..." denkt man schon „... mal was anderes!" Aber nicht ganz. Das Essen kommt erst später. Jede/r bekommt eine

Schürze und wird einem/r Mitarbeiter/in in der Küche zugeteilt – die KüchenhelferInnen bekommen KüchenhelferInnen. Und dann geht es los. Die Lernreisenden arbeiten in der Küche mit; gegessen wird zwischendurch. Und dann noch das: ganz langsam ziehen sich die originalen KüchenmitarbeiterInnen aus dem Geschehen zurück. Sie lassen die Lernreisenden allein. So langsam kriegen diese mit, was passiert und müssen die Situation bewältigen. Zum Glück gibt es nicht so viele Gäste und lediglich eine Gruppe von Psychodrama-Ausbildungskandidatinnen hat sich zum Essen angekündigt – das weiß natürlich keine/r der neuen KüchenhelferInnen. Die PsychodramatikerInnen scheinen aber eher interessiert an der Dynamik in der Küche als am Essen ...

Wir Autoren müssen feststellen: Kochen ist irgendwie immer ein bisschen Stress. Auch wenn man ein Gericht kocht, mit dessen Zubereitung man sich auskennt, so muss alles synchron stattfinden, die verschiedenen Bestandteile eines Gerichtes zur gleichen Zeit auf dem Tisch stehen – und dann muss es auch noch schmecken. Für Teams ist Kochen also eine wunderbare Herausforderung. Je realistischer diese ist, desto ernster wird sie genommen. In der Reflexion der Aufgabenbewältigung werden stets die Muster deutlich, die auch beim Arbeiten des Teams die Stärken darstellen, aber auch die Verbesserungspotenziale aufzeigen. Das Team produziert beim Kochen nicht nur Essen, sondern eben auch „wunderbares Material", das es zu deuten gilt, um sich selber besser verstehen zu können und nicht immer die gleichen Fehler zu wiederholen.

Solche herausfordernden Settings bieten einerseits einen geschützten Rahmen, außerhalb der eigenen Organisation. Andererseits bringen sie eine soziale Komplexität und Klarheit in den Rollenerwartungen mit sich, die dem Innenleben einer Organisation sehr ähnlich sind. Auch wenn die Menschen innerhalb einer Organisation selbst frei von jeglichen Rollenkonserven wären, ihr Handlungsspielraum bleibt durch das System eingeschränkt. Wo innerhalb der eigenen soziodramatischen Rolle wie viel Gestaltungsmöglichkeit liegt, lässt sich im Restaurant-Beispiel wunderbar experimentieren. Moreno (1960) unterscheidet dabei verschiedene Freiheitsgrade beim Ausfüllen einer Rolle (vgl. Sternberg und Garcia 2000, S. 123):

- Rollenübernahme meint zum Beispiel, dass als KellnerIn von mir erwartet wird, das bestellte Essen zu servieren, solange es noch warm ist. Hier habe ich keine Freiheitsgrade, das muss beachtet werden.
- Die Ebene des Rollenspiels beinhaltet schon mehr Freiheitsgrade (Bin ich charmant oder nicht? Wie stimme ich mich mit der Küche ab?).
- Auf der Ebene der Rollenkreation geht es darum, im Beispiel des/der KellnerIn neue Gerichte oder Abläufe anzuregen oder das Geschäftsmodell zu erweitern und den Gästen etwa Beratung zu touristischen Aktivitäten anzubieten.

7 Schlussbemerkung

Das Psychodrama schärft unseren diagnostischen Blick auf verhinderte Begegnung und schenkt uns gleichzeitig wunderbare Instrumentarien, diese wieder zu ermöglichen. Lernreisen sind ein solches Mittel der Wahl und fungieren in der Organisationsentwicklung als Bindeglied zwischen psychodramatischer und soziodramatischer Ebene: Indem ManagerIn auf StudentIn, Führungskraft auf Kind und Graumeliert auf Digital Native trifft, entsteht Bewegung. Rollenkonserven brechen auf, weil herausfordernde Settings (angelehnt an Spontaneitätstests) nach anderen Verhaltensweisen verlangen. Soziale Stereotypen können nicht wachsen, weil sie ihrer Grundlage entzogen werden.

Gerade Szenen des Essens haben sich im Rahmen von Lernreisen als fruchtbarer Nährboden erwiesen: sie aktivieren basale Rollen, die sonst häufig ausgeblendet werden. Sie schaffen Atmosphäre, in der es sich leichter vertrauen und leichter verdauen lässt.

Diese Verdauungszeit ist mit der eigentlichen Szene des Essens nicht abgeschlossen. Im psychodramatischen Prozess wie in der Lernreise ist die Reflexionszeit besonders wichtig. So kann die Komplexität und Einzigartigkeit von Szenen nach und nach besser verstanden werden:

1. Erst das Wechselspiel der verschiedenen Rollenebenen (psychosomatisch, psychodramatisch, sozial) bietet einen Zugang zu einer „unverkürzte[n] Realität" (Hutter 2008, S. 1).
2. Rollenverhalten von einem selbst und von Anderen kann je nach Perspektive ganz unterschiedlich gedeutet werden. Manchmal werden gesellschaftliche Themen auf einer Beziehungsebene ausgetragen (Soziodrama auf Soziometrie), ein anderes Mal passen persönliche Werte mit denen einer Organisation nicht zusammen (Psychodrama und Axiodrama).
3. Auch die Rollentiefe und damit die Tiefe der Begegnung sollte betrachtet werden (von stereotyp bis archetypisch).
4. Zu guter Letzt sind die Freiheitsgrade für das Ausüben von Rollen je nach Kontext sehr unterschiedlich (von Rollenübernahme über Rollenspiel zu Rollenkreation).

Masala Chai („Gewürztee")

Christoph Buckel

Ich möchte hier meine liebste Art Tee zu trinken beschreiben. Das Rezept für diesen *Masala Chai („Gewürztee")* ist von einem Freund aus Indien. Natürlich gibt es viele verschiedene Varianten; so ist er mir aber am liebsten. Für 4 Tassen nehme man:

- 4 Teelöffel Schwarztee (z.B. Assam)
- 4 Teelöffel Zucker (das ist meine Variante, für indische Gaumen durchaus doppelt oder 3-mal so viel)
- 4 Kapseln Kardamom
- etwas geriebenen oder kleingeschnittenen Ingwer

Man gebe alles zusammen in einen Topf und koche alles zusammen mit 3 Tassen Wasser auf. Wenn es kocht, gebe man noch 1 Tasse Milch dazu und koche alles zusammen 3-mal auf. Warum 3-mal? Weiß ich nicht, hat sehr wahrscheinlich dadurch aber bisher immer gut geschmeckt.

Tee nach Marcel Proust

Uwe Reineck

„Es ist ganz offenbar, dass die Wahrheit, die ich suche, nicht in ihm ist, sondern in mir."
So beschrieb Herr Proust die Erkenntnis, die ihn traf, bei der wohl berühmtesten Essensszene der Weltliteratur (vom letzten Abendmahl mal abgesehen), als der Trank in seinem Mund – eine Melange aus einer süßen Madeleine und einem Tee – nur vermeintlich das Glücksgefühl in ihm bewirkte, das seinen wirklichen Ursprung in Herrn Prousts Erinnerungen selbst hatte. Kann man die Wirkweise einer psychodramatischen Erwärmungsübung besser beschreiben? Und schon damals entlarvte er – gewissermaßen präventiv – alle Protagonisten und Zuschauer von zukünftigen Koch- und Essenssendungen, als verlorene Zeitsucher, die das Glück in ausgefeilten Rezepten finden wollen...
Mein Rezept: Eine Tasse nehmen, vielleicht eine weiße, aber eine andere Farbe tut´s auch und dann Wasser heiß machen. Kochend muss es wohl sein. Dann den Teebeutel – natürlich einen Teebeutel, weil er sich so schön zwischen den Fingern schaukeln lässt (Pfefferminztee vom Aldi war es bei meiner Oma immer) in das heiße Wasser eintauchen und schwimmen lassen. Zuschauen, wie der ganze Beutel nass und schwer wird und im Wasser untertaucht. Und dann höre ich die Stimme meiner Oma, die sagt: „Willst du dazu ein Butterbrot?"

… Bei Herrn Proust war es Schwarztee oder Lindenblütentee – er wollte sich da nicht so festlegen. Es scheint auch keine Rolle zu spielen …

Literatur

Bennett, M. J. (2004). From ethnocentrism to ethnorelativism. In J. S. Wurzel (Hrsg.), *Toward multiculturalism: a reader in multicultural education*. Newton: Intercultural Resource Corporation.

Buckel, C. (2012). Psychodrama als didaktisches Modell für die Organisationsberatung. In U. Reineck & M. Anderl (Hrsg.), *Handbuch der Prozessberatung. Kultur verändern – Veränderung kultivieren* (S. 369–382). Weinheim: Beltz.

Buckel, C. (2016). Die Beratung in großen Organisationen aus psychodramatischer Perspektive. Mehr (Perspektiven-)Vielfalt wagen mit dem sozialen Atom. *Zeitschrift für Psychodrama und Soziometrie*. https://doi.org/10.1007/s11620-016-0341-1.

Buer, F. (2012). *Warum es in der Arbeit nicht nur ums Funktionieren, sondern auch ums Glücklich sein geht*. Werkstatt des Psychodrama Instituts, Freiburg, 11.2.2012.

Hutter, C. (2008). *Psychodramatheorie Update*. Unveröffentlichtes Seminarskript
Hutter, C., & Schwehm, H. (Hrsg.). (2009). *J. L. Morenos Werk in Schlüsselbegriffen*. Wiesbaden: VS.
Klein, U. (2012). Die Neurophysiologie der Bühne. *Zeitschrift für Psychodrama und Soziometrie, 11*, 207–215.
Moreno, J.L. (1947). The social atom and death. *Sociometry, 10*, 80–84.
Moreno, J.L. (1960). Role. In *The sociometry reader* (S. 80–86). Glencoe, Illinois: The Free Press.
Reineck, U. (2006). Psychodrama – Vorhang auf und Bühne frei! Schönste aller Therapien. In K.F. Meier-Gantenbein & T. Späth (Hrsg.), *Handbuch Bildung, Training und Beratung – Zehn Konzepte der professionellen Erwachsenenbildung* (S. 188–219). Weinheim: Beltz.
Reineck, U., & Buckel, C. (2012). Methode Lernreisen. Neue Sicht durch andere Kontexte. *Training aktuell, 12*, 26–29.
Reineck, U., Küppers, A., v. Benten, F., & Buckel, C. (2010). Werkzeugkiste: Lernreisen. *Organisations-Entwicklung, 4*, 89–93.
Schacht, M. (2009). *Das Ziel ist im Weg. Störungsverständnis und Therapieprozess im Psychodrama*. Wiesbaden: VS.
Sternberg, P., & Garcia, A. (2000). *Sociodrama. Who's in your shoes?* (2. Aufl.). Wesport: Praeger.
Wiener, R. (2011). *Eigene Mitschriften*. MPV/SAM Summer School 2011, Manchester, 09.–12. September 2011.

Christoph Buckel Jahrgang 1986, Diplom-Psychologe, Psychodrama-Leiter (DFP/FEPTO), Weiterbildungen in Organisationsentwicklung, Coaching und Soziodrama. Der Autor wurde in Ansbach geboren und studierte Psychologie in Landau in der Pfalz. Heute lebt er in Karlsruhe und arbeitet in Frankfurt am Main und ganz Deutschland. Nach einer selbstständigen Zeit in der Organisationsberatung ist er seit 2013 interner Berater für Veränderungsmanagement bei der DB Fernverkehr AG. Seit der Gründung 2008 ist er Mitgestalter des Psychodrama Instituts Freiburg/Heidelberg. In jüngerer Vergangenheit baute er mit Gleichgesinnten die Soziodrama Akademie auf, um diese wunderbare Moreno'sche Spielart weiter zu verbreiten. Er glaubt an den gewinnbringenden Einsatz von Psychodrama in Organisationen – nicht nur was die Methoden angeht, sondern vor allem auch die Haltung.

Uwe Reineck geboren 1960 in Karlsruhe, aufgewachsen in Durlach, Diplom-Psychologe, ist seit 1991 als selbständiger Unternehmensberater tätig. Er ist Psychodrama-Lehrtherapeut und leitet das Psychodrama-Institut Freiburg/Heidelberg. Ein aktueller Schwerpunkt seiner Tätigkeit liegt im Aufbau des ersten Soziodrama Institutes in Deutschland. Darüber hinaus ist er Geschäftsführer der MAICONSULTING GmbH & Co. KG in Heidelberg. Seit dem Studium der Psychologie, Pädagogik und Philosophie arbeitet er mit Menschen in unterschiedlichen Lebensphasen und Lebenssituationen. Unter anderem ist er Autor des Handbuches der Prozessberatung (2016), des Handbuches Führungskompetenzen trainieren (2011) und des Minihandbuchs Organisationsentwicklung (2018). Uwe Reineck lebt unterwegs, in Heidelberg und in Berlin.

HAUPTBEITRÄGE

Soul_cuisine – das psychodramatische Arrangement des sinnlichen KOCH_DIALOGES

Daniela Trattnigg

Online publiziert: 24. Oktober 2018
© Springer Fachmedien Wiesbaden GmbH, ein Teil von Springer Nature 2018

Zusammenfassung Im folgenden Artikel der Zeitschrift für Psychodrama und Soziometrie wird der sinnliche KOCH_DIALOG als psychodramatisches Arrangement beschrieben, der sowohl als Workshop als auch in Psychodrama Jahresgruppen angewendet werden kann. Er schafft ein Bewusstsein für ungestillte Bedürfnisse, den emotionalen und körperlichen Hunger nach liebevoller Berührung, die in der Kindheit verwurzelt sind. Wird dieser Hunger ausschließlich mit Essen versorgt, kann er nicht adäquat nach-genährt und gestillt werden. Durch das Wechseln der Perspektive, vom kindlichen Versorgtwerden mit Essen zum erwachsenen selbst-fürsorglichen Versorgen beim Kochen, wird eine Erweiterung des Rollenspektrums möglich. Darüber hinaus werden vielfältige Aspekte theoretisch wie praktisch beleuchtet, die sich bei der Anwendung des sinnlichen KOCH_DIALOGS als Wesentlich herauskristallisiert haben und handlungsleitend sind.

Schlüsselwörter KOCH_DIALOG · Sinnlich · Psychodrama · Emotionaler Hunger · Liebevolle Berührung · Perspektivenwechsel · Rollenerweiterung

Soul_cuisine—the psychodramatic arrangement of the sensual cooking_dialogue

Abstract Following article describes a psychodramatic arrangement called sensual cooking_dialogue; you can use as a workshop or propose in long-term psychodrama groups. This arrangement creates consciousness for the unsatisfied needs, the emotional and physical hunger of loving touching, determined in the childhood. It is not possible to cherish this hunger only with food. To create role addition, it is necessary to change the perspective from infantile supply during eating, to grown-

Mag.a D. Trattnigg, MSc (✉)
Praxis FREI_RAUM, Mozartstraße 54, 9020 Klagenfurt am Wörthersee, Österreich
E-Mail: daniela.trattnigg@gmx.at

up self-care you come close while cocking. Furthermore, various theoretical and practical aspects are illuminated, which have emerged as essential and which guide practising the sensual cooking_dialogue.

Keywords Cooking_dialogue · Sensual · Psychodrama · Emotional hunger · Loving touching · Change of perspective · Role expansion

Es ist mein Ziel den sinnlichen Koch_Dialog so zu beschreiben, dass Sie beim Lesen schon Lust bekommen, ihn auch in Ihre Arbeit zu integrieren. Damit das gelingt, beschreibe ich detailliert den Ablauf, er bildet, wenn man so will, das Gerüst, die Struktur, die Grundzutaten. Verfeinert werden diese Grundzutaten mit reichlich Kräutern und Gewürzen, sie sind schließlich die Seele eines Gerichtes. Gemeint sind die vielperspektivischen Gedanken und Themenbereiche, die sich im Laufe meiner Arbeit, vor allem durch die mit-geteilten Erfahrungen der TeilnehmerInnen erschlossen und Form angenommen haben. Sie nähren die therapeutische Haltung. Gleich zu Beginn und an der einen oder anderen Stelle, lasse ich KlientInnen zu Wort kommen, denn nur im gemeinsamen Tun konnte sich der sinnliche KOCH_DIALOG weiter entwickeln, also in diesem Fall haben die vielen KöchInnen den Brei verfeinert. Der *sinnliche* KOCH_DIALOG verfolgt, befeuert, beantwortet und wirft von seiner intendierten Grundausrichtung sowohl psychotherapeutische, als auch sexualtherapeutische Fragestellungen auf. Der sinnliche KOCH_DIALOG, steht jetzt für Sie auf der Menükarte.

1 Einleitung: Der Geschmack der Kindheit

Erinnern Sie sich noch an einen Geschmack aus Ihrer Kindheit? Oder ein bestimmtes Essen, das es nur zu besonderen Anlässen gab? Eine Speise, mit der Sie Umsorgtsein, Trost, Verständnis, Liebe oder Schutz, Beruhigung, nährende Berührung, Zuwendung oder Heimat in Verbindung bringen? „Gutes Essen macht [schließlich] Sorgen vergessen", sagt schon eine alte Volksweisheit (Abb. 1).

In vielen ProtagonistInnenspielen und monodramatischen Inszenierungen konnte ich miterleben, wie es dazu kam, dass Menschen, die über ihren körperlichen Hunger hinaus essen, damit ein Stück ihrer schmerzhaften und unerfüllten Kindheit nachnähren wollen. Sie versuchen die immer noch im Körper und im Unbewussten gespeicherten Spannungen, Enttäuschungen, Entwertungen etc. zu besänftigen und aufzulösen (vgl. Lipton 2015). Bauer (2008, S. 19) beschreibt aus neurobiologischer Sicht, dass Beziehungen für uns einen biologischen Gesundheitsfaktor darstellen. „Überall dort, wo zwischenmenschliche Beziehungen quantitativ und qualitativ abnehmen, nehmen Gesundheitsstörungen zu" (ebd., S. 19).

> Viola beispielsweise war in ihrer Kindheit den jähzornigen und gewalttätigen Ausbrüchen des Vaters schutzlos ausgeliefert, ebenso wie seinen entwertenden Herabsetzungen weil sie ein Mädchen ist. Nichts konnte sie ihm recht machen, so sehr sie sich auch bemühte. Während sich der Vater absonderte und sie mit

Abb. 1 Gestickter Wandbehang im Elternhaus meiner Urgroßeltern

dem Gefühl falsch zu sein und alles falsch zu machen immer wieder vor geschlossener Türe buchstäblich aussperrte, fand sie Trost in der köstlichen Versorgung der Mutter. Auch wenn sie diese vor dem Jähzorn des Vaters nicht aktiv beschützen konnte, versuchte sie es wieder gut zu machen. Heute ist die Mutter (schmerzlich vermisst) verstorben und der Kontakt zum Vater auf ein Minimum, das Notwendigste reduziert. Die Angst vor ihm sitzt Viola immer noch in den Knochen und so versucht sie es ihm immer noch recht zu machen. Aktualisierte Spannung bei Kontakten mit dem Vater und Trigger im Alltag lösen immer wieder heftige Essanfälle aus (vgl. Tenzer 2016, S. 14 ff.). Auf diese Weise sorgt Viola bzw. ihr Unbewusstes (vgl. Lipton 2015) mit Essen für Beruhigung. Der dahinter verborgene Hunger nach Anerkennung und Zuwendung bleibt damit jedoch ungestillt.

Oder wie Ulrike, die Essen anstelle von Zuneigung und Schutz angeboten bekam. In ihrer Kindheit wurde sie von ihren Eltern immer wieder, wissend um die emotionalen Übergriffe der Großmutter und körperlichen Grenzüberschreitungen der älteren Geschwister in deren Obhut gegeben. Immer wieder war sie aggressiven, beschämenden Beschimpfungen und schmerzhaften Angriffen hilflos ausgeliefert. Zum Ausgleich und Trost erhielt sie von der Mutter als Wiedergutmachung oft eine bestimmte Süßspeise zubereitet. Viel mehr jedoch sehnte sie sich danach, von ihrer Mutter in den Arm genommen und getröstet zu werden. Eine Sehnsucht, die sich Ulrike bis heute schwer erlauben und erfüllen kann.

Viele Menschen haben Ähnliches erlebt und wie Viola und Ulrike Essen schon früh an die Stelle von unerfüllten emotionalen Sehnsüchten, adäquaten Berührungen und einer sicheren Bindung gestellt. Ihr Unbewusstes bringt Essen in Verbindung mit nährenden, liebevollen Gefühlen, denn Essen wurde in ihrer Kindheit zu einer Form der emotionalen Heimat – es hat sie schließlich noch nie im Stich gelassen (vgl. Sanchez 2015, S. 211). Eine Studie der *University at Buffalo* bestätigt, „dass es Menschen in Situationen, in denen sie sich zurückgewiesen oder einsam fühlen, nach ganz bestimmten Gerichten gelüstet. Es sind meist Speisen, die sich mit der Zuneigung verbinden, die sie in ihrer Kindheit erfahren haben" (TSA 2016a, S. 8). Um Menschen wie Ulrike und Viola geht es in diesem Artikel, sie haben mich auch dazu inspiriert, den sinnlichen KOCH_DIALOG zu entwickeln[1].

Die Geschichten lassen es erahnen, dass sowohl Ulrikes als auch Violas Mutter gerade in solchen Momenten mit viel Liebe gekocht haben, ihr Bedauern über die Umstände der Zeit, ihren eigenen Mangel, ihr Unvermögen und die eigene Unterdrückung im Prozess des Kochens transformiert und etwas zubereitet haben, das nach Wärme und Zuwendung schmeckte. Sie drückten liebevolle Gefühle vorrangig über das Zubereiten von Essen aus, weil es ihnen selbst fremd war, sie über direkte körperliche Nähe zur Verfügung zu stellen.

Der sinnliche KOCH_DIALOG kann unter Umständen diesen Perspektivenwechsel hervorbringen und mehr das *liebevolle* Zubereiten als das Essen in den Fokus der *liebevollen* Zuwendung rücken. Beim Kochen kann der Kontakt zum Selbst-Versorgenden, fürsorglichen mütterlichen Anteil sinnlich wahrnehmbar aufgenommen werden. „Kochen ist ein Sinnbild unseres Lebens und es bietet uns die Möglichkeit unser Leben zu erfüllen: dann nämlich, wenn wir Vergnügen an der Zubereitung von Lebensmitteln finden, statt zu glauben das Vergnügen käme erst nach der Arbeit" (Brown 2011, S. 10). Nur über ein neu gewonnenes Bewusstsein, das Überschreiten des Status nascendi und das Entwickeln von Wahlmöglichkeiten wird es möglich, die eigentlichen biografischen Wunden so nachzunähren, dass auch der emotionale Hunger gestillt ist. Worauf kommt es bei der Durchführung des sinnlichen KOCH_DIALOGES an?

2 Der sinnliche KOCH_DIALOG: eine Inszenierung vom selbstfürsorglichen Erfüllen der eigenen Bedürfnisse

Der sinnliche KOCH_DIALOG wird sowohl als Arrangement in laufenden Jahresgruppenprozessen eingesetzt, als auch als Workshop angeboten, den man durchaus mehrfach besuchen kann. Der Zeitpunkt für den KOCH_DIALOG in Jahresgruppen wird von mir vorgeschlagen. Dabei orientiere ich mich an den Themen, die im Prozess sichtbar werden, wie zum Beispiel bei Viola und Ulrike. Unabhängig davon, ob der sinnliche KOCH_DIALOG in einem laufenden Gruppenprozess stattfindet oder nicht, alle TeilnehmerInnen haben zur Einstimmung eine Einladung[2] bekommen.

Ein gemeinsamer Nenner der interessierten Menschen, die sich zum sinnlichen KOCH_DIALOG Workshop anmelden, ist ihre Neugier und ihr Interesse an Selbsterfahrung und Entwicklung. Die darüber hinaus reichenden individuellen Motive

---

[1] Ich verstehe die Entwicklungsphase des KOCH_DIALOGES und im speziellen des sinnlichen KOCH_DIALOGES noch lange nicht abgeschlossen und als Work in Progress Prozess.

[2] Vergleiche dazu http://www.freiraum-daniela-trattnigg.at/sinnlicher-koch_dialog/.

sind sehr unterschiedlich und werden von TeilnehmerInnen beispielsweise mit „ansprechender Einladung, Lust in Gemeinschaft zu kochen und sich auszutauschen, Lust wieder mal etwas für mich zu tun", bis hin zu „Stress mit dem eigenen Essverhalten, sexuelle Fähigkeiten erweitern, Unzufriedenheit mit dem Körper, Scham in Gemeinschaft zu Essen" oder dem „Wunsch die eigene Lust wiederzubeleben" beschrieben. Welche Aspekte muss das sinnlich Wahrnehmbare beinhalten, um Heilung über den kurzen Moment hinaus möglich zu machen?

3 Das Vorspiel: Vom Erwärmen und Umwerben – mit allen Sinnen

Beim sinnlichen KOCH_DIALOG *inszeniere* ich einen Raum, der bereits beim Eintreten dazu anregt mit allen Sinnen wahrgenommen und erforscht zu werden. Der Außenraum steht hier analog zum Innenraum (vgl. Ecker 2016, S. 52 ff.). Ich versuche bewusst für jeden Sinn etwas zur Verfügung zu stellen, und mein besonderer Focus liegt auf dem Geruchsinn, denn dieser Sinneseindruck ist eng mit Gefühlen und Emotionen verbunden und er steht in direkter Verbindung mit dem Genuss von Essen.

Zumeist bereite ich zwei Getränke zur Wahl vor – je nach Jahreszeit beispielsweise einen Chai (indischer Gewürztee), Ingwertee[3] oder frisch gepresste Frucht- und Gemüsesäfte – Getränke, die einen intensiven Geruch verströmen. Unser Geschmackssinn funktioniert nur in Verbindung mit dem Riechen. Bereits zu diesem Zeitpunkt wird die Neugier, der Aktionshunger geweckt und die TeilnehmerInnen in eine Spontaneitätslage versetzt, in der sie zumeist Lust entwickeln zu erkunden, was hinter diesem Geruch steckt. Den TeilnehmerInnen entschlüpft beim Betreten des Raumes hin und wieder sogar eine spontane Lustbekundung wie „Mmmhhh lecker" oder ein tiefes hörbares Ein- und Ausatmen und sie versammeln sich interessiert um die Getränke, um den Gerüchen auf die Spur zu kommen.

Unser Gehirn, in dem all unsere Sinneseindrücke gespeichert sind, gibt eine unmittelbare Rückmeldung darüber, ob das was unsere Sinne wahrnehmen, was wir hören *z. B.*: den Klang der Stimme, Geräusche, sehen *z. B.*: Körperform, Farben, Einrichtung, tasten *z. B.*: Händedruck, Raumtemperatur, Tasse, riechen *z. B.*: Körpergeruch, Parfum, Umgebungsgerüche und schmecken *z. B.*: das Getränk, Haut, Speichel als angenehm oder unangenehm empfunden wird. Wir fühlen uns wohl, können gut ankommen oder eben nicht. Wir treffen eine zum großen Teil unbewusste Wahl, die mit den Erfahrungen zusammenhängt, an die das gegenwärtige Erleben gekoppelt ist. Und auch wenn wir es als anziehend und attraktiv bewerten, steht noch nicht fest, ob wir in der Lage sind es zu genießen. Was kann unsere Fähigkeit genießen zu können beeinflussen?

---

[3] Gewürze wurden immer schon dazu verwendet Liebestränke herzustellen. Sie sind die Seele der Küche, denn sie vermögen ein Gericht in aphrodisisches Potenzial zu verwandeln (vgl. Allende 2013, S. 74 ff.).

4 Innehalten: Stress und Selbstberuhigung

Die Fähigkeit Essen genießen zu können, geht mit der Fähigkeit zur Ruhe kommen zu können, einher. Ein Kleinkind ist auf Beruhigungsimpulse von außen angewiesen und mit der Zeit bzw. den Angeboten erwerben wir mehr oder weniger hilfreiche Strategien zur Selbstberuhigung. Auch mütterlicher Stress kann das biologische Stresssystem eines Kindes beeinflussen (vgl. Bauer 2008, S. 49). Die Selbst-Beruhigung macht es möglich, abschalten und entspannen zu können. Die Fähigkeit zu genießen, gestaltet sich ebenso durch eine gute bewusste Selbstwahrnehmung beispielsweise für das körperliche Hungergefühl, die eigenen Sinneseindrücke, die Gefühle im Hier und Jetzt, die Körper-Spannung, die Atmung und von emotionalem Stress. Die Kunst des Ausruhens und zur Ruhe zu kommen, Fähigkeiten zur Selbstberuhigung müssen, wenn wir sie nicht hilfreich erlernt oder wieder verlernt haben, im erwachsenen Alter neu ins Leben integriert werden.

Eine der wichtigsten Beruhigungsstrategien ist Berührung. Sie ist für uns Menschen ebenso zum Überleben wichtig wie Nahrung. Wohlwollende Berührung ist unser beruhigendster Sinneseindruck (vgl. Kapp 2016, S. 168). Auf der Körperebene bildet sich Entspannung in einem niedrigen und Anspannung in einem hohen Cortisol Spiegel im Blut ab. Sehr vereinfacht gesagt produziert unser Köper bei Stress u. a. das Hormon Cortisol, das nur langsam wieder abgebaut wird. „Cortisol dämpft die Immunreaktion auf Stress und ist maßgeblich für die Gewöhnung an körperlichen wie auch seelischen Stress verantwortlich. [...] Aus dem stressbedingten Ansteigen von Stresshormonen resultiert eine verminderte Produktion von Sexualhormonen beim Mann und bei der Frau" (Hofer 2013, S. 18 f. cit. Bauer 2008). In einer Studie der University of Delaware wurden 43 verheiratete Paare untersucht während sie in einer Zweierklausur miteinander diskutierten. „Das Resultat: Frauen und Männer, bei denen es dabei disharmonisch zuging, hatten – obwohl sie ja satt waren – vergleichsweise hohe Mengen des Hungerhormons Ghrelin im Blut; der Streit weckte ihren Appetit. Schlimmer noch: Die feindselig streitenden Paare hatten hernach ein besonderes Verlangen nach fetten, süßen, salzigen sprich: ungesunden und dickmachenden ‚Trostspeisen'" (TSA 2016b, S. 10). Die Studie macht noch einmal deutlich, welchen Einfluss die Qualität von Beziehungen auf die Gesundheit, hier das gesunde Essverhalten hat. Gibt es noch weitere Zusammenhänge zwischen Essen und Stress?

5 Innehalten: Abstinenz

Die Fähigkeit genießen zu können steht jener der zwanghaften Mäßigung gegenüber. Und genau zu dieser Mäßigung, zum Zusammenreißen werden Menschen, die emotional essen sehr häufig „eingeladen". Jede Diät stellt im Grunde einen Vorschlag zur Mäßigung dar und bedeutet für unseren Körper die Aktivierung des Stresssystems, also Dauerstress und einen erhöhten Cortisolspiegel. „Kritisch wird gesund essen auch, wenn der Genuss verloren geht. Wenn die Verzichtkultur zum Lebensziel wird, bleibt nichts weniger als die alte Idee des ‚guten Lebens' auf der Strecke" (Burger 2016, S. 32). Bei einer Diät befolgen wir eine äußere Regel, die uns weiter weg von der Selbst-Wahrnehmung unserer inneren Empfindungen führt und uns vom Körper entfremdet. „Das Wort ‚Entfremdung' charakterisiert die Lage des modernen Menschen besser als jede andere Vokabel" (Lowen 2008, S. 116).

Wer schon einmal eine Diät versucht hat, wird aller Wahrscheinlichkeit nach die Erfahrung gemacht haben, dass es eine Weile gelingt sich zu mäßigen, den Regeln unterzuordnen, die Vernunft und den Verzicht walten zu lassen, sich zusammenzureißen, doch dass sich das Ess-Verhalten bald wieder im ursprünglichen Modus einpendelt. Das könnte daran liegen, dass an den ursächlichen Beweggründen für den Griff zum Essen während der Diät nicht gesorgt wird (vgl. Peters 2014, S. 10 ff.).

Nicht selten nimmt man nach einer Diät auch mehr zu als davor ab. Von der Evolution so gewollt, soll unser Gehirn während einer Nahrungsknappheit in die Lage versetzt werden dieses Problem zu lösen und wir beginnen verstärkt zu suchen (Nervosität), zu jagen (Hyperaktivität), zu kämpfen (Reizbarkeit). „Das Gehirn steckt in einem physiologischen Widerspruch: einerseits muss Energie gespart werden (Müdigkeit, Erschöpfung, Konzentrationsabfall sind die Folgen), andererseits kommt es zu gesteigerter Aktivität, die das Ziel verfolgt, die Nahrungssuche zu intensivieren" (Peters 2014, S. 56). Die Gedanken beginnen immer häufiger um Essen zu kreisen und Heißhungerattacken (Craving) sind ein ebenfalls typisches Symptom für die spannungsgeladene Konkurrenz zwischen Körper und Gehirn. Peters (ebd., S. 56 ff.) beschreibt, dass aus der Sicht der Stressforschung auch ein permanentes Kontrollieren der Kalorienzufuhr und das sich willentliche Versagen von Mahlzeiten, den Körper in einen Diät- also Stresszustand versetzten.

Im Radiokolleg auf Ö1 vom 05.03.2018 über den Hedonismus, die Philosophie der Lust und des Genusses, war die Rede davon, dass maßloses mäßigen etwas Unvernünftiges sei, und der Körper als Genussmedium in den Alltag miteinbezogen werden müsse. Genuss sei ohnehin nichts Einfaches und der Mensch fürchte ein schlechtes Leben mehr als den Tod.

Nimmt man diese Erkenntnisse ernst, erscheint es eher unvernünftig eine Diät zu machen, und vernünftig darauf zu verzichten. Wie verlockend der schnelle Verlust von Kilogramm auch ist. Tenzer (2016, S. 18) bestätigt, dass eine Diät die Symptome sogar verschlimmern kann und es darum geht, Alternativen anzubieten, um vor allem das Regulieren von Emotionen zu lernen. „Angst und Gewöhnung an belastende Bedingungen (Cortisol) blockieren sinnvolle synaptische Vernetzung, sobald jedoch die Erwärmung [im therapeutischen Prozess] beginnt, lässt im besten Fall auch die Angst nach, wodurch die Vernetzung im Gehirn wieder funktionieren kann. Belastende Umstände können wahrgenommen und verändert werden" (Hofer 2013, S. 20). Also schreiten wir mit der Erwärmung voran.

6 Das Vorspiel: Vom Ankommen und sich Willkommen fühlen

Sobald die Gruppe vollständig ist, setzen wir uns mit den Getränken in einen vorbereiteten Sesselkreis, um mit der Begrüßung und der Runde zum Ankommen zu starten. Ich beschreibe den Ablauf und lade die TeilnehmerInnen ein, sich vorzustellen, (nur wenn der sinnliche KOCH_DIALOG als Workshop veranstaltet wird) sowie das mitgebrachte Anliegen bzw. die Motivation zur Teilnahme zu beschreiben.

Abb. 2 Das Apfel Amuse-Gueule

Und ich lade sie ein zu beschreiben, wie und wonach der Tee schmeckt und ob Assoziationen geweckt werden. Wie in jedem psychodramatischen Setting verlasse ich mich auch im sinnlichen KOCH_DIALOG ganz darauf, dass alles was zu entstehen möglich ist, in der spontan-kreativen Co-Kreation von allen beteiligten Personen gestaltet wird (vgl. Schacht und Pruckner 2010, S. 243). Findet der KOCH_DIALOG eingebettet in eine Jahresgruppe statt, knüpfen wir an den laufenden Gruppenprozess an. Das in der Mitte des Kreises, von mir vorbereitete Amuse-Gueule spielt in dieser Phase noch nicht die Hauptrolle, wartet vorfreudig auf sein Stichwort: Verkostung (Abb. 2).

7 Verkostung: Von Küssen und Grüßen aus der Küche – Verbote und Verführungen

Echte Verantwortung gibt es nur da, wo es wirklich Antworten gibt.
(Buber)

Beim Amuse-Gueule – dem Kuss Gruß aus der Küche entscheide ich mich in den meisten Fällen für eine Variation zubereitet aus Äpfeln, denn der Apfel ist Sinnbild der Verführung und gleichzeitig dargestellt als verbotene Frucht in Märchen ebenso wie biblischen Kontexten. „Wie ein Apfelbaum unter den Hölzern des Waldes so ist mein Geliebter unter den Männern. In seinem Schatten begehre ich, leg ich mich nieder, seine Frucht ist meinem Gaumen süß" (Bail et al. 2007, Hld 2,3). „Die heilenden und spirituellen Eigenschaften des Apfelbaumes lehren uns, unseren Körper und unseren Emotionen Beachtung zu schenken [...]" (Sonnenberg 1999, S. 17).

„Auf jeden Fall hat der Apfel in den Geflechten der Liebe einen weltweiten Ruf" (Allende 2013, S. 161). Und diese Gaumenfreude sehen wir in der Mitte des Kreises stehen. Hierbei ist es mir wichtig, unterschiedliche optische Sinnes-Eindrücke, Texturen, Geruchs- und Geschmacksvariationen anzubieten. Auf einem Tisch befinden sich beispielsweise ganze Äpfel (verschiedene Sorten), Apfelgewürzkompott (Spalten), Apfelkaramell (Mus) und Apfelsaft. Der kreativen Zubereitung sind keine Grenzen gesetzt.

In dieser Phase verlangsame ich das Tempo bewusst, um eine gute Innenschau zu unterstützen. Daher beginne ich mit einer kurzen Übung zur Atemzentrierung und Körperwahrnehmung (vgl. Weiss et al. 2012). Das Tempo, das Spiel mit dem Rhythmus ist ein wichtiges Gestaltungs-Element beim Essen. Je schneller der Rhythmus desto schwieriger ist das bewusste Wahrnehmen dessen was ist. „Destabilisieren wir uns durch Vermeidungsverhalten (Nicht-Wahrnehmen, Nicht-Fühlen, Nicht-Spüren) und bombardieren wir uns gleichzeitig mit starken physischen Reizen (Essanfälle, Hungern), um den rebellierenden Körper unter Kontrolle zu halten, zahlen wir einen hohen Preis: Wir verlieren den achtsamen Bezug zu uns selbst und unserer Umgebung" (Rytz 2010).

Ein psycho- wie körpertherapeutischer Entwicklungsprozess unterstützt Menschen dabei, in Kontakt mit ihrem Körper zu kommen und wieder Bezüge zu sich selbst und dem eigenen Leben herzustellen. Dies passiert über die Innenschau, die Selbstwahrnehmung, die Entwicklung der Fähigkeit zur Selbst-Beruhigung und Autozentrierung. „Das bedeutet: sich auf den Weg zu sich selbst zu begeben. Zunehmend in sich selbst zu ruhen, in Kontakt mit den eigenen Werten, Vorstellungen und Wünschen zu sein, und vor allem, sich im eigenen Körper zu verankern. Dann kann unser Körper uns, wenn die Ängste kommen (die wir ja nicht beliebig ausschalten können), wie ein starkes Zuhause schützen, statt wie eine leere Hülle – und wir mit ihm! – umzukippen. Gleichzeitig ist wichtig in Kontakt mit dem Partner zu bleiben, damit die gefährliche Schwelle der emotionalen Entfremdung nicht überschritten wird" (Sex und Achtsamkeit, 06.04.2018).

Nach der Atemzentrierung lade ich die TeilnehmerInnen zur Verkostung des Amuse-Gueule ein. Dabei können die Augen offenbleiben oder geschlossen werden. Jede TeilnehmerIn ist eingeladen erst den ganzen Apfel und später, nach Anleitung die Variationen zu wählen, und ihn sich mit allen Sinnen zu eigen zu machen, zu verinnerlichen, zu schauen, zu fühlen, zu riechen, zu hören, zu schmecken und mit einem offenen Fenster nach innen, Assoziationen, Fantasien, Handlungsimpulse an die Oberfläche steigen zu lassen. Ich gebe immer wieder Impulse und lade ein, die unterschiedlichen Texturen, auf unterschiedliche Weise zu verkosten, zu schlecken,

Geräusche zu machen, einen Finger oder Löffel zu verwenden, Unterschiedliches auszuprobieren.

Die Assoziationen können nach jedem Häppchen abgeholt werden oder nachdem alles verkostet wurde. Am Ende bitte ich die TeilnehmerInnen auch ein Rollenfeedback zu geben. Meine erste Frage dazu ist eher „neutral", beispielsweise wie ist es mir in der Rolle der Essenden gegangen? Beim Erzählen frage ich je nach Vertrauensbeziehung intensiver nach: Was habe ich mir erlaubt oder verboten? Wie war mein Lust-, Scham- und Genussempfinden? Wo im Körper nehme ich Lust, Scham, Hemmung oder Stress wahr? Konnte ich Gier, Verzicht, Aggression oder andere Gefühle bemerken? Welche Textur spricht mich am meisten an?

Was an dieser Stelle an die Oberfläche tritt, begleitet uns den ganzen KOCH_DIALOG über und oft noch lange danach. Wir stellen gemeinsam Querverbindungen und Bezüge her und wer möchte, formuliert einen Beobachtungsfocus für den weiteren Verlauf des Tages. Je nach Vertrautheit der TeilnehmerInnen und Tiefe der geteilten Feedbacks bzw. des individuellen Fokus, leite ich mit einer Frage auch zum Thema Sexualität über. Wie unten genauer beschrieben, ist es wichtig, die Integrität der Teilnehmerinnen und den sicheren Raum zu wahren.

Ich habe die Erfahrung gemacht, dass der Apfel für diesen Einstieg ein sehr passendes Obst ist, mit dem fast jede TeilnehmerIn eine Erinnerung aus der Kindheit assoziiert.

Wie Helga, die unter anderem vom Apfelbaum im Garten ihrer Großmutter erzählt, der für sie bereits beim *Inhalieren* des Apfels die Bilder ihrer Kindheit wach küsste. Die Großmutter war eine wichtige Bezugsperson, die auch streng sein konnte. Sie führte ein sehr einfaches Leben, so dass die Früchte des Gartens etwas Kostbares waren, die man sich verdienen musste oder heimlich aß. Muss die „Fülle der Welt" also hart erarbeitet werden?

Hannah teilte ihre Beobachtung mit, welche Wirkung die Langsamkeit auf sie hatte und welch großer Unterschied ihr zu ihrem Tempo – auch beim Essen – im Alltag durchs Erleben noch mal bewusster wurde. Sie erzählt, dass es nicht selten vorkommt, dass sie ihr Essen auf Wegen zwischendurch schnell schlingend zu sich nimmt. Hannah setzt diese Wahrnehmung in einen biografischen Kontext, dass bei ihr zu Hause oft aus einer Schüssel in der Mitte des Tisches gegessen wurde und dass man schnell sein musste, um satt zu werden. Schnell zu essen war etwas ganz Vertrautes, doch in der Zwischenzeit vermisste sie immer öfter den echten Genuss dabei.

Vera bezog sich auf die Rolle der Essenden. Beim Ausschlecken des Apfelmusschälchens mit dem Finger, das sie in Begleitung mit lautem Schmatzen extra „groß" inszeniert, ausprobiert hatte, tauchte eine Erinnerung auf. Sie konnte bei sich ein Gefühl der Scham wahrnehmen, in leichter Form sogar schon als sie von anderen deren Genussäußerungen hörte. Sie verband es mit einer immer wieder erlebten übersteigerten Maßregelung der Mutter sich zurückzunehmen, auch beim Genuss von Essen, in jeder Weise, in der ihre Lust und Lebendigkeit zum Vorschein kam (vgl. Henning 2017). Dieses Gefühl der Scham hatte Vera beim Essen in Gemeinschaft latent zwar immer wieder wahrgenommen, konnte es aber bis zu diesem Moment nicht zuordnen.

8 Der Liebesakt: Von der Hingabe – Vorlieben und Abneigungen

Widme dich der Liebe und dem Kochen mit ganzem Herzen.
(Dalai Lama)

In der nächsten Phase wechseln wir die Bühne und versammeln uns um den Küchenblock, auf dem ich die frischen Zutaten, je nach Rezepten (Gemüse, Obst, Getreide etc.), geschmackvoll arrangiert habe. Ich lade jede TeilnehmerIn ein, sich jenes Lebensmittel zu wählen, von dem sie sich angezogen fühlt. „Du arbeitest nicht nur am Essen, du arbeitest an dir selbst und an anderen Menschen. [...] Beim Kochen werden wir ein Teil der Bemühungen die unser Leben erhalten; wir nehmen teil an der Fülle unserer Welt" (Brown 2011, S. 9). Immer wieder werden im Zuge der Wahl spontan Vorlieben und/oder Abneigungen formuliert. Alles hat seinen Platz. Dieser Moment ist sogar sehr wichtig, denn es erscheint bedeutsam, der Aufforderung des Körpers, den Gelüsten bzw. dem Geschmack zuzuhören und jene Nahrung für unseren Speiseplan zu wählen, nach der es uns *wirklich* verlangt (vgl. Beerlandt 2014, S. 37). Das kann in der Abschlussreflexion zum Thema gemacht werden. Es kann im KOCH_DIALOG aber auch darum gehen zu erforschen, ob hinter der Abneigung (manchmal Allergie oder Unverträglichkeit) eine biografische Prägung steckt, und man kann beispielsweise die Frage stellen, an welcher *Fülle der Welt* man sich nicht erlaubt teilzuhaben, um ein Lebensmittel wieder neu für sich zu entdecken. So wie es bei Helga geschah. Sie wählte die Karotte aus und war plötzlich in die Lage versetzt auch mit der Roten Rübe in Beziehung treten zu „müssen", da sich die beiden Gemüsesorten in der Vorspeise gemeinsam mit der Avocado und dem Rucola, die Hauptrollen teilen. Helga äußerte ganz spontan ihre Abneigung, der für sie erdige Geschmack sei abstoßend.

Nachdem die Lebensmittel gewählt und verteilt wurden, teile ich die dazu gehörigen Rezepte aus. Sie bilden das vorgegebene „Drehbuch" der Inszenierung des Kochens. Ich bereite in der Regel drei meiner Lieblingsgerichte vor, die sich der Jahreszeit und zu einem großen Teil den saisonal vor Ort verfügbaren Obst- und Gemüsesorten anpassen. Auch das aphrodisische Potenzial (vgl. Allende 2013) von Lebensmitteln wird bei der Vorauswahl berücksichtigt. Wie viele Personen gemeinsam an einem Gericht kochen, entscheidet die Wahl der Lebensmittel. Aus meiner Sicht ist es auch möglich Fleischgerichte zu kochen bzw. kein „Drehbuch" zu verwenden und alles der Spontaneität und Kreativität zu überlassen. Unterschiedliche Strukturen machen unterschiedliche Erfahrungen möglich.

Während sich jede TeilnehmerIn in ihrer Rolle der KöchIn mit einer Schürze einkleidet und ihren Arbeitsplatz in der gemeinsamen Bühne, der Küche einrichtet, kann es schon mal vorkommen, dass sich der Rhythmus und/oder die Geräuschkulisse erhöhen, und die Aufregung und Vor-Freude über die Rezepte bzw. auf das Kochen zum Vorschein kommen.

Anschließend lade ich die TeilnehmerInnen erneut zu einer kurzen Atemzentrierung ein, und dazu sich mit dem Lebensmittel zu verbinden, und mit ihm während des Prozesses des Transformierens immer wieder Zwiesprache zu halten. Ich lade sie sowohl im Sinne des Psychodramas als auch der Zen Tradition (vgl. Brown 2011) bzw. Tantra Tradition (vgl. Odier 2013) ein, ganz im Hier und Jetzt zu sein

und dem hinzugeben was ist, also zu schneiden, wenn sie schneiden, umzurühren, wenn sie umrühren, etc. und immer wieder zu riechen, zu kosten, zu schmecken, zu fühlen. Danach erst beginnen wir mit dem Kochen.

Je nachdem wie gut es in den Prozess passt, lade ich mit einzelnen *Spotlights* und dem Vergrößern in *Zeitlupe* dazu ein, das gegenwärtige Tun hervorzuheben (vgl. Lammers 2004, S. 230) um Bewusstwerdung und Gewahrsein zu unterstützen. Die Rezepte sind so verfasst, dass die Hände beim Einmassieren, Kneten, Durchmischen, Umrühren, Kostproben nehmen, häufig zum Einsatz kommen. Wir besitzen eine Reihe von Fähigkeiten, die uns dabei unterstützen können, unser Leben wieder selbst in die Hand zu nehmen, einen Aktionshunger zu entwickeln und Regiekompetenzen zu mobilisieren. Wir verfügen über die Neugier, eine wunderbare Fähigkeit herauszufinden, wie wir unser Leben gestalten können, so dass es uns nährt und befriedigt. „Was ich beim Kochen mit am meisten liebe, ist dass es ein Feind von Perfektion ist. ‚Perfekt' sein zu wollen ist ein verrücktes Ziel, das Frauen [und Männer] schon lange genug zu schaffen macht und sie vom Wesentlichen ablenkt" (Jamieson 2015, S. 292).

9 Der Liebesakt: Vom Genießen und der Scham – die unsichtbare Wand der Selbstzensur

Zwischen Reiz und Reaktion liegt ein Raum.
In diesem Raum liegen unsere Freiheit und die Möglichkeit unsere Antwort zu wählen.
In unserer Antwort liegen Wachstum und unsere Freiheit.
(Viktor Frankl)

Jamieson (2015, S. 204 ff.) schreibt, dass viele Frauen im Bezug auf ihre körperliche Attraktivität ausgesprochen hart zu sich selbst sind, ein perfektes Ziel verfolgen und glauben es nicht verdient zu haben, sich sexuell attraktiv zu fühlen. Sie beschreibt, dass Sorgen um das Aussehen und Gewicht, wesentliche Schamauslöser sind. „Körperliche Scham zieht eine Glaswand zwischen uns und das Leben. Diese unsichtbare Wand hindert uns, an allen Schauplätzen des Lebens aufzublühen: im Konferenzzimmer, im Schlafzimmer, im Garten. Die Scham raubt uns so viel Gutes im Leben sie lässt unsere Fähigkeit verkümmern, Komplimente wirklich zu genießen sie macht es unmöglich, ein sinnliches Erlebnis ohne Selbstzensur zu genießen; sie behindert unsere Fähigkeit loszulassen und wirklich hingebungsvoll zu spielen, zu laufen, zu springen zu tanzen und zu singen" (ebd., S. 206 f.). Für Jamieson ist es vor allem das Schamgefühl, das Frauen ihre Sexualität nicht genießen lässt. „Dieses Problem ist eine genaue Parallele zu den Essproblemen und eng verknüpft mit unserer Fähigkeit – oder Unfähigkeit –, mit Freude zu essen und das Essen zu genießen" (ebd., S. 213) (Abb. 3).

Es ist durchaus nicht verwunderlich, wenn man sich die omnipräsenten Schönheitsideale bzw. die mit Photoshop bearbeiteten Idealisierungen ins Gedächtnis ruft, mit denen wir ständig überflutet werden. Jamieson spricht einen Wunsch vieler Frauen an, nämlich sich unabhängig von Gewicht, Alter und Zeit des Monats im eigenen

Abb. 3 Ich bin eine süße Verlockung aus dem Buch ich bin wichtig von T. Hanser (2016)

Körper gut und sexuell attraktiv zu fühlen. „Schönheit ist unser Geburtsrecht, aber es fällt uns [...] entsetzlich schwer, das wirklich zu akzeptieren" (ebd., S. 205). Diese Fähigkeit spielt auch bei Männern immer mehr eine Rolle.

Von Ameln et al. (2005, S. 283) weist darauf hin, dass Schamgefühle auch aus einer Verletzung der Intimität der Privatsphäre von ProtagonistInnen im therapeutischen Kontext entstehen können. „Sie entstehen vor allem dann, wenn die Protagonistin ihrem Empfinden nach den sozialen Normen nicht gerecht werden kann, die festlegen, was als moralisch gut, als schön, als wünschenswert, erfolgreich usw. zu gelten hat." Das Wahren der Grenzen und Schützen der Integrität erscheint wesentlich zu sein. Vielfach werden Gefühle wie Scham oder Angst in maskierter Form als Widerstand sichtbar. Es bedarf eines feinen Gespürs für das Formulieren von Fragen, um sensibel und konstruktiv damit umzugehen. „Die Scham als Wächterin des Intimen Raumes entsteht, [...] an der Grenze, auf der Brücke zwischen innen und außen im Kontakt zwischen einem Menschen und seiner Umgebung. Je nachdem, wie diese Umgebung erlebt wird, kann der Intime Raum als mehr oder weniger schützenswert gelten, kann Scham entstehen oder auch nicht" (Baer und Frick-Baer 2017, S. 20) (vgl. Leutz 2013).

In diesem Kontext erlebe ich die therapeutische Gruppe auch beim KOCH_DIALOG als heilsamen Begegnungsraum, der es im geschützten Rahmen möglich macht, sich in den Anderen zu erkennen und wahrzunehmen, dass es zu vielen individualisiert geglaubten Aspekten, Erlebnissen, Gedankengängen, Gefühlen etc. plötzlich Gemeinsamkeiten gibt (vgl. Yalom 2004, S. 21 f.). „Gemeinsam zu essen ist einer der ursprünglichsten Wege, mit anderen eine Verbindung einzugehen. Die

Verbindung ergibt sich zum einen einfach dadurch, daß man zur selben Zeit am selben Ort ist und dasselbe Essen teilt. Aber auch durch bestimmte Handlungen werden Verbindungen hergestellt, zum Beispiel indem man einander das Essen anbietet [...]" (Brown 2011, S. 76).

Es brauchte die Durchführung einiger sinnlicher KOCH_DIALOGE um die Abläufe gut aufeinander abzustimmen und vor allem die Zeiten gut einschätzen zu können, so dass das Essen warm und in der geplanten Reihenfolge auf den Tisch kommt. Wenn es denn gelingt, kann für jede TeilnehmerIn entsprechend der kommunizierten Vorlieben oder Abneigungen die Vorspeise angerichtet werden. Die Kochschürzen werden abgelegt, wir lassen die Rolle der KöchInnen etwas in den Hintergrund treten, doch nicht ganz, denn wir werden uns mit einem Essen versorgen, das von uns selbst für uns alle zubereitet wurde. Dann setzen wir uns zum liebevoll mit Blumen, Servietten etc. gedeckten Tisch.

10 Stellungswechsel: Von der Lust am Verschmelzen, Intimität

> Ich möchte endlich in dich dringen von Lust und Liebe übermannt
> mich dir geben mich dir schenken eins sein mit dir
> ganz im Wir
> (Hans-Christoph Neuert 2000)

Wir halten erneut inne. Vor jeder TeilnehmerIn steht der Vorspeisenteller. Ich lade wieder zu einer kurzen Wahrnehmung des Innenraumes ein, und frage nach einer Skalen-Einschätzung des körperlichen Hungers, und frage nach dem emotionalen Hunger (vgl. Sanchez 2014, 2015). Ich lade jede TeilnehmerIn ein, die Speisen, wenn sie es möchte, auf ihre ganz eigene Weise zu segnen, oder eine übernimmt diese Aufgabe für alle und wir stoßen an. Manchmal lese ich ein zum Gericht oder zum Gang passendes, erotisches Gedicht vor.

Die zugeführte Nahrung gewährleistet körperliches Versorgtsein. Was wir neben der körperlichen Versorgung brauchen, ist die liebevolle Zuwendung, mit der wir die Nahrung anbauen, zubereiten und zu uns nehmen bzw. verabreicht bekommen. Diese Zuwendung brauchen wir von Anfang an bis zum Ende hin, beim Stillen oder Gefüttertwerden als Baby oder Kleinkind, ebenso wie im hohen Alter. Zuwendung, die mit Ruhe, Umarmungen, Kuscheln einer liebevollen Ansprache einhergeht (vgl. pressetext 2011). Dieser Form der Zuwendung kommen wir auch in der Rolle der Köchin näher, in der wir auf liebevolle Weise für uns sorgen. Zuwendung brauchen Menschen in unterschiedlichen Lebenslagen und in jedem Lebensalter – sie nährt den emotionalen Hunger, denn sie ist *das Leben an sich* (vgl. Johnson 2014, S. 47). Auf die Dauer körperliche und emotionale Einsamkeit und Isolation zu erleben, wirkt sich traumatisierend aus (ebd., S. 48).

Die menschliche Haut ist mit Abermillionen hochempfindlicher Sensoren bestückt. Sie ist das größte Organ des Körpers und die Kontaktfläche und Grenze zur Außenwelt, zu andern Menschen. Keines der menschlichen Sinnesorgane verlangt nach so viel Stimulation wie die Körperhülle (vgl. Witte 2015, S. 9). Berührung ist ein Über-Lebensmittel wie die Luft zum Atmen. Das Bewusstsein für den Stel-

lenwert von lebenslangem liebevollem Körperkontakt wird unterschätzt. In unserer Kultur leiden wir eher an einem Mangel an Berührung, man kann sogar sagen an chronischer Berührungsarmut (vgl. Herden 2015).

Bei einer Unterversorgung an Berührung (Oxytozin) und vielfältigen Stressquellen kann Essen ganz leicht einen so großen Stellenwert einnehmen. Eine ebenso vielfach unterschätze Quelle für gesteigerten Appetit ist Schlafmangel. Er greift in das neuronale Kontrollsystem ein indem er zum einen die Selbstkontrolle senkt, und süße, fette Lebensmittel noch attraktiver erscheinen lässt (vgl. Knopf 2016, S. 36 ff.). Doch wie jedes andere „Substitut" für *eine in den Schatten geratene Suche*, vermag es nicht unsere tiefsten Verwundungen zu heilen und Bedürfnisse, ja Sehnsüchte zu erfüllen. Vielleicht für einen kurzen Moment zu lindern. Viele Betroffene, bei denen sich aus dieser ursprünglichen Hilfe zur Selbsthilfestrategie tatsächlich eine Ess-Sucht entwickelt hat, beschreiben einen langen, von Hilflosigkeit und Diskriminierung (vgl. Peters 2014, S. 111 ff.; Tenzer 2016, S. 14 ff.) gepflasterten Leidensweg.

Sich erst beim Kochen und danach beim Essen mit Lebensmitteln zu verbinden, zu verschmelzen, bedeutet auch eine Verbindung aufzunehmen mit der Fülle der Welt, mit den Mitmenschen und mit meinem Innersten. Eine größere Nähe, Intimität als zu Nahrungsmitteln herzustellen, ist nicht möglich, sie werden ein Teil von uns (vgl. Trattnigg 2016, S. 119 f. cit. Brown 2011). Und wie verhält es sich mit dem Essen im Bezug auf unsere Sexualität?

11 Stellungswechsel: Von der Lust, aufzunehmen und einzudringen

Das Liebes- und Bindungshormon Oxytocin hemmt die Esslust (vgl. Jamieson 2015, S. 267) und ein aktives Sexualleben unterstützt dabei, sich im eigenen Körper wohler zu fühlen und dabei noch Kalorien zu verbrennen. Jamieson (2015, S. 225) schreibt, dass Sex den Appetit auf natürliche Weise reguliert, den Stoffwechsel intensiviert, das Immunsystem stärkt und die Hormone ausbalanciert. „Sex ersetzt emotional verursachtes Essen durch das, wonach es Sie wahrscheinlich in Wahrheit verlangt: Körperkontakt, Trost und Bindung" (ebd., S. 225).

Essen wird über den Mund aufgenommen und den Mund braucht man auch zum Küssen, das unterschiedliche Spielweisen und Botschaften beinhalten kann. Beim intimen, sexuellen Küssen kann vermittelt werden, sich zum Fressen gern zu haben, den anderen einverleiben zu wollen und es entsteht ein Spiel der Zungen, bei dem Eindringen und Aufnehmen ineinander übergehen. Ebenso wie beim Essen, kann dieses Spiel der Zungen, der Austausch von Speichel mit Gefühlen wie Lust, Freude, bis hin zur Gier oder mit Scham, Ekel und Angst einhergehen.

Um sexuelle Lust ebenso wie sexuelle Erregung facettenreich leben und genießen zu können, ist es notwendig diese körperbezogenen Fähigkeiten zu entwickeln, ebenso wie das Tun zu erotisieren. Diese Fähigkeiten kann man sich auf einem Kontinuum vorstellen, sie sind für beide Geschlechter wichtig, doch aufgrund der körperlichen Gegebenheiten unterschiedlich gewichtet. Es ist die Fähigkeit der Rezeptivität, des Aufnehmens und der Intrusivität, also des Eindringens. Für Frauen ist es wichtig ihren Innenraum, die Vagina mit der entsprechenden Fähigkeit des aktiven Aufnehmens, ebenso wie von Männern den Penis mit der Fähigkeit des aktiven Eindringens, Penetrierens zu erotisieren, als lustvoll zu erleben und zu genießen. Sexualität muss ebenso wie Kochen gelernt werden, damit sie schließlich zur Kunstform wird und auf mehreren Ebenen erfüllend gelebt werden kann. Es ist möglich, diese Fähigkeiten in jedem Alter zu entwickeln oder nachzureifen, so dass erfüllende Sexualität möglich ist. Auch dafür braucht es ein bestimmtes Bewusstsein. Beispielsweise für die eigenen Möglichkeiten und Grenzen ebenso wie für den Hunger und das Sattsein.

12 Das Nachspiel: Vom Verteilen und Verdauen der Energien

Nach dem letzten Gang, der Nachspeise treffen wir uns wieder im Sesselkreis, wie schon zu Beginn. Ich lade zu einer Reflexion auf den unterschiedlichen Ebenen ein: im Bezug auf den persönlichen Beobachtungsfocus, auf die Assoziationen zu Beginn, auf den Prozess des Kochens, auf die Rolle der Köchin, des Koches, auf jene der Essenden etc. Ich frage danach, was die TeilnehmerInnen berührt hat, wie sie in Berührung mit anderen Menschen und Dingen gekommen sind. Danach was ihr Gemüt, ihre Lippen und ihr Gaumen in besonderer Weise geküsst hat. Ich frage danach, auf einer Skala von 0 bis 10, wie körperlich satt und genährt und wie emotional satt und genährt sie sich fühlen, ebenso was zum emotionalen Genährtsein beigetragen hat. Es erscheint wesentlich für das gemeinsame Essen ebenso, wie für die anschließende Abschlussreflexion genügend Zeit einzuplanen, denn es ist ein sehr wichtiger Teil des gesamten Arrangements (vgl. Trattnigg 2016, S. 121).

Da im KOCH_DIALOG die Bühnen (Begegnungs- Soziale- Spiel-Bühne) verschwimmen, ist es von besonderer Bedeutung in der Reflexion auch auf das Gestalten der Beziehungen und Interaktionen im Hier und Jetzt Bezug zu nehmen. Von besonderer Bedeutung erscheint die Begegnungsqualität, Beziehungsqualität und Beziehungsfähigkeit für das Nähren des emotionalen Hungers zu sein. Für Moreno stellte das Begegnungsgeschehen von gemeinsam Betroffenen einen eigenständigen Wirkfaktor dar, der das professionelle Tun ergänzt (vgl. Trattnigg 2011, S. 68 cit. nach Hutter 2010).

> Helga war über die neue Erfahrung mit der Roten Rübe begeistert. Sie erzählte, dass sie erst gar keine Roten Rüben essen wollte, doch dass sie beim Kochen gut mit ihnen ins Gespräch gekommen war, so dass sie sich dann doch erst ganz wenig auf dem Teller angerichtet hatte und schließlich sogar nachholte. Worüber sie sich sehr freute, war dass sie wahrnehmen und genießen konnte, wie süß die Rübe eigentlich schmecken würde und wie die übrigen Komponenten der Vorspeise ein harmonisches Miteinander bildeten. Während des Gesprächs wurde ihr bewusster, dass ihr diese Herangehensweise an etwas Neues gefiel und dass sie sich damit selbst überrascht hatte. Es könnte schon vorkommen, dass sie von etwas sehr überzeugt sein konnte und von ihrer Umgebung manchmal auch als stur wahrgenommen wird, auch im Bezug auf ihre Sexualität. Das langsame Herantasten, der innere Dialog hatte ihr dabei geholfen die extreme Position der Abneigung zu verlassen, auf der sie sich selbst nicht wohl gefühlt hatte.

Ein wichtiger Beobachtungsfocus von Hannah während des gesamten KOCH_DIALOGs blieb das Wahrnehmen unterschiedlicher Tempi und Rhythmen und wie es sich auf ihre Stimmung sowie körperliche Ent- und An-Spannung auswirkte. Sie erzählte, dass es in ihrer Arbeit wichtig sei, dass sie eine hohe Spannung hält, das wird von ihr erwartet, und das erwartet sie auch von sich selbst. Was fehlen würde ist ein bewusster Übergang in einen Freizeitmodus. Sie beschrieb, dass sie zum ersten Mal richtig gut wahrnehmen konnte, wie sich der schnelle Rhythmus im Körper anfühlt. Alles hätte am besten zur gleichen Zeit stattfinden sollen, allein das Warten bis das Wasser für die Kartoffeln zu kochen begann, machte sie in der Brust ganz unruhig. Sie hatte ja schon zu Beginn erzählt, dass Essen in der letzten Zeit immer öfter nebenbei statt finden würde, weil sie sich keine Zeit dafür nahm. Etwas so Aufwendiges (zumindest in ihrer Vorstellung) wie Gnocchi selbst zuzubereiten, wäre ihr nie in den Sinn gekommen. Doch sie war sehr überrascht davon, dass sie beim Tun immer ruhiger wurde, und sogar Lust darauf hatte, ebenso wie sie einen bestimmten Leistungsanspruch wahrnehmen konnte, jedes Gnocchi einzeln zu formen. Als wir beim gemeinsamen Essen ankamen, gelang es ihr bewusst ganz langsam zu essen.

Ulrike mied es bisher selbst für sich und ihren Partner zu kochen, wenn es nur irgendwie ging. In ihrer Vorstellung würde es sie dazu verleiten mehr zu kochen und mehr zu essen. Viel lieber holte sie ihr Essen fertig am Nachhauseweg, sie hatte in der Zwischenzeit schon einige Möglichkeiten. Da sie häufig hungrig einkaufen ging, war die Portion, die sie mitnahm meist größer als der tatsächliche Hunger. Doch weil man Essen nicht wegwirft und aufgewärmtes Essen nicht schmeckt, führte sie ihr Weg von der Couch immer wieder in die Küche, um sich nachzuholen (vgl. Träger 2016, S. 6). Dieser Widerspruch, in den sie sich bisher hineingedacht hatte, stimmte nun nicht mehr. Sie war überrascht, wie schön sie es fand in der Gemeinschaft zu kochen, und dass ihr emotionaler Hunger zu einem großen Teil gestillt war. Sie kam einer Traurigkeit nahe, die sie in der Gruppe zulassen konnte, die zeigte wie sehr sie ihre Mutter vermissen würde und erinnerte sich daran, wie sie mit ihrer Mutter als Kind manchmal gemeinsam kochen durfte, was sie sehr mochte. Sie stellte sich vor, dass Kochen in Zukunft eine Möglichkeit sein könnte, um ihrer Mutter nahe zu sein. Das beruhigte sie und machte sie glücklich.

Vera wurde beim Ausschlecken des Apfelmus Schälchens bewusst, wie sehr sie sich immer noch in ihrer Lust und in ihrem Genuss in vielen Lebensbereichen gehemmt fühlt. Ihr Beobachtungsfocus war ihre Begrenzungen wahrzunehmen und etwas Neues zu probieren. Sie erzählte, dass sie das Kochen für sich zelebrierte. Immer wieder versuchte sie etwas zu tun, von dem ihre innere Mutterstimme sagte, dass es unzüchtig, gierig, ungehorsam etc. sei. Sie war sehr berührt, denn immer wieder tauchten Szenen auf, in denen sie sich in ihrem Leben zurückgenommen und eingeschränkt hatte. An dieser Freiheit wollte sie weiterarbeiten.

In diese Phase wird es möglich, die fehlenden Bezüge herzustellen, wieder in Kontakt zu kommen. Das Bewusstmachen der vielfältigen Impulse, die von den TeilnehmerInnen auf ganz unterschiedliche Weise wahrgenommen werden können, werden allen zu teil. Die vielfältigen Künste des sinnlichen KOCH_DIALOGES verschmelzen miteinander. Den noch verbleibenden „Abwasch", das Ordnung machen, übernehme in der Regel ich. Nach einem ereignisreichen Tag, an dem meine Aufmerksamkeit auf vielen Ebenen gefordert war, ist es für mich ein schönes Ritual, und unterstützt mich wieder selbst zur Ruhe zu kommen.

13 Resümee: Essen und kochen, kochen und essen spielend vertauschen – die Rollenerweiterung

Lass die Dinge kommen und im Herzen weilen,
lass das Herz sich wenden und in den Dingen weilen.
(Zen-Meister Dogen)

Kochen kann heute genauso wie Essen über Konserven schnell verfügbar konsumiert werden. Es gibt unzählige Kochshow Formate im Fernsehen, zu denen man sich vom Lieferdienst das Essen fast bis zur Couch servieren lassen kann. Was bei dieser Inszenierung zu kurz kommt ist, dass sowohl das Kochen ebenso wie essen etwas unheimlich Erotisches an sich haben. Nebenbei zu essen, egal ob beim Fernsehen, beim Arbeiten oder Autofahren mindert diese Erotik um ein Vielfaches. Und nicht selbst sinnlich wahrnehmbar zu kochen, lässt die Erotik des Kochens nicht lebendig und erfahrbar werden.

Kochen war früher eine wichtige und notwendige Alltagstätigkeit, die häufig nicht mehr vermittelt wird. Es besteht keine Notwendigkeit mehr. Jamieson (2015, S. 291) schreibt, dass kochen [im Wandel der Zeit] eine Kunst ist, die mit zunehmender Übung und Erfahrung aufblüht. Diese Erfahrung kann ich nur bestätigen. Der sinnliche KOCH_DIALOG erinnert Menschen daran, welch positive, erotische und erotisierende Wirkung kochen haben kann, und dass die selbstständige Zubereitung von Essen, dem genussvollen Akt des Essens vorangehen kann. Die Slow Food Bewegung greift genau diese Aspekte eines alten, neuen Lebensgefühls auf. „Kochen [...] ist auch eine erstaunlich energetisierende Angelegenheit, eine höchst erquickende, unsere Wünsche befriedigende Tätigkeit. Denn wenn wir kochen, geben wir uns einer Art Magie hin und beschwören etwas Köstliches, Nahrhaftes, Heilendes herauf" (Jamieson 2015, S. 291).

So lange Essen als Substitut für unerfüllte, emotionale Sehnsüchte und Bedürfnisse wie liebevoller körperlicher Berührung herangezogen wird, fällt es schwer, es auch zu genießen. Es wird so schnell gegessen damit nicht wahrgenommen wird (werden muss), wie viel man in sich reinstopft. Man fühlt sich dem Drang zu essen hilflos ausgeliefert und kann erst stoppen, wenn sich ein bestimmtes Gefühl der Völle einstellt. Viele beschreiben es entwürdigend und können trotzdem aus dem Kreislauf nicht ausbrechen. Dann kommen die Selbstvorwürfe, das Schamgefühl wächst, daraus resultieren Rückzug, oft Einsamkeit und der Leidensdruck wird mit jedem „Anfall" verstärkt. Essen muss im Laufe der Zeit, ein immer größer werdendes

Loch füllen und die nach Liebe, Anerkennung, Wahrgenommensein etc. hungernden Anteile nähren. Der Mangel – ebenso wie der Überfluss – wird zur Belastung. Essen ist dann nicht länger „Liebe", sondern „essen ist Stress", denn wie bei allen Dingen, macht die Dosis das Gift (frei nach Paracelsus) (vgl. Tenzer 2016, S. 14 ff.). Mit einem steigenden Bewusstsein für diesen Teufelskreislauf und für den emotionalen Hunger und seine Ursprünge, sowie mögliche innere Lösungs-Bilder, was ihn *wirklich wirklich* zu stillen vermag, kann es immer besser gelingen zu differenzieren und adäquat, selbstverantwortlich Sorge zu tragen. Mit jedem Schritt wird es leichter das zu wählen was ich *wirklich wirklich* will und brauche, mir meine Bedürfnisse zu erfüllen. Wird es auch leichter aufs essen zu verzichten. Lehofer (2017, S. 122) schreibt radikal: „Wer nicht verzichtet lebt nicht. Es bleibt einem nichts übrig als zu verzichten, um das Eigentliche, worum es einem geht, zu verdichten und in eine Intensität zu bringen. Der Verzicht ist der Rahmen, den wir schaffen müssen, damit das Leben zum Erlebnis wird. Nur dann sind wir lebendig".

Der sinnliche KOCH_DIALOG unterstützt dabei, ein Bewusstsein für das richtige Maß in den Dingen zu finden, um wieder ins Gleichgewicht zu kommen, also nur so lange zu essen, bis man körperlich satt ist, nur dann zu essen, wenn man körperlichen Hunger verspürt und nur das zu essen wonach es wirklich gelüstet. Er unterstützt vor allem darin, die Bedürfnisse unterscheiden zu lernen und zu erkennen, wie der emotionale Hunger gestillt werden kann. Im sinnlichen KOCH_DIALOG kann die Erfahrung gemacht werden, dass auch Kochen Liebe sein kann und dass der Akt des Zubereitens von Essen, ein Akt der liebevollen Selbstbegegnung ist. Zudem hat sich herausgestellt, dass es eine sehr ansprechende Form ist, die Menschen für das gruppentherapeutische Setting begeistern kann.

Der sinnliche KOCH_DIALOG setzt sich aus sehr vielfältigen Ingredienzien, Zutaten und Ebenen zusammen, die ich in diesem Artikel für Sie liebe Leserin, lieber Leser herausgearbeitet habe, zumindest so weit, als es meinem heutigen Wissenstand und Bewusstsein für diese Thematik entspricht. Jedes Rezept, so auch dieses, lebt von der Kochkunst, den spontanen und kreativen Fähigkeiten zur Variation seiner Köchinnen und Köche. „Ich bin fest davon überzeugt, dass Katastrophen ein unvermeidbarer Teil des Kochlernprozesses sind, ein Dreh und Angelpunkt des Erwachsenwerdens. Wer kochen lernen will, wer auf eigenen Beinen stehen will, wird auf dem Weg dahin viele Katastrophen erleben. [...] Unsere Fähigkeit, mit Katastrophen fertigzuwerden, zeigt uns jedoch, was wirklich in uns steckt. [...] Vielleicht ist das Ergebnis nicht perfekt, aber wir tun, was wir können, und das aus vollem Herzen" (Brown 2011, S. 10 f.). Dieser Überzeugung bin ich auch. In diesem Sinne weiß ich den sinnlichen KOCH_DIALOG in Ihren Händen besonders gut aufgehoben.

Rote Rüben Carpaccio (Rezept mündlich überliefert)

Daniela Trattnigg

Zutaten:
- Für jede Person ca. ½ bis 1 Rote Rübe
- Olivenöl
- Zitronenthymian, Rosmarin (frisch oder getrocknet)
- Salz, frischer Pfeffer zerstoßen
- Liebe und Hingabe

Nach Belieben und Gusto servieren mit: Walnüssen, oder gerösteten Pinienkernen, Parmesan, Ruccola, Guacamole, Karottenchips etc.

Zubereitung:
Das Backrohr auf 180 Grad vorheizen.

Die Roten Rüben waschen/bürsten und mit einer Küchenrolle trocknen, ev. den Strunk abschneiden, riechen und dann in eine Ofenfeste Form geben.
Die Rüben großzügig mit Olivenöl übergießen, mit reichlich Salz bestreuen, den frischen Pfeffer im Mörser kraftvoll zerstoßen (riechen) und über die Rüben streuen.
Den Rosmarin grob hacken und an den Fingern riechen; die Blätter vom Zitronenthymian abrebeln und wieder an den Fingern riechen.
Nun die Roten Rüben mit den Kräutern bestreuen.
Jetzt sollen sich alle Zutaten (Öl, Salz, Pfeffer, Kräuter) um die Roten Rüben schmiegen, hierfür werden die Rüben mit allen Zutaten einzeln, liebevoll massiert und wieder zurück in die Form gesetzt, so dass die Kräuter gut an den Rüben haften. Aus den übrigen Kräutern können kleine Bettchen geformt werden, auf denen die Rüben wieder in der Form abgesetzt werden, diese mit einem Deckel schließen und im Backrohr ca. eine Stunde schmoren lassen.
In der Zwischenzeit alle anderen Zutaten fürs Garnieren vorbereiten.

Um zu überprüfen ob die Rüben gar sind, kann man nach ca. 45 Minuten mit einem spitzen Messer hineinstechen. Nun sollen sie erst mal auskühlen, wenn der Hunger schon groß ist kann man sie auf einen Teller setzten und in den Kühlschrank stellen, oder die ganze Form an eine kühlen Ort stellen. Nach dem Auskühlen lässt sich die Haut ganz leicht abziehen/abschieben bzw. wenn man die Rüben ganz sauber gewaschen hat, kann man sie auch mit der Schale essen, wie bei den Kartoffeln. Danach werden sie in hauch zarte Scheiben (Gemüsehobel) gehobelt. Dabei ist es wichtig auf die Richtung zu achten, damit die schönen Ringe/Kreise zu sehen sind. Jetzt genüsslich vorkosten. Mmmmhhhhhh!
Die Scheiben können auf einem großen Teller ausgelegt werden. Das Öl, in dem die Rüben während ihrer Zeit im Ofen gebadet haben mit einem Sieb abseihen und über die Roten Rüben träufeln, ev. mit etwas Zitronensaft ergänzen.
Um das Gericht zu vollenden, kann ich es mit allem wonach es meinen Geschmackssinn verlangt, ergänzen. Sehr lecker harmonieren nussiger Ruccola und herber Parmesan mit den süßlich salzigen Rüben.

Gutes Gelingen!

Literatur

Allende, I. (2013). *Aphrodite. Eine Feier der Sinne*. Berlin: Insel.
Baer, U., & Frick-Baer, G. (2017). *Vom Schämen und Beschämtwerden* (5. Aufl.). Weinheim: Beltz.
Bail, U., Crüsemann, F., Crüsemann, M., Domay, E., Ebach, J., Janssen, C., Köhler, H., Kuhlmann, H., Leutzsch, M., & Schottroff, L. (2007). *Bibel in gerechter Sprache* (3. Aufl.). Gütersloh: Gütersloher Verlagshaus.

Bauer, J. (2008). *Das Gedächtnis des Körpers. Wie Beziehungen und Lebensstile unsere Gene steuern* (13. Aufl.). München: Piper.
Beerlandt, C. (2014). *Das Füllhorn. Psychologische Symbolsprache der Nahrungsmittel.* Lierde: Beerlandt.
Brown, E. E. (2011). *Das Lächeln der Radieschen. Zen in der Kunst des Kochens* (6. Aufl.). München: dtv.
Burger, K. (2016). Essen nach Regeln. In *Futter für die Seele. Wie Gefühle uns beim Essen steuern – und warum Genuss ohne Reue möglich ist.* Psychologie heute compact, (Bd. 44, S. 29–32).
Ecker, D. (2016). Die ‚innere lustvolle Frau' – eine sexualtherapeutische Intervention. In A. Eck (Hrsg.), *Der erotische Raum. Fragen der weiblichen Sexualität in der Therapie* (S. 52–71). Heidelberg: Carl-Auer.
Hanser, T. (2016). *Ich bin wichtig* (2. Aufl.). Ulm: Hanserkunst. www.hanserkunst.de
Henning, A.-M. (2017). *Liebespraxis. Eine Sexologin erzählt.* Reinbek: rowohlt Polaris.
Herden, B. (2015). Fass mich an. http://www.zeit.de/2015/52/beruehrung-koerperkontakt-gesundheitmassage. Zugegriffen: 2. Apr. 2018.
Hofer, W. (2013). *Psychodrama – Sexualtherapie im ambulanten Setting. Ein theorieverschränkter Praxisbericht.* Krems: Donau-Universität Krems.
Hutter, C. (2010). Morenos Begriff der Begegnung. *Zeitschrift für Psychodrama und Soziometrie, 9*(2), 211–224.
Jamieson, A. (2015). *Frauen Essen Sehnsüchte. So bringen Sie Ihre Gefühle und Gelüste in Einklang.* München: Knaur.
Johnson, S. (2014). *Liebe macht Sinn. Revolutionäre neue Erkenntnisse über das was Paare zusammenhält* (1. Aufl.). München: btb.
Kapp, H. (2016). *Das glücklichste Baby der Welt. So beruhigt sich ihr schreiendes Kind – so schläft es besser* (16. Aufl.). München: Goldmann.
Knopf, D. (2016). Müdigkeit macht hungrig. In *Futter für die Seele. Wie Gefühle uns beim Essen steuern – und warum Genuss ohne Reue möglich ist.* Psychologie heute compact, (Bd. 44, S. 36–37).
Lammers, K. (2004). Allgemeine Techniken im Psychodrama. Erleben, verstehen, verändern. In J. Fürst, K. Ottomeyer & H. Pruckner (Hrsg.), *Psychodrama-Therapie. Ein Handbuch* (S. 222–243). Wien: facultas.
Lehofer, M. (2017). *Mit mir sein. Selbstliebe als Basis für Begegnung und Beziehung.* Wien: braumüller.
Leutz, G. A. (2013). Vom Sinn des Doppelns. *Zeitschrift für Psychodrama und Soziometrie, 12*(2), 305–317.
Lipton, B. H. (2015). Das Unterbewusstsein bestimmen 95 Prozent unseres Verhaltens! DVD-Clip 2 www.neue-weltsicht.de. https://www.youtube.com/watch?v=rpVnmgqsPwA. Zugegriffen: 10. Juni 2018.
Lowen, A. (2008). *Bioenergetik.* Reinbek: Rowohlt.
Neuert, H.-C. (2000). *Zauberwelten.* Würzburg: Hans-Christoph Neuert.
News Age. (2014). *Sex und Achtsamkeit.* Interview mit Susanna-Sitari Rescio. https://www.newsage.de/2014/10/sex-achtsamkeit/. Zugegriffen: 6. Apr. 2018.
Odier, D. (2013). *Das tantrische Erwachen. Begehren, Leidenschaft und Spiritualität.* Nördlingen: Aquamarin.
Peters, A. (2014). *Mythos Übergewicht. Warum dicke Menschen länger leben.* München: btb.
pressetext (2011). Liebe fördert die Gehirnentwicklung. Zuneigung im Babyalter hilft lebenslang bei der Stressbewältigung. https://www.pressetext.com/news/20110207003. Zugegriffen: 10. Juni 2018.
Rytz, T. (2010). *Bei sich und in Kontakt. Anregungen zur Emotionsregulation und Stressregulation durch achtsame Wahrnehmung.* Bern: Huber.
Sanchez, M. (2014). *Sehnsucht und Hunger. Heilung von emotionalem Essen* (5. Aufl.). Hamburg: Envela.
Sanchez, M. (2015). *Der innere Weg. Vom Essen und Leben* (1. Aufl.). Hamburg: Envela.
Schacht, M., & Pruckner, H. (2010). Beziehungsgestaltung in der Psychodramatherapie. Arbeit auf der Begegnungsbühne. *Zeitschrift für Psychodrama und Soziometrie, 9*(2), 239–254.
Sonnenberg, P. (1999). *Die spirituellen Kräfte der Bäume. Urkräfte und Heilwirkungen.* IRIS: Amsterdam.
Tenzer, E. (2016). Ich hab Stress: Ich muss was essen! In *Futter für die Seele. Wie Gefühle uns beim Essen steuern – und warum Genuss ohne Reue möglich ist.* Psychologie heute compact, (Bd. 44, S. 14–18).
Träger, E.-M. (2016). Her damit! In *Futter für die Seele. Wie Gefühle uns beim Essen steuern – und warum Genuss ohne Reue möglich ist.* Psychologie heute compact, (Bd. 44, S. 6).
Trattnigg, D. (2011). *Der Weg der Einsamen auf der Suche nach dem Du – eine psychodramatische Wegbeschreibung.* Klagenfurt: Donau-Universität Krems.
Trattnigg, D. (2016). Dinner for two oder von der Kunst der psychotherapeutischen Begegnung mit depressiven, einsamen Menschen. *Zeitschrift für Psychodrama und Soziometrie, 15*(1), 115–124.

TSA (2016a). Wer's isst, wird selig. In *Futter für die Seele. Wie Gefühle uns beim Essen steuern – und warum Genuss ohne Reue möglich ist.* Psychologie heute compact, (Bd. 44, S. 8).
TSA (2016b). Bauchgefühle. In *Futter für die Seele. Wie Gefühle uns beim Essen steuern – und warum Genuss ohne Reue möglich ist.* Psychologie heute compact, (Bd. 44, S. 10).
Von Ameln, F., Gerstmann, R., & Kramer, J. (2005). *Psychodrama.* Heidelberg: Springer.
Weiss, H., Harrer, M. E., & Dietz, T. (2012). *Das Achtsamkeits-Übungsbuch. Für Beruf und Alltag.* Stuttgart: Klett-Cotta.
Witte, S. (2015). Die Sehnsucht nach dem anderen. Von Berührung und Schmerz, von Erregung und Extase. In *SEX*. GEOkompakt. Die Grundlagen des Wissens, (Bd. 43, S. 6–23).
Yalom, D. I. (2004). *Liebe, Hoffnung, Psychotherapie* (2. Aufl.). München: btb.

Mag[a] Daniela Trattnigg geb. 1974, Psychodrama Psychotherapeutin (ÖAGG), Paar- und Sexualtherapeutin (ÖAGG), Klinische Sexologin Sexocorporel (ISP), Supervisorin (ÖVS, ÖAGG), Performerin, Radiomacherin im freien Radio AGORA Sendung im FREI_RAUM www.agora.at, Lebenslustköchin. Tätig in freier Praxis FREI_RAUM in Klagenfurt am Wörthersee. www.freiraum-daniela-trattnigg.at und www.liebesexundtherapie.at.

HAUPTBEITRÄGE

Von Knusperhäuschen, süßem Brei und Götterspeisen: Die Inszenierung von Märchenszenen im Psychodrama

Regina Bulian

Online publiziert: 23. Oktober 2018
© Springer Fachmedien Wiesbaden GmbH, ein Teil von Springer Nature 2018

Zusammenfassung Dieser Artikel der Zeitschrift für Psychodrama und Soziometrie befasst sich mit dem Thema Essen und Nahrung in Verbindung mit den Märchen „Hänsel und Gretel" und „der süße Brei" und „Ambrosia" der Götterspeise aus der griechischen Mythologie. Lebensthemen werden in Märchenszenen als Teil einer Entwicklungsgeschichte symbolhaft in den verschiedenen Rollen psychodramatisch bearbeitet. Die Märchen dienen als Rahmen für persönliche aber auch sozial-gesellschaftliche Ernährungsthemen, verbunden mit starken Gefühlen, Bindungsverhalten und Beziehungsgestaltungen. Mit der Surplus Reality auf der Bühne werden bewusste und unbewusste Anteile reinszeniert und können im anschließenden Rollenfeedback und Sharing reflektiert und integriert werden.

Schlüsselwörter Märchen · Psychodrama · Bühne · Surplus Reality · Essen · Gefühle · Rollenfeedback · Sharing

The stories of jelly, gingerbread house and sweet mash

Abstract This article deals with the topic of food which can be seen as part of a development steps in the fairytales "Hänsel und Gretchen" as well as "Der süße Brei" and in mythological narratives. Therefore they can be used symobolicly in psychodrama role-plays. These stories serve a frame for personal and social topics connected with food in special scenes and therefore linked with strong feelings, binding behavior and relationships. The surplus reality brings out many conscious and unconscious feelings of the players which can be pondered on afterwards in role feedbacks and sharings.

MSc R. Bulian (✉)
Hans-Sachs-Gasse 5, 8010 Graz, Österreich
E-Mail: bulian.regina@gmail.com

Keywords Fairytales · Psychodrama stage · Surplus Reality · Food for feelings · Special scenes · Role feedbacks · Sharings

1 Einleitung

Mythen und Märchen waren schon immer eine Möglichkeit sich mit archaischen Grundsatzthemen auseinanderzusetzen. Sie waren Lebenslehren, die in symbolischer Bildsprache weitergegeben wurden und das Wesentliche auf den Punkt bringen. Ambivalenzen werden durch eine klare Trennung in Gut und Böse, Schön und Hässlich, Richtig und Falsch etc., aufgehoben und klare moralische Regeln bieten eine Handlungsanleitung. (vgl. Stadler 2015, S. 96 ff.).

In allen Kulturen spielt die Ernährung als Überlebensnotwendigkeit eine zentrale Rolle, dient der Identitätsstiftung und hat auch mit sozialem Status, politischer Macht und Religionsausübung zu tun. In diesen alten Erzählungen werden die Wirkungen und die Gefahren der Speisen und Nahrungsaufnahme für die körperliche und auch seelische Gesundheit symbolisch zum Ausdruck gebracht. Wie in Träumen können irreale Wünsche scheinbar real oder Dinge plötzlich lebendig werden, z. B. hören Hänsel und Gretel aus dem verführerischen Lebkuchenhaus eine Stimme: „Knusper, knusper, knäuschen! Wer knuspert an mein Häuschen?", bei Frau Holle beginnt das Brot im Backofen zu sprechen. In den antiken mythologischen Geschichten verschwimmen die Grenzen zwischen den Menschen und den Göttern.

Die Psychotherapie befasst sich u. a. mit krankhaftem Essverhalten und versucht die Ursachen und Hintergründe zu erforschen. In der handlungsorientierten Psychodramatherapie dienen Märchenszenen als Rahmen und Ausgangsmaterial für persönliche, bewusste und unbewusste Erfahrungen aus der eigenen Lebensgeschichte. Mit den psychodramatischen Techniken des Rollenfeedbacks und Sharings werden anschließend diese Szenen mit den GruppenteilnehmerInnen reflektiert und ermöglichen damit eine Aufarbeitung innerer Konflikte und Bewusstseinserweiterung schwieriger Lebensthemen.

2 Psychodrama mit Märchen und Mythen

Märchen und Mythen fließen durch die bildhafte Sprache in vielen Therapierichtungen in die Arbeit mit Klienten und Klientinnen ein. Grundsätzlich lassen sie sich wie Nachtträume, Tagträume oder Handlungsphantasien bearbeiten. Der Spannungsbogen zwischen Realität und Phantasie ist groß und ein Märchen oder Mythos beinhaltet immer etwas Verborgenes, Geheimnisvolles, Tabuisiertes und Unbewusstes. In den meisten Märchen kommt es zu einer Lösung, oft auch unverhofft zu einem guten Ende, die Bösen sterben und die Guten werden belohnt. Mythen zeigen Konsequenzen von Handlungen auf, die fatale Folgen haben können. Diese Geschichten sind emotional hoch aufgeladen und deshalb ein idealer Rahmen psychotherapeutisch damit zu arbeiten. Lebensschicksale und aktuelle Situationen können sich darin finden und spiegeln und gleichzeitig ermöglichen sie eine Distanz zu eigenen Konflikten und Verhaltensauffälligkeiten. All die damit verbundenen Emotionen wie

Angst, Wut, Hass, Gier, Eifersucht, Neid, Ekel, Traurigkeit, Verachtung, Scham, Schuld, aber auch Lust, Freude, Liebe, Mitleid finden in den verschiedenen Rollen ihren Ausdruck.

Das Psychodrama hat mit den verschiedenen Techniken, vor allem mit der szenischen Herangehensweise einen idealen Zugang zu Märchen und Mythen. Im Schutz dieser fiktiven Rollen haben die TeilnehmerInnen es leichter Beziehungen aufzunehmen, aber sich auch abzugrenzen oder zu streiten. Normatives Handeln kann verstärkt auch aufgeweicht werden und diese neuen Erfahrungen entsprechen dem heilenden „Wahren zweiten Mal" von Moreno. Speziell in Märchen und Mythen wird auch Unbewusstes sichtbar, Tabuisiertes wird fassbar, Unsagbares wird besprechbar, kontroverse Elemente werden vereint, Gefühltes mitgeteilt und wieder verhandelbar. Insofern nimmt die Nachbesprechung des Märchenspiels, das Rollenfeedback und Sharing einen ebenso wichtigen Teil für die psychodramatische Arbeit an Veränderungsprozessen ein.

Die GruppenteilnehmerInnen werden durch Vorlesen oder Erzählen der Geschichte für ein Märchen oder Mythenspiel angewärmt. Danach erfolgt die Auswahl der Rollen, die im therapeutischen Kontext bereits einen diagnostischen Wert beinhalten können und für die Gruppen- und Selbstreflexion ebenfalls bedeutsam sind.

„Mithilfe der Imagination einer Figur in einer Märchenszene wird eine innere Bühne bei den Teilnehmern eröffnet. Für einen Moment ist jeder in seiner eigenen märchenverfremdeten Welt. In der anschließenden Phase gemeinsam belebter Märchenfiguren und deren Interaktionen tritt die eigene subjektive Welt in Kontakte mit der Welt der anderen. Es gibt Anknüpfungspunkte, wenn man ein Märchen und die Figur eines anderen wiedererkennt, und anderen bleiben einem mit ihrer Welt fremd." (Stadler 2015, S. 100).

Bevor das Spiel beginnt, können die TeilnehmerInnen die Bühne mit Requisiten ausstatten und sich je nach Lust und Laune verkleiden, um gut in die Rollen hinein finden zu können. Im Spiel geht es nicht um eine texttreue Wiedergabe. Die Geschichte ermöglicht einen ganz eigenen spontan-kreativen Umgang mit der Rolle und der Handlungsanleitung.

Die drei Säulen des Psychodramas, Kreativität, Spontaneität und Begegnung kommen der Arbeit mit Märchen sehr entgegen. Moreno spricht von einer „Überschuss-Realität" auf der Bühne und hat dafür den Begriff der *Surplus Reality* eingeführt. (Leutz 1974, S. 119) Diese erweiterte Realität eröffnet für jede Mitspielerin und jeden Mitspieler und für die Gruppe als Gesamtheit neue Erfahrungen auf der emotionalen, körperlich-sinnlichen und kognitiven Ebene, aber gleichzeitig werden alte „Rollenkonserven" sichtbar und spürbar. Unter Rollenkonserven versteht Moreno gespeicherte Erfahrungen und Verhaltensmuster, die einerseits wichtige Überlebensrollen beinhalten, anderseits auch Verengungen, Erstarrungen von Verhaltensweisen aufzeigen. Somit wird mit der Surplus-Reality ein Teil der inneren Bühne auf der äußeren Bühne sichtbar und spürbar. (vgl. Leutz 1974).

Dieses „Szenenmaterial" wird nach Beendigung des Spiels durch die Techniken des Rollenfeedbacks und Sharings mit Hilfe der LeiterIn in Sprache gebracht. Diese Reflexionsarbeit ist ein wesentlicher Teil für die Therapie und soll zu neuen Einsichten, zu mehr Selbst-Verständnis und Rollenerweiterungen für alle Beteiligten führen.

Christian Stadler beschreibt in „Traum und Märchen" einige „Fallbeispiele für Märchenspiele in der Gruppe" und stellt verschiedene Märchenrollen in Verbindung mit Konfliktverhalten von Gruppenteilnehmerinnen her. (vgl. Stadler 2015, S. 107 ff).

Essen und Trinken ist lebensnotwendig und ein Grundbedürfnis des Menschen, deshalb messen Märchen und Mythen diesem Thema eine oft nicht auf den ersten Blick erkennbare große Bedeutung bei. Die Essenskultur ist im ständigen Wandel und wir haben heute sehr hohe Erwartungen an unsere Nahrung. Sie soll nicht nur satt machen, sondern auch appetitlich aussehen, duften und schmecken, unseren Körper stärken und formen und gute Stimmung bringen.

In der therapeutischen Arbeit mit Konfliktthemen des Essens ist auch zu beachten, dass auf Grund der gesellschaftlichen Pluralität der Umgang mit Symbolen im Bereich des Essens und der Ernährung mit Vorsicht und Sensibilität zu gestalten ist, da die Gefahr von Tabubrüchen durch verschiedene Kulturen und Religionen gegeben sein kann.

Durch den hohen emotionalen und sozialen Zusammenhang von Essen und Beziehung und Bindung, spiegeln sich in diesem Thema auch die Störungsbilder auf diesen Ebenen.

Die sogenannten Essstörungen wie Anorexia nervosa, Adipositas, Bulimie und Binge-Eating stellen schwierige Herausforderungen an die Medizin und Psychotherapie und sind meist mit einem langen Therapieverlauf verbunden. Die Psychodramatherapie als kreative Methode bietet einen besonders günstigen Zugang für magersüchtig und bulimisch kranke Menschen, denn „Sie sind fast immer hervorragend verbalisiert. Sie wissen gut Bescheid über ihre Krankheit samt analytischer Interpretation, aber sie sind nur selten in der Lage, eigene Gefühle zu ergründen oder zuzulassen oder sogar sie auszudrücken. Eine wichtige Aufgabe der Behandlung ist es also zunächst einmal Kreativität in Bezug auf sich selbst anzuregen und zu locken". (Gerlinghoff 1998, S. 108).

Märchen wie „Hänsel und Gretel" bieten viele archaische Essensszenen und Rollen an. Hier werden die sonst verdeckten Gefühle wie Neid, Gier, Ekel, Hass, Wut, Rache klar und schonungslos zum Ausdruck gebracht. Ich werde über einige spezielle Essensszenen und relevante Rollen aus einer Psychodrama Jahresgruppe berichten.

Das Thema des „süßen Breis" werde ich in einer kurzen Fall-Vignette einer Einzeltherapie veranschaulichen und über die Götterspeise Ambrosia aus einem Selbsterfahrungsseminar berichten.

2.1 Rollen- und Szenenarbeit mit „Hänsel und Gretel"

Im Mittelpunkt dieses Märchens stehen die Gegensätze von Versorgung versus Autarkie und Abhängigkeit versus Individuation und im weiteren Sinne auch Unterwerfung versus Kontrolle. Diese Konfliktthemen sind jedoch in allen Essstörungen verankert.

„Hänsel und Gretel" zeigt die schwierigen Entwicklungsschritte der Kinder auf. Durch die real starke Abhängigkeit von den Eltern bzw. Bezugspersonen, entwickelt das Kind Ängste und die daraus entstehenden Phantasien sind als Bewältigungsversuche zu verstehen.

Auszüge aus dem Märchen:

... der Holzhacker sprach zu seiner Frau: „Was soll aus uns werden? Wie können wir unsere armen Kinder ernähren, da wir für uns selbst nichts mehr haben?"
„Weißt du was, Mann", antwortete die Frau, „wir wollen morgen in aller Frühe die Kinder hinaus in den Wald führen, wo er am dichtesten ist; da machen wir ihnen ein Feuer an und geben jedem noch ein Stücken Brot, dann gehen wir an unsere Arbeit und lassen sie allein. Sie finden den Weg nicht wieder nach Haus und wir sind sie los." ...
Die zwei Kinder hatten vor Hunger auch nicht einschlafen können und hatten gehört was die Stiefmutter zum Vater gesagt hatte.

Diese Szene beschreibt die Nöte, Ängste und Vernachlässigungen auf der materiellen, körperlichen und emotionalen Ebene der Eltern und der Kinder. Die lebensbedrohende Angst der Mutter zu verhungern ist der Ausgangspunkt der Geschichte und bewirkt ebenso lebensbedrohende Handlungen und Konsequenzen für die Kinder. Der Wald könnte als innere Welt interpretiert werden, dunkel und wild und voller Gefahren, in der die Eltern nicht wirklich Sicherheit bieten können und auf eine sehr aggressive, angstauslösende Weise agieren. Ausgestoßen zu werden, zu zweit aber trotzdem verlassen zu sein, erfordert ungeheuren Lebensmut, Kraft und Kreativität, um aus dieser Lage herauszukommen und zu überleben. Das Essen, die Nahrung dient dem körperlichen Überleben und wirkt gleichzeitig als Metapher für die seelischen, mentalen und sozialen Auswirkungen auf die Kinder.

... Die Frau führte die Kinder in den Wald .... Sie erwachten erst in der finstern Nacht und Hänsel tröstete sein Schwesterchen und sagt: „Wart nur Gretl, bis der Mond aufgeht, dann werden wir die Brotbröcklein sehen, die ich ausgestreut habe, die zeigen uns den Weg nach Haus."

Hänsel findet eine sehr kreative Lösung und beruhigt damit seine Schwester. Interessant sind die Brotkrümel, die eine hohe symbolische Ausdruckskraft haben. Das Brot als Grundnahrungsmittel und dessen kleinste essbare Teile könnten als die vielen kleinen Entwicklungsschritte gesehen werden, die jedes Kind gehen muss um „den Weg nach Hause" zu sich selbst zu finden.

Michael Schacht beschreibt in „Spontaneität und Begegnung" die Entwicklung der Rollenebenen. Die Bewältigungsphantasien dieser Geschichte entsprechen der Entwicklungsstufe auf der psychodramatischen Rollenebene zwischen dem 2. und 6. Lebensjahr eines Kindes.

„In der Rolleninteraktion bedienen sich Kind und Bezugspersonen als *role giver* wie auch als *role receiver* des Mediums der Sprache. Dadurch erweitert sich der Lebensbereich, auf den sich Interaktion beziehen kann. Mit Hilfe innerer Vorstellungen können z. B. Erinnerungen oder Wünsche ebenso wie zukünftige oder fantasierte Geschehnisse thematisiert werden. Zwischen Gleichaltrigen entwickeln sich Freundschaften auf der Basis gemeinsamer Aktionen und räumlicher Nähe. Die Konfliktlösungsfähigkeit unter Gleichaltrigen ist begrenzt." (Schacht 2003, S. 188)

Nun war schon der dritte Morgen, dass sie ihres Vaters Haus verlassen hatten.
... und wie sie so im Wald herumirrten, ohne Weg und Steg zu finden, da kam ein schneeweißes Vöglein geflogen, das flog immer vor ihnen her. Sie gingen dem

Vöglein nach, bis sie zu einem Häuschen gelangten, auf dessen Dach es sich setzte .... sie sahen, dass das Häuslein aus Brot gebaut war und mit Lebkuchen gedeckt, und die Fenster waren von hellem Zucker ... sie aßen ein Stück vom Dach und von einer zerbrochenen Fensterscheibe. Da ließ sich plötzlich drinnen eine Stimme vernehmen, die rief: „Knusper, knusper, kneuschen! Wer knuspert an mein Häuschen?"
Darauf antworteten die Kinder: „Der Wind, der Wind, das himmlische Kind!" und aßen weiter

Plötzlich scheint alle Not beseitigt zu sein, es gibt nicht nur Nahrung zum Überleben, sondern im Überfluss. Nach der großen Hungerphase ist die Gier nach gutem Essen sehr verständlich. Das Verführerische kennzeichnet sich mit Zucker und verziertem Lebkuchen in Form einer „Selbstbedienung", ohne in Beziehung zu irgendjemandem von außen, finden die Kinder eine kurze Befriedigung. Solch ein Glück gibt es eben nur im Märchen oder in der Phantasie und währt nicht lange.

Da ging auf einmal die Türe auf und eine steinalte Frau, die sich auf einer Krücke stützte, kam herausgeschlichen. Die Alte wackelte mit dem Kopfe und sprach. „Ei, ihr lieben Kinder, kommt nur herein und bleibt bei mir, es geschieht euch kein Leid". Da ward gutes Essen aufgetragen, Milch und Pfannkuchen mit Zucker, Äpfel und Nüsse. .. Hänsel und Gretel meinten sie wären im Himmel.

Die nächste Bedrohung stellt die alte Frau dar, die wieder mit süßem Essen lockt und es gibt auch kein Entrinnen mehr. Es geht um Leben oder Tod, „friss oder stirb".

Früh morgens murmelte die Alte vor sich hin. „Das wird ein guter Bissen werden." Sie packte Hänsel mit ihrer dürren Hand und trug ihn in einen kleinen Stall und sperrte ihn mit einer Gittertüre ein.
Dann ging sie zu Gretel und rief: „Steh auf, Faulenzerin, trag Wasser und koch deinem Bruder etwas Gutes, der sitzt draußen im Stalle und soll fett werden. Wenn er fett ist, so will ich ihn essen." Nun ward dem armen Hänsel das beste Essen gekocht, aber Gretel bekam nicht als Krebsschalen. Jeden Morgen schlich die Alte zu dem Ställchen und rief: „Hänsel streck deine Finger heraus, damit ich fühle, ob du bald fett bist." Hänsel streckte ihr aber ein Knöchlein heraus und ... die Alte verwunderte sich, dass er gar nicht fett werden wollte. Als vier Wochen herum waren und Hänsel immer mager blieb, da überkam sie Ungeduld und wollte nicht länger warten. Sie rief dem Mädchen zu, sei flink und trag Wasser: „Hänsel mag fett oder mager sein, morgen will ich ihn schlachten und kochen." (Brüder Grimm, S. 80–87)

Die Pole zwischen einer alten, bedrohlich-verführerischen Hexe und einer jungen, liebevollen, nährenden Mutter beschreiben den Konflikt zwischen der Suche nach Nähe und Versorgung und anderseits nach Abgrenzung und Distanz. Wie jedes Märchen geht die Geschichte gut aus. Nach jeder bedrohlichen Situation gibt es einen Ausweg, einen günstigen Moment und die Kinder retten sich selber. Diesmal ist es Gretel, die eine erlösende Rettungsaktion spontan im richtigen Moment erbringt. Sie rettet beide, indem sie die alte Hexe in den Ofen schubst und diese heulend verbrennen muss.

Aus diesen hier beschriebenen Szenen ergeben sich auf einer Psychodrama-Bühne viele Möglichkeiten diese Rollen subjektiv je nach Persönlichkeitsstruktur zu gestalten. Interpersonelle Verhaltensweisen und Beziehungsmuster werden dargestellt. In der spezifischen Situation nehmen die TeilnehmerInnen bei sich selbst und gegenüber dem/der anderen Reaktionen, Impulse und Gefühle wahr, die sie in ähnlichen Situationen immer wieder erleben. In dieser persönlichen Rollengestaltung werden somit bewusste und auch unbewusste Erfahrungen aus der Vergangenheit aktiviert und reinszeniert. Mit diesem Szenen- und Rollenmatereal lässt sich in Form von Rollenfeedbacks und Sharing therapeutisch gut weiterarbeiten.

So könnten in den Rollen von Hänsel und Gretel Erfahrungen aus der Vergangenheit, was die Bedeutung des Essens in der eigenen Familie ausgemacht hat, aktiviert werden. Wurde zu Hause gekocht? Gab es gemeinsame Essensrituale? Wie war die Stimmung bei Tisch? Welchen Wert hatte das Essen und gab es strikte Regeln oder gar keine? Was wurde mit Essen noch alles verbunden? Welche Gefühle kamen dabei auf?

Eine kurze Fallvignette aus einer PD Jahresgruppe:

In der Gruppe waren fünf Frauen und ein Mann. Das Vertrauen zwischen den einzelnen Mitgliedern hatte sich gut entwickelt und es gab keine Scheu Märchen zu spielen. Mein Vorschlag eine Rolle aus einem Lieblingsmärchen zu spielen und daraus ein eigenes Gruppenmärchen zu kreieren, wurde gerne angenommen.

Eine Teilnehmerin der Gruppe, eine hübsche, schüchterne, junge Frau P. (20), Medizinstudentin, bis zum 15. Lj. Leistungssportlerin, die Eltern führen ein Gasthaus. Sie ist die Jüngste einer Patchwork Familie mit insgesamt 5 Kindern, erkrankte mit 16 Jahren an Anorexie, nach zwei stationären Aufenthalten und langer Einzeltherapie, kämpfte sie noch immer mit starken Schuldgefühlen ihrer Familie gegenüber. Sie fühlte sich von ihrer Mutter sehr abhängig, zum Vater hatte sie eine sehr distanzierte Beziehung. Ihr Lieblingsmärchen war Hänsel und Gretel und sie entschied sich die Rolle der Hexe zu übernehmen.

Die Rollenauswahl war bereits ein großer Veränderungsschritt für Frau P., da sie meist sonst passive Opferrollen übernahm. Auf der Bühne war sie eher eine unscheinbare Hexe, die keine bösen Absichten spüren ließ, sondern mit ihrem Spruch freundlich versuchte auf ihr Knusperhäuschen aufmerksam zu machen. Die anderen TeilnehmerInnen näherten sich dem Häuschen aber bald war die Hexe uninteressant. Der weitere Verlauf des Märchens wurde durch einen Wolf und eine Prinzessin in eine andere Richtung gelenkt.

Die Fragen für ein Rollenfeedback:

Th: „Warum diese Rollenwahl und war es schwirig in die Rolle der Hexe zu kommen?"
Frau P. als Hexe: „Eigentlich war es lustig sich betont hässlich einzukleiden, erst mit dem Stock und als ich mich krümmte und die Körperhaltung der alten Hexe einnahm, hatte ich das Gefühl eine Hexe zu sein. Mit dem Spruch „Knusper …", im Lebkuchenhaus (es wurde mit Sesseln und einem Tuch darüber dargestellt) versuchte ich, die anderen irgendwie zu erreichen, alles war mir ganz fremd und ich nahm auch gar nicht wahr, was draußen passierte."

Th: „Welche Begegnungen ergaben sich im Spiel und welche Impulse und Gefühle lösten diese Begegnungen aus?"
Frau P. als Hexe: „Den Wolf fand ich anfangs abstoßend, die Prinzessin gefiel mir, aber ich flüchtete schnell in mein Lebkuchenhaus und plötzlich hatte ich den Gedanken, die Prinzessin vergiften zu wollen, die anderen waren mir egal. In dem Haus war ich von den anderen, abgeschnitten, aber sicher und das war mir einerseits recht aber ich fühlte mich auch allein."

Die Rollenfeedbacks der anderen Teilnehmerinnen in Bezug zur Hexe:

Wolf: „Am Anfang fand ich dich irgendwie interessant aber mit dem Stock und deinem Kopftuch auch angstauslösend, ich war hungrig, doch als du im Haus warst, war für mich das Haus gar nicht mehr anziehend, ich hoffte von der Prinzessin gesehen zu werden."
Prinzessin auf der Erbse: „Ich fand dich bedrohlich, das Kusperhäuschen interessierte mich und als du den Spruch riefst, bekam ich Lust auf Süßes und erhob mich von meinem Bett, aber dann versperrte mir der Wolf den Weg."
Ein Rollenfeedback der Prinzessin etwas später: „Ich fand dich lebendiger als sonst, du solltest öfters die Hexe sein."

Fragen, die sich aus der Sharing Runde ergaben:
Gibt es ähnliche Erfahrungen in eurem Alltagsleben oder Erinnerungen, die sich hier in einer anderen Form wiederholt haben?

Frau P.: „Ja, ich sehe mich in einem einsamen Haus, umgeben von Essen, das ich selbst nicht essen mag. Früher hatte ich manchmal Angst das Essen könnte vergiftet sein."
Frau A. (Prinzessin): „Mir fällt ein, mein Bruder beschwerte sich öfters, dass ich immer ein Haar in jeder Suppe fände und im Spiel hat mir auch nichts wirklich gepasst."
Th: „Wie geht es euch im Moment, welche Gedanken tauchen auf?"
Frau P.: „Ich fühl besser als am Anfang des Gruppenabends. Es ist schon spannend, wie sich die Szenen wiederholen."
Herr T. (Wolf): „Dass ich bedrohlich sein könnte, ist für mich völlig neu, ich bin etwas verwirrt."
Frau A. (Prinzessin): „Ich denke gerade über meine Rollenentscheidung nach."
Th: „Wie war die Stimmung beim Essen bei euch zu Hause?"
Frau P.: „Ich habe mir mein Essen selber gekocht, ich wollte auch lieber alleine essen. Ich fand vor allem als Jugendliche das Gasthausessen ekelig."
Herr T. (Wolf): „Meine Mutter und besonders meine Oma waren mit dem Essen streng, da hieß es „Was auf den Tisch kommt, wird gegessen" aber mir schmeckte es meistens."
Frau A. (Prinzessin): „Mit meiner Mutter und meiner Schwester war es okay, aber mit meinem Bruder gab es oft Streit bei Tisch."

Die Handlungsepisode von Frau P. passt gut in das Skript als unbewusstes Lebensprogramm dieser Teilnehmerin. Der Hunger nach Zuwendung und ihre große Einsamkeit und Zurückgezogenheit waren auch im Spiel spürbar. Eine neue Erfahrung war, dass sie eigene aggressive Impulse wahrnehmen konnte.

Mit diesem Beispiel einer persönlichen Auseinandersetzung, den neuen Erfahrungen, Erkenntnissen und den daraus erfolgten Reflexionen und Einsichten sollte es zu Reifungsschritten kommen, um von der psychodramatischen auf ein höheres Strukturniveau, der soziodramatischen Rollenebene zu kommen.

Die Fähigkeit zur willentlichen Selbstregulation wird auf der soziodramatischen Ebene dadurch charakterisiert, dass Sprache als Werkzeug der Selbstinstruktion dient. Die Person verfügt mit Hilfe von Sprache über Strategien für die Regulation der Motivation, Aufmerksamkeit, Gedächtnis. Belohnungsaufschub, Aktivierungs- und Emotionsregulation, um nur einige wichtige Bereiche zu nennen. (Schacht 2003, S. 270)

2.2 „Der süße Brei" und die dritte Position

Es war einmal ein armes, frommes Mädchen, das lebte mit seiner Mutter allein und sie hatten nichts mehr zu essen. Da ging das Kind hinaus in den Wald und begegnete einer alten Frau, die wusste seinen Jammer schon und schenkte dem Mädchen ein Töpfchen, zu dem soll es sagen: „Töpfchen, koche", so kochte es guten, süßen Hirsebrei und wenn es sagte: „Töpfchen, steh", so hörte es wieder auf zu kochen.

Das Mädchen brachte den Topf seiner Mutter heim und nun waren sie ihrer Armut und ihres Hungers ledig und aßen Brei, sooft sie wollten.

Auf eine Zeit war das Mädchen ausgegangen, da sprach die Mutter: „Töpfchen, koche", da kocht es und isst sich satt; nun will sie, dass das Töpfchen wieder aufhören soll, aber sie weiß das Wort nicht. Also kocht es fort und der Brei steigt über den Rand hinaus und kocht immerzu, die Küche und das ganze Haus voll und das zweite Haus und dann die Straße, als wollt's die ganze Welt satt machen und es ist die größte Not und kein Mensch weiß sich da zu helfen. Endlich, wie nur noch ein einziges Haus übrig ist, da kommt das Kind heim und spricht nun: „Töpfchen, steh", da steht es und hört auf zu kochen, und wer wieder in die Stadt wollte, der musste sich durchessen. (Brüder Grimm 1989, S. 223).

Dieses Märchen spricht nicht nur persönliche Beziehungsthemen an, sondern zeigt auch eine sozial-gesellschaftliche Entwicklung auf. Die Konfliktachse Macht versus Kontrolle spielt sich auf vielen Ebenen ab. Der süße Brei als eine Metapher steht einerseits für die aus einer Not entstehende Gier und anderseits für ein „Ein Zuviel des Guten", das die materielle Verwöhnung und den scheinbar nicht mehr zu stoppenden Konsum im Allgemeinen ausdrückt. Der Preis für diese Entwicklung sind Einsamkeit und emotionale Leere. Das Psychodrama ist somit auch eine gute Methode gesellschaftlich-politische Themen auf die Bühne zu bringen.

„Die Anfänge der psychodramatischen Praxis wie auch Morenos Vision sozialer Veränderung durch das Psychodrama weisen darauf hin, dass dem Psychodrama grundsätzlich Möglichkeiten innewohnen, soziale und politische Kontexte einzubeziehen, diese Aspekte zu thematisieren, zu reflektieren und im Sinne einer Veränderung gesellschaftlicher (Macht-)verhältnisse wirken zu können." (von Ameln et al. 2005, S. 364).

Das Märchen beginnt mit der Gefahr des Verhungerns durch die psychische und materielle Armut und Hilflosigkeit der Mutter. In der daraus ungestillten Gier findet sie nicht die richtigen Worte für eine nötige Abgrenzung gegenüber einer Verführung. Das Mädchen muss das Haus und die Mutter verlassen, um sich weiter entwickeln zu können. Eine alte Frau erlöst sie aus ihrer Not, in dem sie ihr ein „Wundertöpfchen" schenkt. Diese Entwicklungsgeschichte zeigt sehr deutlich die Not fehlender Triangulierungsmöglichkeiten auf.

- „Triangulierung schafft Raum; wo etwas Drittes ist, gibt es Möglichkeiten, sich hin und her zu bewegen, Nähe und Distanz zu regulieren, zu denken und zu reflektieren.
- Nicht nur Personen oder von diesen abgeleitete intrapsychische Repräsentanzen können das Dritte sein, sondern auch Symbolisches, wie die Sprache, die zuerst von den Eltern als etwas Drittes in ihre Beziehung zum Kind eingeführt wird." (Grieser 2015, S. 11)

In dieser Geschichte ist die symbiotische Beziehung zwischen Mutter und Kind zum Ersticken eng und lässt keinen Raum für Freiheit, Kreativität und Begegnung mit der Welt. Die Mutter findet auch keine Worte für ein Ende dieser Not. Die Lösung (oder Erlösung) ist dann die bzw. das „Dritte", im doppelten Sinne, zuerst die alte Frau und dann ein intermediäres Objekt, ein „Wundertöpfchen" und nicht zuletzt ein Lösungsspruch. Diese Metapher zeigt auch wie wichtig das Einbeziehen einer dritten Person ist.

Eine kurze Fallvignette aus einer Einzeltherapie:

Frau S., 25 J., Studentin, mit Bulimie, lebt mit ihrem Freund zusammen und ist bereits seit drei Jahren in Einzeltherapie. Die Mutter ist Köchin, der Vater Beamter und sie hat einen älteren Bruder und eine jüngere Schwester. Der Hauptkonflikt besteht zwischen Versorgung und Abhängigkeit gegenüber ihrer Mutter und der Kampf um Autarkie. Frau S. arbeitet neben dem Studium und fuhr anfangs nur aus Schuldgefühlen ihrer Mutter (die Familie wohnte 70 km außerhalb der Stadt) gegenüber nach Hause. Starke Verlassenheitsgefühle und Angst verband sie mit dem jeden Besuch. Die Mutter überhäufte Frau S. mit Essen und packte ihr auch Unmengen von Essen zum Mitnehmen ein. Wenn sie diese zurückwies und meinte sie brauche nicht so viel, begann diese zu weinen.

Frau S. begann sich langsam gegen weitere subtile Vorwürfe zu wehren und abzugrenzen. Ihre Beziehung zum Vater war weniger angespannt, doch er hatte scheinbar keinen Einfluss auf die Mutter-Tochter Beziehung.

Nach zwei Jahren Therapie hatte Frau S. keine bulimischen Attacken mehr und in der 95. Therapiestunde frage ich sie, ob ihr ein Märchen zu Ihrer Familie einfällt. Darauf antwortete sie spontan „Schneewittchen" und „der süße Brei". Ich kannte

die Geschichte des süßen Breis nur mehr vage und fragte sie, was so passend für ihre Familie sei.

Sie meinte: „der süße Brei steht für das Essen, mit dem meine Mutter mich und die ganze Familie überhäuft und terrorisiert. Die Mutter ist ja selbst schon so dick, dass sie sich einer Operation unterziehen müsse und meine Schwester ist ebenfalls sehr dick. Aber ich kann mich eh schon besser abgrenzen. Ich nehme nicht mehr alles mit, was sie mir aufdrängen will. Sie ist zwar noch immer beleidigt, aber ich halte es schon besser aus und streite dann nicht mehr so heftig mit meinem Freund."

Ich fragte sie, ob das Märchen gut ausgeht. Darauf Frau S.: „Ja, eine alte Frau rettet sie mit einem Spruch."

Im Laufe des Therapiegesprächs erwähnte sie, dass sie ohne Therapie nie aus der Verstrickung mit ihrer Mutter herausgekommen wäre.

Die Fallvignette ist ein Beispiel für die TherapeutInnenrolle, als dritte Position zur Eröffnung neuer kreativer Räume. „Der Therapeut trianguliert sich in der Behandlung unter anderem, indem er das, was er mit dem Patienten erlebt, parallel reflektiert, auf seine Theorie bezieht oder seine Arbeit mit Kollegen supervidiert." (Grieser 2015, S. 11).

Diese Fallgeschichte spiegelt sich gut in diesem Märchen, denn auch Frau S. hatte die Kraft von zu Hause wegzugehen. Sie spürte die Not der Mutter und es wurde auch ihre Not, doch durch die dritte Position einer Psychotherapie lernte sie ihre Gefühle wahrzunehmen und danach zu handeln. Sie konnte sich aus der Umklammerung ihrer Familie befreien und führt heute ein zufriedenes Leben. Frau S. ist inzwischen verheiratet und hat einen dreijährigen Sohn und eine einjährige Tochter.

2.3 Die Götterspeise Ambrosia, und ein süß duftendes Essen.

Wie alle Mythologien stellt sich auch die griechische den wichtigen Fragen des Lebens. Eine davon betrifft die *Hybris,* „in der griechischen Mythologie das Gegenteil zum rechten Maß, ein anmaßendes, übermütiges Verhalten mit dem der Mensch wissentlich oder unwissentlich seine festgelegten Grenzen überschreitet und dafür von den Göttern bestraft wird". (Brodersen und Zimmermann 2006, S. 258).

Ambrosia und Nektar, die mythische Götternahrung, mit der Unsterblichkeit assoziiert wird. Ein Sterblicher, der davon aß und trank, wurde unsterblich; brachte man eine Leiche damit in Berührung, zerfiel sie nicht. Verschiedene „göttliche" Dinge werden als „ambrosisch" beschrieben, oft in der Nebenbedeutung „süß, duftend". (Howatson 1996, S. 43).

Die Götterspeise Ambrosia passt gut als Abschlussmetapher zum Thema Essen und Nahrung. Ich erinnere mich an das aufregende, spannende und lustvolle Bühnenspiel dieses Mythos. Die Erfahrungen auf der Bühne und die Rollenfeedbacks regten zu intensiven Diskussionen und Fragen an. Das Ende dieser Geschichte besagt, dass die Psyche durch die Speise Ambrosia unsterblich wurde und damit ihre Heirat mit Amor ermöglicht wurde. Aus dieser Verbindung gebar Psyche eine Tochter, namens Voluptas, was etwa „Lust, Vergnügen, Genuss" bedeutet. (vgl. Bulian 2013).

Mit diesem Bild von Lust, Genuss und Vergnügen möchte ich abschließend das Ziel jeder Therapie ins Auge fassen. Gerade das Essen bietet eine Fülle von Möglichkeiten sich diesem Ziel zu nähern um das Leben neben den schwierigen Aufgaben leichter genießen zu können.

3 Schlussfolgerung

Es gäbe noch weitere symbolträchtige Märchenbeispiele wie z. B. der Apfel des Schneewittchens, der im Hals stecken blieb oder das Märchen „Tischlein, deck dich", die sich lustvoll-spielerisch auf der Psychodrama Bühne für interpersonelle und gesellschaftliche Themenbearbeitungen eignen könnten. Die Stärke des Psychodramas liegt in der Möglichkeit der szenischen Auseinandersetzung, mit all den verschiedenen Techniken wie z. B. dem Rollentausch, Doppeln oder Spiegeln. Gleichzeitig bedarf es eines behutsamen Umgangs von Seiten der Psychodrama TherapeutIn, um Klienten und Klientinnen nicht zu überfordern oder zu entmutigen, sondern einen Zugang für mehr Selbstvertrauen und Lust und Lebensfreude zu eröffnen.

Ayurvedische Gemüsepfanne mit Basmatireis

Regina Bulian

Portionen: 3

Zubereitungszeit: ca. 30 Minuten

(Nur frisches Gemüse je nach Jahreszeit vom Bauernmarkt am Kaiser Josef Platz in Graz)

- 1 KL Ghee (Butterschmalz)
- 1 cm frische Ingwerwurzel klein gehackt
- ½ TL Bockshornkleesamenpulver
- ½ TL Kurkumapulver
- ½ TL Schwarzkümmel
- ¼ TL gemahlener Zimt
- ¼ TL gemahlener Kardamom
- ein wenig frisch geriebene Muskatnuss

Diese Gewürze in Ghee leicht erhitzen, so dass es richtig duftet. 1 Schalotte klein gehackt dazu geben und umrühren, dann das klein geschnittene Gemüse dazu:

1 frischer Paprika, 3–4 geschälte Tomaten, ½ kg Hokaido Kürbis, 1 Knolle Fenchel, 2 Datteln klein gehackt, frische Kräuter z. B. Petersilie dazu 2 Esslöffel Wasser, Salz und 10 Minuten dünsten

Basmatireis:
1 Tl Ghee
½ TL Kurkumapulver, beides leicht erhitzen
1 Tasse weißen Basmatireis und 2 Tassen Wasser dazugeben, salzen, umrühren und warten bis alles siedet, danach ausschalten und ca. 10 Minuten dünsten bis der Reis weich ist.

Literatur

von Ameln, F., Gerstmann, R., & Kramer, J. (2005). *Psychodrama.* Berlin: Springer.
Boderson, K., & Zimmermann, B. (2006). *Metzler Lexikon Antike.* Stuttgart Weimar.: Verlag J.B.Metzler.
Brüder Grimm. (1989). *Märchen.* Stuttgart/Wien: Thienemann.
Bulian, R. (2013). Der Mythos „Amor und Psyche" – Surplus Reality – subjektive Realität. *Zeitschrift für Psychodrama und Soziometrie, 2013*(01), 95.
Gerlinghoff, M. (1998). *Magersucht und Bulimie – Innenansichten.* München: Pfeiffer.
Grieser, J. (2015). *Triangulierung. Analyse der Psyche und Psychotherapie*, Band 13. Gießen: Psychosozial-Verlag.
Howatson, M.C. (1996). *Reclams Lexikon der Antike.* Stuttgart: P. Reclam Jun. Verlag.
Leutz, G. (1974). *Psychodrama Theorie und Praxis. Das klassische Psychodrama nach J.L. Moreno.* Berlin: Springer.
Schacht, M. (2003). *Spontaneität und Begegnung. Zur Persönlichkeitsentwicklung aus der Sicht des Psychodramas.* München: inSzenario.
Stadler, C. (2015). *Traum und Märchen. Handlungsorientierte Psychotherapie.* Stuttgart: Kohlhammer.

Regina Bulian 1954, MSc, seit 1999 Psychotherapeutin in freier Praxis, langjährige pädagogische Arbeit mit Kinder und Jugendlichen, Lehrtherapeutin für Psychodrama – Einzeltherapie und Supervision im ÖAGG.

HAUPTBEITRÄGE

Zum Essen, bitte!
Psychodramatische Arrangements rund ums Thema Essen

Sabine Spitzer-Prochazka · Christian Stadler

Online publiziert: 23. Oktober 2018
© Springer Fachmedien Wiesbaden GmbH, ein Teil von Springer Nature 2018

Zusammenfassung In diesem Beitrag der Zeitschrift für Psychodrama und Soziometrie werden psychodramatische Arrangements vorgestellt, die einen Bezug zum Thema Essen haben. Im Sinne einer Tool-Box werden die Übungen praxisnah beschrieben, sodass sie direkt in der Arbeit mit Gruppen eingesetzt werden können.

Schlüsselwörter Essen · Erwärmung · Psychodrama · Exploration · Lebensmittel

For dinner, please!
Psychodramatic arrangements around the topic of food

Abstract In this article of the Zeitschrift für Psychodrama und Soziometrie psychodramatic arrangements are presented, which are having a reference to eating. These tools are described in a practical way, so they can be used directly for work with groups.

Keywords Food · Warming up · Psychodrama · Exploration · Foods

Im vorliegenden Beitrag werden Essens-bezogene Arbeitsformen aus der Psychodrama-Welt vorgestellt (siehe auch Stadler et al. 2016). Der Aufbau orientiert sich an der Länge der Übungen bzw. an den klassischen ersten beiden Phasen von Psychodrama-Sitzungen: Erwärmung und Spielphase. Theoretische Grundlagen der vorgestellten

---

S. Spitzer-Prochazka (✉)
Schwaigergasse 35/25, 1210 Wien, Österreich
E-Mail: therapeutin@aon.at

C. Stadler
Konrad-Adenauer-Str. 27, 85221 Dachau, Deutschland
E-Mail: info@psysta.de

Arrangements werden nicht reflektiert, vielmehr wird handlungsorientiert auf das konkrete Vorgehen sowie auf Indikation und Kontraindikation kurz eingegangen.

1 Hors d'oeuvres

Eine Gruppe von TeilnehmerInnen, die sich noch nicht kennt, möchte miteinander bekannt werden. In Abwandlung der Runde „Jede Person stellt sich in der Rolle eines geliebten Gegenstandes vor", werden die TeilnehmerInnen gebeten, sich vorzustellen, sie seien ein Lebensmittel bzw. ihr jeweiliges Lieblingsessen, und sich im Rollenwechsel mit diesem der Gruppe vorzustellen.

Sinnesqualitäten von Essen und Lebensmitteln explorieren kann eine geeignete Anwärmung zum Thema Herkunftsfamilie und Meine Wurzeln darstellen. „Versuche Dich an eine Lieblingsspeise aus Deiner Kindheit/aus Deiner Heimat zu erinnern. Wie hat sie sich angefühlt, wie hat sie geschmeckt, wie hat es in der Wohnung gerochen, als sie zubereitet wurde? Was verbindest Du damit für Gefühle und Bilder?"

Eine gruppendynamisch etwas verschärfte Variante zu oben genannter Übung der Vorstellung aus einem Gegenstand/Lebensmittel ist folgende Anwärmung. Die TeilnehmerInnen kleben sich jeweils gegenseitig ein weißes DIN A3 Blatt mit Klebstreifen auf den Rücken. Alle bekommen einen Stift und schreiben jeweils allen anderen Personen diejenige Obstsorte auf den Rücken, die sie zu den Personen assoziieren. Haben alle auf alle Rücken etwas notiert, werden die Blätter abgenommen und zunächst selbst gelesen. Jede Person kann dann zunächst selbst sagen wie es ihr mit der Zuordnung geht; danach muss genug Gelegenheit sein, damit die SchreiberInnen befragt werden, warum sie ein bestimmtes Lebensmittel ausgewählt haben.

Lustvoll und dynamisch ist die Erwärmungsübung „Obstsalat". Hierzu nehmen die TeilnehmerInnen im Stuhlkreis Platz. Eine Person bekommt keinen Stuhl und steht zunächst in der Mitte. Alle werden reihum abgefragt, welches Obst sie sein möchten. Zum besseren Gelingen können auch drei bis vier Sorten vorgegeben werden („Wer ist Apfel? Wer ist Banane? ..."). Die Spielregel wird erklärt: Wird eine Obstsorte genannt, müssen alle dieser Obstsorte den Platz tauschen; die Übrigen dürfen sitzen bleiben. Derjenige, der keinen Stuhl mehr ergattert, steht als nächstes in der Mitte und gibt die nächste Obstsorte vor. Bei „Obstsalat" müssen alle den Platz tauschen.

Besonders der körperlichen Erwärmung dient die Übung „Kirschen pflücken". Die TeilnehmerInnen stehen im Kreis, der oder die LeiterIn lädt dazu ein, in der Kreismitte einen Baum zu imaginieren, der voll reifer, roter Kirschen hängt. Schwungvoll gibt er oder sie nun vor, an welcher Stelle „gepflückt" wird. „Zwei Mal rechts oben", „Ein Mal links unten", „Drei Mal rechte Seite" und so weiter – dementsprechend machen die TeilnehmerInnen mit den Händen die Pflückbewegung in der vorgegebenen Richtung, mal mit bis in die Zehenspitzen gestreckten Beinen, mal mit gebeugten Knien. Das Tempo kann gesteigert und immer wieder zurückgenommen werden; die Übung funktioniert auch mit Musik, an deren Rhythmus die Bewegungen angeglichen werden können.

Wenn es einmal laut werden darf und soll, eignet sich die Übung „Die Milch kocht über!" zur Erwärmung. Zwei Gruppen werden gebildet und stehen einander gegenüber. Die eine Gruppe ruft „Die Milch kocht über!", darauf erwidert die andere: „Dann holt sie doch vom Feuer!", worauf die andere, schon etwas lauter wiederum „Die Milch kocht über!" ruft – im folgenden gegenseitigen Zurufen variieren Lautstärke und Bestimmtheit der jeweiligen Botschaft und steigern sich Runde um Runde. Im Rollenfeedback kann anschließend die eigene Lautstärke und Durchsetzungskraft mit den begleitenden Gefühlen reflektiert werden, wobei rasch konflikthafte Alltagsszenen für nachfolgende ProtagonistInnenspiele auftauchen werden.

Eine weitere Aufwärmübung, die zum Themenkreis Rivalität und gewinnen oder verlieren hinführt, ist eine Abwandlung des Knobelspiels „Schere, Stein, Papier". In dieser Variation spielen zwei Teams gegeneinander, optional können vor jedem Spielzug die Mitglieder eines Teams ihre Strategie miteinander abstimmen. Gespielt wird mit dem Ausdruck des ganzen Körpers, zur Auswahl stehen der Koch, das Hühnchen und die Kakerlake. Mit welchen Gesten die drei jeweils dargestellt werden, bestimmt die Gruppe vor Spielbeginn gemeinsam. Die beiden Teams stehen einander gegenüber und nehmen auf Kommando gleichzeitig die gewünschte Haltung ein. Gewonnen hat jeweils: Der Koch – er erschlägt das Hühnchen, das Hühnchen – es frisst die Kakerlake bzw. die Kakerlake – sie erschreckt den Koch.

Apropos – wenn Kleingruppen nach dem Zufallsprinzip gebildet werden sollen: Verschiedenfarbige Bonbons oder Schokoriegel unterschiedlicher Sorten, die vor dem Beginn auf die Sitzplätze verteilt werden, regeln Paar- oder Kleingruppenbildungen genussvoller als etwa Durchzählen.

2 Hauptgerichte

Meine Familie als Lebensmittel ist eine Aufstellungsarbeit, die im vermeintlich harmlosen Genre der Nahrungs- und Genussmittel Verwandtschaften und Dynamiken erkennbar machen kann.

Ein beliebtes Gruppenspiel im Semi-Stegreifmodus ist das Weihnachtsessen oder allgemeiner das „Gemeinsame Familienessen".

Auch in der protagonistInnenzentrierten Arbeit ist das „Gemeinsame Familienessen" eine dankbare Szene. In einer nachgespielten gemeinsamen Szene am Esstisch wird auf einen Blick sehr viel Familiendynamik sicht- und erlebbar.

Ebenso in Szene gesetzt werden können Sprüche und Sprichwörter, die sich metaphorisch um das Essen drehen, wie „Viele Köche verderben den Brei", „Aufessen, damit morgen die Sonne scheint" oder „das ist mir auf den Magen geschlagen". Solcherart erinnern sich die TeilnehmerInnen an Sätze, die etwa in der Herkunftsfamilie Bedeutung hatten und reflektieren sie über das szenische Spiel, das in Kleingruppen gestaltet und anschließend im Plenum vorgeführt wird.

In zahlreichen Märchen spielt das Essen eine besondere Rolle. Mangel und Überfluss im süßen Brei, Verführung und Gefahr im Lebkuchenhaus der Hexe oder bei Schneewittchens Apfel, Angst und verlassen Sein bei den Brotkrumen von Hänsel und Gretel. Über die psychodramatische Arbeit mit Märchen siehe Stadler (2015) und den Beitrag von Bulian in diesem Heft.

3 Zum Dessert

Wenn sich die TeilnehmerInnen einer Gruppe gegenseitig wertschätzend Feedback geben sollen, kann dies mit einem Ausflug in die Welt der Lebensmittel verknüpft werden. Der oder die LeiterIn bereitet Karten vor, auf denen verschiedene Versionen zu „Du bist für mich wie ..." stehen. Es wird reihum gezogen und jeder Satz wird von allen TeilehmerInnen in Bezug auf jene Person, welche die jeweilige Karte gezogen hat, vervollständigt. Zum Beispiel könnte das Feedback für eine Teilnehmerin, die den Satz „Du bist für mich wie eine Nachspeise" gezogen hat, lauten: „Du bist für mich wie eine Käseplatte, mit zahlreichen fein abgestimmten Geschmacksnuancen, mal süßlich, mal herb, aber immer stimmig und abrundend". Beispielsätze für diese kulinarische Feedback-Übung können sein: Du bist für mich wie ein Dessert, .. wie ein Auflauf, .. wie ein Getränk, .. wie eine Torte, .. wie ein Fleischgericht, ...

Zur Reflexion eines Workshops eignet sich ein Restaurantbesuch. Dazu wird von der LeiterIn der Grundriss eines Restaurants aufgezeichnet oder im Raum imaginiert – mit den Bereichen Eingang, Küche, Garderobe, Nassräume, Bar, Gastraum mit Tischen, Vorratsraum. Die TeilnehmerInnen reflektieren nun ihre Beteiligung am Workshop, indem sie sich den entsprechenden Bereichen zuordnen – entweder mit Spielfigur oder Klebepunkt am aufgezeichneten Grundriss oder selbst im entsprechenden Raum auf der Spielbühne. Das Feedback klingt dann zum Beispiel so: „Am Beginn habe ich mich einige Zeit vor dem Eingangsbereich aufgehalten und einmal vorsichtig durch das Fenster hereingeschaut. ... Am spannendsten war der Aufenthalt in der Küche für mich, als ich selbst etwas ausprobieren und gestalten durfte. ... Als Gast habe ich mich vor üppig gefüllten Tellern sehr wohl gefühlt und gehe wirklich gut gesättigt nach Hause". Eine Intensivierung und Hinführung zur Symbolarbeit ist die sofortige Umsetzung als Gruppenskulptur: „Stellt Euch vor, Ihr seid ein Restaurant. Welche Teile gibt es, und wer ist was?" Der dabei entstehende gruppendynamische Prozess um das Finden und Wählen von Rollen, die „richtige" Positionierung und das Erleben des Gesamtkunstwerks Gruppe ist eindrücklich. Mögliche Rollen sind Personen (KellnerInnen, KöchInnen, Gäste), Räume (Speisekammer, Küche, Speisesaal) und Gegenstände (Herd, Spüle, Anrichte, Lebensmittel, Messer, Kochlöffel, etc.).

Als Übung zur Körperwahrnehmung ebenso wie als beruhigender Ausklang einer Gruppeneinheit in einer bereits vertrauten Gruppe eignet sich die Massageübung „Pizza backen". Dazu stehen alle im Kreis und machen dann eine Vierteldrehung nach rechts, sodass jedeR den Rücken der NachbarIn vor sich hat. Die LeiterIn beschreibt nun den Vorgang des Pizza Backens, den alle mit ihren Händen auf dem nachbarlichen Rücken nachzeichnen. Zuerst wird die Arbeitsfläche gesäubert (über den Rücken streichen) und mit Mehl eingerieben, dann wird der Teig geknetet (vorsichtige Knet- und Drückbewegungen). Es folgt das Belegen der Pizza mit Tomatensauce (verstreichen), Champignons, Schinkenstreifen, Käse (im unterschiedlichen Rhythmus mit den Fingern klopfen). Am Schluss die Hände fest aneinander reiben, bis sie warm sind und dann auf den Rücken auflegen – nun ist die Pizza im Ofen und die Entspannung erreicht.

Verschiedenfarbige Süßigkeiten wie Gummibärchen, Smarties oder ähnliche sind wie geschaffen für den Einsatz in Gruppen. Zu Beginn können sie Gruppenzuteilungen anzeigen, im Spielteil können sie soziometrische Zuordnungen sichtbar machen und zum Abschluss ein Feedback veranschaulichen. Für das soziometrische Bild können zwei oder – je nach Gruppengröße – mehr Kleingruppen gebildet werden, die mit Hilfe der Gummibärchen ein Soziogramm der Gruppe (oder des Teams) auf Flipchart kleben. Im Plenum werden die unterschiedlichen Bilder dann vorgestellt und diskutiert. Die Gummibärchenreflexion am Ende einer Veranstaltung funktioniert zum Beispiel so, dass drei Gläser mit Gummibärchen je einer Farbe zur Verfügung gestellt werden. JedeR TeilnehmerIn zieht pro Rückmeldung ein Gummibärchen: grüne für „Das hat mir besonders gut gefallen", weiße für „das nehme ich mit", rote für „das sehe ich kritisch".

Alt-Wiener Patzerlguglhupf

Sabine Spitzer-Prochazka

Für den Teig:
- ½ kg Mehl
- 10 dag Butter
- 10 dag Zucker
- ½ Pckg. Vanillezucker
- 3 Eidotter
- 3 dag Germ
- 3/16 l Milch
- Zitronenschale

Für die Füllungen:
Topfenfülle: 10 dag Topfen (Quark), 1 Teelöffel Zucker, 1 Eidotter, ¼ Zitronenschale
Mohnfülle: 10 dag Mohn gemahlen, 1 Esslöffel Honig, 1 Esslöffel Zucker, Neugewürz, Zimt, mit heißem Wasser verrühren, bis die Fülle geschmeidig und streichfähig ist
Nussfülle: 10 dag Nüsse gemahlen, 1 Teelöffel Zucker, 1 Teelöffel Brösel, 1/8 l heiße Milch, Zimt, Rum
Powidlfülle: 10 dag Powidl (Pflaumenmus), 1 Esslöffel Rum

Aus etwas Zucker, Germ und lauwarmer Milch ein *Dampfl* rühren, zugedeckt gehen lassen, dann die übrigen Zutaten dazu mischen. Den Teig wiederum gehen lassen und anschließend in 20-30 Stücke teilen. Mit den verschiedenen Füllungen bestreichen, zusammendrücken und neben- und übereinander in die gefettete, gestaubte Form schlichten. Gehen lassen und 1¼ Stunden backen. Nach Geschmack mit einer Staubzucker-Zimt-Mischung bestreut servieren.

Bayerischer Krustenschweinebraten mit Biersauce

Christian Stadler

Portionen: 4

- 1,5 kg Schweinebraten mit dicker Schwarte ohne Knochen (z.B. Schulter)
- 250 gr. Knochen vom Schwein
- 1 TL Kümmel
- 1 Sternanis
- 2 Gemüsezwiebeln
- 2 Karotte
- 1 Tomate
- ¼ Sellerieknolle
- 1 Stange Lauch
- Salz
- Pfeffer
- Dunkles Bier
- Fleischbrühe
- 1 EL Butter
- Saucenbinder

Backofen auf 190 Grad vorheizen.

Die Schwarte vom Braten kurz mit kochendem Wasser übergießen, dann rautenförmig einschneiden und mit der Marinade von Salz, Pfeffer und Kümmel kräftig einreiben. Ca. 1/2 Std. ziehen lassen.
In der Zwischenzeit die Karotten, Tomate, Lauch waschen, den Sellerie putzen, die Zwiebeln schälen und alles in 3 cm große Würfel schneiden.

Bräter mit etwas Öl auf dem Herd erhitzen und den Braten mit der Schwarte nach unten kräftig anbraten. Nach ca. 3–5 Min. herausnehmen und kurz beiseite stellen. Auch die Knochen kurz scharf anbraten und beiseitelegen.

Den Boden des Bräters vom Herd nehmen und den Boden mit dem Gemüse (und dem Sternanis) auslegen, den Braten mit der Schwarte nach oben drauflegen, die Knochen dazu. Jetzt den Bräter für 90 Min. in den Backofen. Nach ca. 10 Min. etwas Brühe über den Braten gießen; circa alle 15 Min. wiederholen, dass immer etwas Brühe im Topf ist.

Nach einer Stunde das Bier dazugeben. Die letzten 10 Min. den Backofen auf Grillfunktion einstellen, damit die Kruste schön knusprig wird. Nach Ablauf der Zeit den Braten in eine Form legen und etwa 10 Min. ruhen lassen; am besten in eine Folie einwickeln, damit er warm bleibt.

Nun wird die Soße gemacht. Die Flüssigkeit aus dem Bräter durch ein Sieb gießen und das Gemüse ausdrücken. Die Soße kurz einkochen, und dann bei mittlerer Hitze langsam und unter ständigem Rühren etwas Soßenbinder zugeben. Kräftig verrühren, einen Esslöffel Butter zugeben, mit Salz und Pfeffer abschmecken, evtl. etwas nachwürzen, dann vom Herd nehmen.

Den Braten in ca. 1–1,5 cm dicke Scheiben schneiden. Dazu Semmelknödel oder Kartoffelknödel und am besten etwas Apfelmus oder Krautsalat.
Dazu Apfelschorle oder Bier.

Literatur

Stadler, C. (2015). *Traum und Märchen. Handlungsorientierte Psychotherapie*. Stuttgart: Kohlhammer.
Stadler, C., Spitzer-Prochazka, S., Kress, B., & Kern, E. (2016). *Act creative! Effektive Tools für Beratung, Coaching, Therapie und Supervision*. Stuttgart: Klett-Cotta.

Sabine Spitzer-Prochazka, MSc, 1968, Psychodrama-Psychotherapeutin in freier Praxis in Wien-Floridsdorf (Psychotherapie, Supervision, Schreibcoaching), Gruppentherapeutin in der psychotherapeutischen Ambulanz des ÖAGG. Mitherausgeberin der Zeitschrift für Psychodrama und Soziometrie.

Christian Stadler 1961, Diplom-Psychologe, Psychologischer Psychotherapeut (TFP), Psychodrama-Therapeut, Supervisor (PSR), EMDR-Therapeut, Praxis in Dachau (Psychotherapie, Supervision, Fortbildung). Akkreditiert bei der PTK Bayern für Weiterbildung, Selbsterfahrung und Supervision. Weiterbildungsleiter und Supervisor beim Moreno-Institut Edenkoben/Überlingen. Mitherausgeber der Zeitschrift für Psychodrama und Soziometrie.

HAUPTBEITRÄGE

Ernährung und Essen in der Psychoonkologie: ein Begegnungs- und Handlungsraum

Birgit Zilch-Purucker

Online publiziert: 24. Oktober 2018
© Springer Fachmedien Wiesbaden GmbH, ein Teil von Springer Nature 2018

Zusammenfassung In diesem Artikel der Zeitschrift für Psychodrama und Soziometrie werden Fallbeispiele aus der Praxis der psychoonkologischen Arbeit in einem Akutkrankenhaus vorgestellt. Krebskranke und Angehörige machen Ernährung und Essen in den psychoonkologischen Gesprächen oft zum Thema. Dabei geht es um die Frage der gesunden Diät und wie dieses Essen im Alltag mit Symptomen der Krankheit oder der Therapie umgesetzt werden kann. Dies eröffnet einen Begegnungsraum mit wichtigen anderen, der miteinander aktiv zu gestalten ist, und das kann zu Konflikten führen. Ein selbstdefinierter Auftrag der Psychoonkologie könnte sein, zwischen den Handelnden zu vermitteln, mehr Frieden in den Begegnungen herzustellen oder alle Beteiligten in ihren Bedürfnissen wertzuschätzen. Die Anthropologie Morenos, sein interaktionelles Gesundheitsverständnis in Rollengestaltung und die Techniken des Psychodramas wie Doppeln und Rollentausch helfen hier sehr. Wichtig ist es, auf der Begegnungsbühne Spielfähigkeit herzustellen, erst dann ist die szenische Arbeit auf der inneren mentalen Bühne der ProtagonistInnen möglich. Im folgenden Text wird dies beschrieben.

Schlüsselwörter Ernährung · Essen · Psychoonkologie · Psychodrama · Begegnungsräume

Nutrition and eating in psychooncology: an encounter space for acting

Abstract In this article of the ZPS case studies of clinical psychooncological practice are illustrated in a regular hospital. Cancer patients and their relatives deal often with the topic of nutrition and eating in the psychooncologic conversations. The topic is healthy diet and how eating in daily life can be realized while having symp-

---

Dr.in med. B. Zilch-Purucker (✉)
Schermbecker Landstr. 88, 46485 Wesel, Deutschland
E-Mail: zilch-purucker@evkwesel.de

toms of disease or therapy. This opens an everyday encounter space to important others that is to be actively created together and conflicts may appear. The self-defined mandate of psychooncology could be to moderate between the protagonists, to establish more peace and to value all participants in their needs. The anthropology of Moreno, his interactional understanding of health in role creating and the psychodrama techniques to double and the role reversal are very helpful in this process. It is important on the encounter stage to produce the ability to play, then is the scenic working on the internal mental stage possible. In the following text this is described.

Keywords Nutrition · Eating · Psychooncology · Psychodrama · Encounter spaces

1 Einleitung: Zu den Rollendimensionen einer PsychoonkologIn im Akutkrankenhaus

Die Rolle der PsychoonkologIn ist individuell auszugestalten. Es gibt einen Rahmen: Vorgaben der medizinischen Leitlinien (Leitlinienprogramm Onkologie AWMF 2014), die Verfahrensanweisungen für Krebszentren und die Strukturen im Krankenhaus. Andererseits bringt jede PsychoonkologIn sich als Person ein, weil sie ihre in der Biografie erworbenen Erfahrungen und Ausbildungen mitbringt.

Die Psychoonkologie ist ein Ort für viele Methoden, von Entspannungsmethoden über kreative Therapien bis zu kognitiven Verfahren (mit Psychoedukation) und psychotherapeutischen Kompetenzen, mit den KlientInnen in existentielle Tiefen hinabzusteigen, die die von Yalom (Yalom 2010) beschriebenen Grundthemen Tod, Sinn, Einsamkeit und Freiheit berühren. Die Funktion der Psychoonkologie ist die professionelle Begleitung und Behandlung psychosozialer Belastungen (bis hin zu psychischen Störungen) von PatientInnen während und nach einer Krebserkrankung und soll allen Krebskranken und ihren Angehörigen zeitnah in allen Krankheitsstadien angeboten werden und soll an allen Orten, d. h. vom Akutkrankenhaus bis zur Rehabilitationsklinik bis ins ambulante Setting möglich sein (Tschuschke 2005; Zilch-Purucker 2013; Leitlinienprogramm Onkologie AWMF 2014 S3 Leitlinie Psychoonkologie).

Ich arbeite im Akutkrankenhaus vor allem mit stationären PatientInnen, d. h. ich sehe PatientInnen bei Erstdiagnose, in den stationären und ambulanten Therapiephasen, bei Komplikationen und wenn die Erkrankung voranschreitet bis hin zum Sterben.

Psychoonkologie umfasst Beratungen bis hin zu psychotherapeutischen Interventionen. Anders als im üblichen psychotherapeutischen Setting ist der Auftrag meist ungeklärt, auch ein klarer Rahmen fehlt bzw. wechselt oft (ob mit der PatientIn, den Angehörigen, einem Paar, einer Familie, im Therapieraum, wenn die PatientInnen mobil sind, oder im Krankenzimmer, wenn sie bettlägerig sind) und das Zeitbudget ist offen, von Termin zu Termin vereinbart. Trotzdem ist die Zeit häufig begrenzt, durch die Strukturen eines Akutkrankenhauses oder den Krankheitsverlauf. Manchmal weiß ich beim Verabschieden nicht, ob ich die stationären PatientInnen wiedersehe, denn sie könnten beim vereinbarten nächsten Zeitpunkt entlassen oder

gestorben sein. So können es einmalige krisenhafte Situationen sein oder langfristige Begleitungen über Jahre werden.

Ich arbeite mit dem, was die PatientInnen mir bei jedem dieser Treffen im Hier und Jetzt anbieten. Aufträge und therapeutische Ziele definiere ich teilweise selbst, obwohl ich diese immer auch explizit auszuhandeln versuche. Alles, was die PatientInnen bewegt, und sei es das Thema Ernährung und Essen, greife ich auf und bewege es – für die PatientInnen hoffentlich supportiv (Wöller und Kruse 2010, S. 13, S. 342–349) – weiter. Supportiv meint hier die Gestaltung einer Halt gebenden Beziehung mit folgenden psychotherapeutischen Zielen meinerseits: Stärkung der Realitätsprüfung, Strukturierung der Denkprozesse, Hilfe bei der Antizipation problematischer Situationen, Reduktion des Angstniveaus, Nutzung der Ressourcen der PatientIn und der Angehörigen, Stärkung des Selbstwertgefühls aller und Entlastung von Schuld- und Schamgefühlen in den gelebten Beziehungen, hin zu mehr Zufriedenheit im Miteinander. Dies ist der tiefenpsychologische Anteil der psychoonkologischen Behandlungen.

Die Ernährungsberatung ist in der Onkologie eine komplementärmedizinische Maßnahme wie die Psychoonkologie. Meist wird diese Beratung von DiätassistentInnen durchgeführt. Allerdings findet das Thema Ernährung und Essen sich häufig in psychoonkologischen Gesprächen wieder und bedarf einer Positionierung der PsychoonkologIn.

Die Diätetik als Heilmittel ist in der Medizin seit den Hochkulturen in den überlieferten Quellen nachweisbar (Ackerknecht 1992, S. 30). Als Heilmittel hat die Ernährung mit Aufkommen der wissenschaftlichen Medizin und von erfolgreichen Medikamenten an Bedeutung verloren. Etabliert ist in den zertifizierten Krebszentren in Deutschland eine Ernährungsberatung bei Krebs für Betroffene und Angehörige. Die Deutsche Krebsgesellschaft (DKG) empfiehlt eine „gesunde Ernährung" orientiert an den Empfehlungen der ernährungsmedizinischen Fachgesellschaften, das heißt Krebskranke sollen sich so ernähren wie Gesunde. Wenn besondere Situationen im Verlauf einer Krebserkrankung eintreten, finden sich in der von der DKG herausgegebenen Broschüre „Ernährung und Krebs" Tipps zur Abhilfe. Ziel der gesunden Ernährung bei Krebs ist, den Gesundheitszustand und die Lebensqualität zu erhalten. Die DKG empfiehlt explizit Freude und Genuss am Essen zu fördern (Stiftung Deutsche Krebshilfe 2017, Ernährung bei Krebs, S. 19), denn die Gefahr der Gewichtsabnahme ist groß.

Leider gibt es eine Unmenge von Büchern, die suggerieren, dass es die „richtige" Diät, etwas „gegen den Krebs" oder „zur Vorbeugung" und „für das Immunsystem" gäbe (Coy 2016; Béliveau und Gingras 2017). So werden Diäten als Heilmittel empfohlen, wie z. B. grüner Tee, rote Früchte (wie Himbeeren), rotes Gemüse (wie Tomaten), die Einschränkung von Zucker und Milchprodukten und vieles andere mehr. „(Anti-)Krebsdiäten", die jeweils nach ihrem Erfinder wie Breuß, Gerson, Kuhl oder Budwig benannt werden, bewerben Fastenkuren oder einseitige Kostpläne mit Versprechen auf Heilung. Eine psychoonkologische Stellungnahme ist hier nötig: Ich warne in Beratungen davor, den Diäten dieser Experten zu folgen, denn dies kann zu einer Mangelernährung oder Fehlernährung mit Gewichtsabnahme führen, was sich nachteilig auf den Krankheitsverlauf auswirken kann. Tatsächlich gibt es bisher keine wissenschaftlich belegte Krebsdiät (Löser 2013, S. 91). Dies vertritt auch die

DKG: „Nach allem, was die Wissenschaft heute weiß, gibt es keine Ernährungsform, mit der sich eine Krebserkrankung gezielt heilen lässt" (Stiftung Deutsche Krebshilfe 2017, Ernährung bei Krebs, S. 31).

Nach den ernährungsberaterischen und psychotherapeutischen Dimensionen der Rolle als PsychoonkologIn im Akutkrankenhaus folgt nun die Rollenbeschreibung für die PsychodramatherapeutIn in der Praxis. (Weitere Rollendimensionen wie die einer Leitungskraft im Krankenhaus mit Fortbildungsaufgaben sind für das Thema nicht relevant).

Psychodrama wie Psychoonkologie ist die „Einladung zu einer Begegnung" (Stadler und Kern 2010, S. 10). Da findet eine Interaktion „zwischen" Menschen statt, im Hier und Jetzt, unplanbar und unabsehbar. Es ist eine Einladung zu einer Beziehungsgestaltung, einer Verbindung miteinander. Heilung im Sinne Morenos geschieht durch gelingende Begegnung, eine „Therapie aus der Begegnung" (Moreno 1973, S. 18). Hier stimmt Moreno mit Yalom (2010, S. 464) überein: „Was heilt, ist die Beziehung". Begegnung beruht bei ihm auf Gegenseitigkeit und der Therapeut ist ein „Ermöglicher" (Yalom 2010, S. 474) durch „Begegnung" oder „existentielle Kommunikation".

Weitere Schlüsselbegriffe in der Anthropologie des Psychodramas sind Kreativität und Spontaneität. Jeder Mensch trägt nach Moreno (Moreno 1924) die schöpferische Kraft in sich und kann sich lebenslang (bis zum Tod) entwickeln, immer in Interaktion mit anderen. Spontaneität meint hier die Bereitschaft, so zu handeln, wie die Situation es erfordert. Beides ist nötig in Krisen- wie Krankheitszeiten, um in Aktion zu treten und das Leben von innen heraus nach eigenen Vorstellungen zu gestalten (Frede 1992, S. 18–23). Diese Autonomie zu stärken, ist psychoonkologische wie psychodramatherapeutische Aufgabe.

„Last but not least ist die Einbettung in eine Szene von elementarer Bedeutung" sagen Bender und Stadler (2012, S. 6) zu den Konstituenten des Psychodramas wie auch: „Entscheidend bei allem ist die innere Wirklichkeit der Person, die eine Szene darstellt". Auf der Begegnungsbühne mit den PatientInnen und ihren Angehörigen lade ich zu einer echten Begegnung ein, gebe deren Innenwelten Raum und lade zum gemeinsamen Spielen an den erfahrenen Szenen ein. Die Szenen sind „Aktions- bzw. Interaktionsräume im Hier und Jetzt", aber auch über die Alltagsrealität hinaus finden sich nach Hutter und Schwehm (2009, S. 24) in den Szenen die Biografie der ProtagonistIn, Wünsche, Gefühle, Träume und Werte. Wenn ich gemeinsam mit den AkteurInnen auf diese Szenen schaue, geht es darum, die Realität zu verbessern. Hutter (2010, S. 212) nennt es das zentrale Anliegen Morenos, „Szenen mit den Betroffenen so zu verändern, dass sie heiler werden". Heiler wird die innere Wahrheit, wenn sich die inneren Bilder, die innere Bühne der Minidramen des Alltags, der Blick auf eine Beziehungserfahrung zum Positiven hin ändert. Die psychodramatischen Techniken leisten an jeder Szene nach Krüger (2015, S. 20) die Mentalisierung dieser Beziehungserfahrungen.

2 Die Erwärmung in Szenen

Szene 1 Ich komme in meiner Funktion als Psychoonkologin in ein Zweibettzimmer. Ich möchte eine mir bekannte Patientin besuchen, die seit 3 Wochen stationär im Krankenhaus ist. Ich kenne die Patientin seit der Erstdiagnose einer palliativen, d. h. nicht mehr heilbaren Krebserkrankung. Im ambulanten Setting, in der Zeit der Chemotherapie, habe ich auf ihren Wunsch hin ein Paargespräch mit ihr und ihrem Ehemann geführt.

Aktuell ist sie wegen starker Schmerzen und der Unfähigkeit, sich selbständig und ohne Hilfe zu bewegen, aufgenommen worden. Die Untersuchungen haben das Fortschreiten der Krebserkrankung festgestellt, mit der Diagnose von neu aufgetretenen Knochenmetastasen in der Halswirbelsäule und im Becken. Aufgrund der Frakturgefährdung im Halswirbelbereich und allgemeiner Schwäche ist sie bettlägerig. Und sie trägt ein Halsstützkorsett zur Stabilisierung der Halswirbelsäule. Die Schmerztherapie hilft, die täglichen Bestrahlungen und die Physiotherapie auszuhalten. Sie ist oft müde.

Seit die Patientin stationär ist, besuche ich sie drei Mal pro Woche. Wiederholt hatte ich dabei mit ihr, aber auch ihrem Ehemann oder ihren Kindern Kontakt.

Beim Eintreten ins Krankenzimmer sehe ich ihren Ehemann am Kopfende ihres Bettes sitzen, ein Gebäck essend. Auf dem Nachtischchen der Patientin stehen ausgepackt zwei große Stücke Apfel-Streuselkuchen. Nach der Begrüßung und der Nachfrage, ob ein Gespräch jetzt passend sei, setze ich mich ans Fußende des Bettes auf einen Stuhl und beginne ein Gespräch mit der Patientin, während der Ehemann weiter isst. Sie erzählt mir die neuesten Entwicklungen. Der Ehemann unterbricht mit der Frage, ob sie jetzt etwas von dem Kuchen essen wolle. Sie fragt, was er denn mitgebracht habe, da sie es wegen der Kopffixierung und ihrer eher liegenden Lage nicht gut sehen kann. Er hebt es in ihre Augenhöhe. Sie ist ärgerlich und äußert vehement: „Ich hatte Dir doch gesagt, ich wollte einen Obstkuchen. Immer bringst Du das Falsche mit. Nie machst Du das, was ich sage. Das esse ich nicht!" Der Ehemann versucht zunächst, den Apfel-Streuselkuchen anzupreisen, „mehr Obstkuchen" hätte die Bäckerei nicht gehabt. Sie wiederholt, dass sie diesen Kuchen auf gar keinen Fall essen würde. Das würde er auch wissen. Er bietet sich an, noch einmal im Krankenhauskaffee nach Obstkuchen zu schauen und wenn ja, einzukaufen. Er geht schnell aus dem Zimmer. Kaum ist er weg, bietet die Patientin den Kuchen ihrer kachektischen Mitpatientin an, die ihn dankbar annimmt und zu essen beginnt. Der Patientin tut der „Ausbruch" inzwischen leid, wie sie mir als Zeugin mitteilt. Sie würde sich später bei ihrem Ehemann entschuldigen. Aber ich wüsste ja von ihrem „Problem" mit dem Ehemann. Immer tue er das, was er für richtig halte, auch gegen ihre expliziten Wünsche. Als der Ehemann wieder kommt mit einem Stück Biskuitkuchen mit Früchten in Tortenguss, ist sie sehr erfreut, und fährt das Bett in Sitzstellung. Sie nimmt den Kuchen von ihrem Mann entgegen und isst mit offensichtlichem Genuss, während ich für eine Weile mit dem Mann spreche.

Szene 2 Kurz nach einer palliativen Diagnose kommt eine Patientin zu mir, mit der Frage, was sie jetzt tun solle und wie wichtig das Essen für sie als Krebspatientin wirklich sei. Sie berichtet, dass sie mit dem Essen „alles-richtig-machen" wolle, eben weil sie auch so lange wie möglich leben wolle. Und ihre Tochter habe ihr empfohlen, sie solle ihre Ernährung komplett umstellen. Sie esse jetzt kein Fleisch mehr, verzichte auf Milchprodukte und Kohlenhydrate. Einmal am Tag würden ihr Mann und sie warm kochen, Gemüse mal mit oder ohne Fisch. Sie trinke viele Obst und Gemüsesäfte. Aber gestern sei sie kollabiert. Das könne doch auch nicht gesund sein. Eigentlich könne sie nicht auf Joghurt oder Quark verzichten, so wie die Tochter es wünscht.

Szene 3 Auf der Palliativstation liegt ein Mann mit durch die Nase eingeführter Magensonde, weil er krebsbedingt einen Verschluss des Magen-Darmkanales hat und parenteral, das heißt, per Infusion ernährt wird. Er isst voller Lust Schokoladenpudding. Er sagt mir, wie froh er ist, dass er jetzt wieder einen Geschmack im Mund hat, selbst wenn alles sofort wieder über die Magensonde herausläuft.

Szene 4 Eine Angehörige kommt zu mir, verzweifelt, weil ihr Mann sich weigere, etwas zu essen. Sie drängele ihn immer. Er hat eine Inappetenz und schon Gewicht verloren. Sie hat Angst, dass er so nicht zu Kräften kommt. Der Ehemann hat mir in einem Gespräch am Vortag erzählt, dass seine Frau ihn nicht in Ruhe lasse, ständig hinter ihm her sei mit Essensanfragen. Er könne für sich sorgen und in der Küche Essen holen, wenn er wolle. Er sei doch erwachsen und könne für sich Entscheidungen treffen. So behandelt fühle er sich wie ein Kind und nicht mehr als gleichwertiger Partner. Diese Art von Fürsorge wolle er nicht. Sie könne das Bemuttern einfach nicht lassen. Er reagiere mit Rückzug und sich abwenden, manchmal auch aufbrausend ärgerlich.

Szene 5 Eine Patientin in kurativer Chemotherapie berichtet mir, dass ihr vieles nicht mehr schmecke. Sie habe so gern gekocht und gegessen, und jetzt wäre alles ein Einerlei. Sie müsse mehr und anders würzen, allerdings dürfe es nicht scharf werden, sonst würden die Schleimhäute im Mund- und Afterbereich leiden. Sie fühlt sich sehr eingeschränkt und um den Lebensgenuss gebracht. Auch im Miteinander des Essens sei es schwierig geworden. Manchmal müsse sie den Esstisch verlassen und ihren Partner sitzen lassen, weil ihr vom Geruch übel werde. Sie überlege sich auch, ob sie Essenseinladungen bei FreundInnen annehme. Es mache ja auch den anderen wenig Spaß, wenn sie in ihrem Essen herumstochere.

Szene 6 Ein Krebskranker, der am Wochenende beurlaubt war, erzählt sehr traurig, dass das gemeinsame Kochen nicht stattgefunden hat. Gemeinsam mit der Ehefrau wäre eingekauft und geplant worden. Aber dann hätte seine Ehefrau putzen müssen und nicht mehr toleriert, dass Fleischgeruch in der Wohnung ist. Sie hätten zuhause eine offene Küche. Die Ehefrau sei Vegetarierin. Das Fleisch sei wohl in der Mülltonne gelandet. Aber um des Friedens willen habe er dann Brot gegessen.

3 Die Drama-Bühne des Essens in der Psychoonkologie

Ernährung und Essen ist in der Psychoonkologie häufig Thema und Ausgangspunkt im Gespräch. Essen kann aus verschiedenen Gründen bei Krebskranken schwerfallen: Entzündungen der Magen-Darmschleimhaut unter Chemotherapie, zu trockene und schmerzhafte Schleimhäute nach Strahlentherapie im Hals-Rachen-Speiseröhrenbereich und nichts rutscht mehr, Probleme mit dem Geschmack oder Geruch des Essens vor allem unter Chemotherapie, Schluckstörungen durch tumorbedingte Lähmungen, Schmerzen im Bauchraum, Völlegefühle, Übelkeit, Durchfälle, Atemnot, Müdigkeit und Schwäche, aber auch Trauer, Angst oder Depression.

Inappetenz und Kachexie ist deshalb ganz unterschiedlich anzugehen, und zwar multiprofessionell: mal onkologisch-ärztlich durch verbessertes Nebenwirkungsmanagement, mal durch Tipps zur Ernährung, mal palliativmedizinisch durch Symptomtherapie der Schmerzen und Atemnot, mal psychotherapeutisch-psychoonkologisch, mal seelsorgerisch.

Nach Susan Sontag (1980, S. 6) werden alle Menschen mit einer doppelten Staatsbürgerschaft geboren, eine im Land der Gesundheit, die andere im Land der Krankheit. Obwohl alle lieber den Pass für das gesunde Land nehmen würden, sind sie früher oder später gezwungen auf die „Nachtseite des Lebens" zu wechseln, um sich wenigstens für eine Weile dort aufzuhalten. Gegessen wird in beiden Ländern. Ernährung ist Thema für Gesunde wie Kranke. Essen ist ein mitmenschlicher Aktions- und Handlungsraum. Hier können wir aktiv handeln, uns selbstwirksam erleben und uns wohlfühlen. Hier kann Fürsorge gelebt werden: ich tue etwas für Dich. Und ich tue Dir etwas Gutes, etwas Gesundes. Hier ist Aktivität und Kreativität möglich durch Planen, Einkaufen, Zubereiten, den Teller mit Essen gestalten, eine Menüfolge entwerfen. Essen ist ein Ort der Begegnung mit sich und anderen, beim Essen verbringen wir Zeit miteinander, es ist ein Ort der Teilhabe am Leben. Es kann ein Ort des Genusses sein, wenn es uns schmeckt. Essen mit Genuss setzt damit ein Gegengewicht zum „Reich der Krankheit", zur „Behandlung", die an einem ausgeführt wird, der man sich ausgeliefert fühlen kann, wo Angehörige neben den Betroffenen sich ohnmächtig erleben könnten. Essen kann Kranke und Angehörige zeitweise zurück ins Reich der Gesundheit führen, wenn sie sich dort als wirkmächtig erleben können. Essensprobleme können Menschen aber auch zwingen, ungewollt wieder ins „Reich der Krankheit" eintreten zu müssen.

Wenn die Kräfte schwinden, und sich körperliche Schwäche mit Einschränkungen von Beweglichkeit und sozialer Teilhabe einstellt, rückt das Thema Essen in den Gesprächen mit den Professionellen und mit den Angehörigen in den Mittelpunkt: denn Essen ist Leben, Nicht-Essen verknüpft sich mit dem gefürchteten Tod durch die lebensbedrohliche Krankheit, den antizipierten Verlust des krebskranken Angehörigen. Wer nicht isst (und trinkt), wird das Sterben einleiten; ohne Energiezufuhr ist das Leben gefährdet. Angehörige wollen deshalb die Betroffenen oft zu mehr Essen verleiten. Sie bemühen sich sehr, für die Lieblingsspeisen zu sorgen. Das Nicht-Essen der Krebskranken und deren Schwäche wahrzunehmen und auszuhalten verlangt viel ab von den an der Seite stehenden Beobachtern. So kann es sich manchmal für die Kranken wie ein Zwang anfühlen, essen zu müssen. Für die Angehörigen kann es zwanghaft werden, für das Essen der Kranken zu sorgen und

die Essmengen zu kontrollieren. Wenn das eingenommene Essen zum Maßstab für das Wohlergehen genommen wird, können sich Angehörige schlecht fühlen, denn sie erleben die Situation als ungenügend und sind am Thema Essen konfrontiert mit dem Thema Tod und Endlichkeit der gelebten Beziehung. Inhaltlich geht es hintergründig um Angst und Hoffnung, um Überlebenskampf und Aufgeben, um Lust am Leben und Unlust mit Lebensmüdigkeit, um Autonomie gegen Kontrolle und Abhängigkeit, um Grenzverletzungen der Selbstbestimmung am Lebensende, um Erwartungen von Verlust und gefühlte Trauer.

Sehr oft zeigen sich Aggressionen beim Thema „Essen" und stören die Kommunikation zwischen Betroffenen und Angehörigen. Unselbständigkeit und Krankheit erhöhen die Empfindsamkeit und eine leichte Reizbarkeit wird normal. Die Wut auf das Kranksein mit allen Einschränkungen kann sich am Thema Essen leicht abreagieren, weil hier Unzufriedenheit und Wünsche direkt geäußert werden dürfen. Angehörige und Freunde möchten gern etwas Gutes tun angesichts der hilflosen und ohnmächtig ausgelieferten Lage der Kranken. Essen und Trinken mitzubringen ist ein mögliches und übliches Geschenk. Es ist gut gemeint, aber häufig sind die Bedürfnisse der Kranken andere und so öffnet sich hier eine Konfliktbühne. Kranke fühlen sich missverstanden, nicht wirklich gesehen, nicht persönlich gemeint. Zur Krankheit kommt die Kränkung. Folgen können Schweigen und Rückzug, Kontaktabbrüche, Vorwürfe oder offener Streit sein. Lösungen aus diesen Verstrickungen können durch psychoonkologische Interventionen erzielt werden.

Psychodramatisch gedacht, geht es bei diesen Lösungsversuchen auch um die Wahrnehmung des eigenen gelernten Rollenrepertoires: da sind Veränderungen und Anpassungen nötig, um angemessener mit der Notsituation der Krankheit umzugehen.

Rollen sind neu zu lernen oder auch der Verlust einer Rollendomäne zu betrauern. Wenn eine „Hausfrau" nicht mehr den Haushalt führen und für das Essen sorgen kann und sich jetzt auf andere verlassen soll, verliert sie ihre sorgende Familienrolle. Für den „Außenminister" kann die Versorgung des Haushaltes und die Fürsorge der Ehefrau ein neues Rollenrepertoire einfordern. Wer genügt dann wem und wer wird wann satt? Im „Reich der Krankheit" müssen beide neue Rollenidentitäten aushandeln.

Psychoonkologisch geht es beim Thema Ernährung einerseits offen um die Möglichkeiten des Essens, andererseits um das „Dahinterliegende". So ist es wichtig, herauszufinden, um was es eigentlich geht und was hier und heute ansprechbar ist. Geht es um die Auseinandersetzung mit Tod und Trennung? Welche Gefühle sind zu verbalisieren? Was ist in dieser Notsituation rund um die Essenseinnahme von wem verstehbar? Was ist veränderbar im äußeren Verhalten? Welche Ziele haben wir in dieser Situation?

4 Psychodramatische Interventionen in der Psychoonkologie: das Thema Essen öffnet neue Handlungsräume

Wenn ich als PsychoonkologIn psychodramatisch denke und arbeite, dann begegne ich allen anderen mit einer psychodramatischen Haltung in Sinne von Morenos oben geschildertem Menschenbild. Im Hier und Jetzt fokussiere ich auf die geschilderten Szenen ihres Lebens. Implizites Ziel ist zu unterstützen, dass die PatientInnen bei sich bietenden Konflikten mit wichtigen anderen ihre Kreativität und Spontaneität zur Konfliktlösung nutzen können, um auf die neuen Anforderungen im „Reich der Krankheit" angemessen reagieren zu können. Aber auch die Teile ihres Lebens, wo sie noch im „Reich der Gesundheit" leben, sind wahrzunehmen und wertzuschätzen in der therapeutischen Beziehung, psychodramatisch gesprochen der Begegnungsbühne von PatientIn und TherapeutIn.

Das Doppeln dient mir dazu, den Szenenaufbau einer geschilderten oder beobachteten Szene für PatientInnen wie Angehörige anders einsehbar und verstehbar zu machen, gerade mit den dazugehörenden Gedanken, Gefühlen und Verhalten der einzelnen Beteiligten, die mit im Spiel sind, ob sie real anwesend sind oder nicht. Ich biete meine Hilfs-Ich-Kompetenz an, d. h. ich verdeutliche die Innenwelt der Beziehungsgestaltung und warte, ob sie angenommen oder verworfen werden. Wenn ich mir die Lage der Kranken genügend gut vorstellen kann, kann ich als Doppelgängerin der PatientInnen diese Lage für die Angehörigen stellvertretend verkörpern. Ich spiele mit, markiert in einer Als-ob-Haltung. „Wenn ich in dieser Lage wäre, dann würde ich dieses oder jenes fühlen, denken und deshalb so handeln." Als Hilfs-Ich an der Seite der ProtagonistIn schauen wir auf das Dritte: das Symptom oder Problem wie z. B. das emotionale Ungleichgewicht, und wir regulieren die Gefühle miteinander. Im Paarsetting wechsele ich oft „die Seiten", versuche Krebsbetroffene und Angehörige getrennt und hinter einander zur Seite zu stehen und zu Wort kommen zu lassen.

Wenn alle gut mitgehen können, lade ich häufig zu einem gedanklichen Rollentausch ein. Ich bitte die PatientInnen, sich in die Rolle der Angehörigen zu begeben, und mit deren Augen auf sich zu schauen. Ich bitte aber auch die Angehörigen, sich in die Rolle der Krebskranken zu begeben und von dort auf die Szene der Begegnung zu schauen. Dieser Rollentausch führt zu mehr Beziehungsfähigkeit.

In die klassische Gesundheits- und Krankheitslehre des Psychodramas gehört die Rollentheorie. Psychische Störungen können nach Leutz (1986, S. 158 ff.) aufgrund von Rollenatrophien, Rollenentwicklungsstörungen oder Rollenkonflikten entstehen. Die Rollenexploration ermöglicht PatientInnen einzusehen, was sich durch die Krankheit an den Rollen verändert hat und welche Wünsche und Bedürfnisse die Einzelnen an ihre Rollen in der Zukunft haben. Es geht darum, gemeinsam in Erfahrung zu bringen, welche Rollengestaltungen sich als Belastung oder Stress darstellen, d. h. wo es nötig ist, Rollenerwartungen neu auszuhandeln, um raus „aus der Konserve" der alten festgefahrenen Verhaltensmuster zu kommen, so dass die ProtagonistInnen sich als Akteure ihres Lebens fühlen können und durch spontanes und kreatives Handeln neue adäquate Wege gehen. Manchmal scheitert dieser Versuch, dann kann ich als PsychoonkologIn Leid nur mit aushalten, als begegnender Mitmensch.

Die Szenen „auf der inneren Bühne" der ProtagonistInnen und der Begegnungsbühne weiterspielen:

Zu Szene 1 In das Gespräch mit dem Ehemann steige ich mit einem Lob ein. „Ich habe gesehen, wie sehr Sie sich bemühen, die Wünsche Ihrer Frau zu erfüllen. Sie sind sofort in die Krankenhauscafeteria gegangen. Hut ab für so viel Einsatz, und Sie hatten Erfolg: Ihre Frau isst mit Genuss, schauen Sie mal auf Ihre Frau. Ich hoffe, das freut Sie." Die Patientin kann sich nun bei ihrem Mann bedanken und entschuldigt sich für ihren Ausbruch. Sie habe das nicht so böse gemeint. Er kenne sie doch, sie müsse ihre Gefühle rauslassen. Stellvertretend für die Patientin versuche ich, ihre Reaktion verstehbar zu machen, und lade den Ehemann zum Rollenwechsel ein: „Stellen Sie sich vor, Sie liegen den ganzen Tag im Bett, mit einer Halskrause, und Sie freuen sich auf ein spezielles Stück Obstkuchen, und dann wird Ihr Wunsch nicht genau genug erfüllt. Da könnten wahrscheinlich auch Sie enttäuscht und gereizt reagieren". Daran schließt sich ein gemeinsames Gespräch über Empfindlichkeiten und Gereiztheiten bei totaler Abhängigkeit der Patientin von anderen Personen an. Bei diesem Paar habe ich sehr an der Verbalisierung der Gefühle gearbeitet, denn auf Seiten der Patientin gab es viele Gefühle angesichts ihrer sterbenskranken Lage, die der Ehemann wenig hören wollte und wertgeschätzt hat (aus Angst und Verleugnung). Sie wollte über sich und ihren baldigen Abschied reden, er wich aus und wollte nicht über den drohenden Tod reden. Gerade deshalb gab es eine Fülle von unausgesprochenen Gefühlen zwischen dem Ehepaar. Wichtig war mir hier, die Wut und Aggressivität in der Anspannung durch die Krankheit und den Krankenhausaufenthalt zu normalisieren, so dass der Ehemann es nicht als Angriff auf sich als Person werten musste. Und ich betonte positive Gefühle im Hier und Jetzt, damit diese überhaupt wahrgenommen werden, neben dem vielen Negativen am Lebensende.

Meine impliziten Ziele sind: mehr Frieden zu schaffen bei Spannungen zwischen Partnern in dieser Notlage. Frieden geht meiner Meinung nach über Verständnis füreinander und Integration von – auch unzufriedenen und enttäuschten – Gefühlen, die im Miteinander entstehen. Das Thema Essen wurde hier zur Bühne der Begegnung einer 40-jährigen Ehe: der Ehemann wollte für das Essen Sorge tragen, er wurde konfrontiert mit den anderen Bedürfnissen und der Enttäuschungswut seiner Ehefrau. Er sorgte, weil er alles für sie tun wollte, für eine von ihr akzeptierte Lösung.

Zu Szene 2 Hier traf ich die Patientin im Einzelsetting in meinem Therapiezimmer. Sie kam allein, aber die Tochter als Antagonistin war gedanklich anwesend. Für die Tochter habe ich einen Stuhl aufgestellt. Ich habe mir erzählen lassen, wie das Mutter-Tochter-Verhältnis aussieht, wie alt die Tochter ist, was die Tochter bewegen könnte, der Mutter solche strengen Vorgaben hinsichtlich des Essens zu machen. „Stellen Sie sich vor, Sie sind Ihre Tochter. (Wenn Sie wollen, können Sie auf den Stuhl Ihrer Tochter wechseln). Und jetzt wissen Sie als Tochter, Ihre Mutter handelt Ihnen zuwider, indem sie doch Quark isst. Wie reagiert Ihre Tochter? Zeigen Sie es mir hier. (Und dann wechseln Sie wieder auf Ihren Stuhl.) Wie wollen Sie auf Ihre Tochter reagieren?" So konnten Worte und Handlungsoptionen durch das

Probehandeln in der Spielszene gefunden werden, wie die Patientin in ihrer Rolle als Mutter und Betroffene auf die Hilfsangebote der Tochter reagieren könnte.

Zu Szene 3   Da kann ich mich als Psychoonkologin mitfreuen.

Zu Szene 4   Hier habe ich ein Paargespräch vorgeschlagen, das dann in meinem Therapiezimmer geführt wurde. Beide waren in den vorherigen Einzelgesprächen motiviert worden, ihre Bedürfnisse und Wünsche hinsichtlich des Essens (und den Gefühlen dahinter) offen zu äußern. Der Patient äußerte seine genervten Gefühle und seine Wünsche nach Selbstbestimmung über das wann und was des Essens. Das Thema Autonomie auch bei Kachexie wurde gemeinsames Thema. Die Ehefrau versprach weniger Kontrolle und konnte auch ihre Angst verbalisieren, wenn sie das Drängeln aufgeben würde. So stand das Thema Tod und Abschied im Raum, bisher ein von beiden vermiedenes Thema. Gemeinsam konnte über die befürchtete und ungewollte Zukunft, eine Patientenverfügung und die Vorsorgevollmacht gesprochen werden. Eine palliativmedizinische Beratung erfolgte. Thema blieb die Autonomie in der letzten Lebensphase, welche Schritte getan werden müssen, wenn das Befürchtete (Siechtum, Pflegebedürftigkeit) eintritt, was hinsichtlich des Ernährungszustandes möglich ist, auch im ambulanten Setting. Und wie Hilfe und Fürsorge in Absprache aussehen kann, unter Wahrung der Selbstbestimmung des Patienten.

Zu Szene 5   In der psychoonkologischen Begleitung ist die Klage über die Schwierigkeiten rund ums Essen eine häufige Klage unter Chemotherapie, die ich validieren muss. „Ja, so ist Ihre schwere Lage. Das ist sicher nicht einfach. Da verzichten Sie auf viel Lebenslust." Im nächsten Schritt komme ich meist zu der Frage: „Können Sie die Chemotherapie noch aushalten? Oder denken Sie daran, abzubrechen?". Dieser Möglichkeitsraum ist meist nicht offen, ich höre oft: „Ich muss doch da durch trotz all der Nebenwirkungen". Erst wenn die Wahlmöglichkeit noch einmal vorhanden ist, können die PatientInnen Nutzen der Chemotherapie und Kosten der Nebenwirkungen erneut abwägen und sich wieder dafür oder dagegen entscheiden, trotz aller Schwierigkeiten mit dem Essen. Es ist ein körperliches und psychisches Leiden an der Situation, wenn man sich als Zumutung oder Belastung der anderen erlebt, hier als Genussbremse für den Partner oder die Freunde. Hier kann ich zum Rollenwechsel einladen, um eine Realitätsprüfung zu ermöglichen. „Wenn Sie an der Stelle Ihres Partners wären, würden Sie das Unberechenbare, das Unplanbare verstehen? Glauben Sie, Ihr Partner ist sauer, weil Sie nicht mitessen können und ihn sitzen lassen? Braucht es mehr Erklärungen Ihrseits?" Oder: „Wenn Sie sich mal in die Rolle Ihrer einladenden Freunde versetzen, meinen Sie, die verstehen, in was für einer schwierigen Lage Sie sind? Würden die auf Sie Rücksicht nehmen?" So kann das Thema Teilhabe am Leben, Rückzug oder offene Mitteilung über den eigenen (kranken) Zustand, in einem psychoonkologischen Gespräch nach Lösungen suchen, die aus einem Klagenden einen Handelnden machen, der eben Entscheidungen und Wahlen zu treffen hat, die Folgen haben werden.

Zu Szene 6   Auch hier bin ich in der Funktion als Psychoonkologin Zeugin und Container für die Klage. Ich halte die Enttäuschung mit aus, den Mangel an Zuwendung, die Trauer über den Verlust an Lebensgenuss. Wir können über das nächste Wochenende reden und ob es Handlungsalternativen gibt. Wir können ein Paargespräch planen. In diesem Fall habe ich den Patienten wegen der Entlassung nach Hause vorerst aus den Augen verloren.

5 Abschlussbemerkungen

In der psychodramatischen Literatur hat Pruckner (2001) den Begriff der Begegnungsbühne eingeführt in Gegensatz zur Spielbühne. Die Begegnungsbühne ist der Ort der therapeutischen Beziehung, die Spielbühne der Ort der Arbeit am Thema. Beide Bühnen sind wichtig und vermischen sich oft.

In der Psychoonkologie gilt es, die therapeutische Beziehung zum Wachsen zu bringen, einladend genug zu sein, um einen freiwilligen neuen Raum des Miteinanders zu öffnen. Erst wenn dies auf der Begegnungsbühne gelingt, kann die Arbeit an den Szenen beginnen. Deshalb versuche ich Begegnungen aktiv herzustellen.

Auf der Begegnungsbühne treffen sich nach Schacht und Pruckner (2010, S. 241) zwei Personen mit ihren jeweiligen sozialen und kulturellen Atomen. Begegnungen verstehen Schacht und Pruckner (2010, S. 243) als gegenseitiges Arbeiten an der Identität, eine Ausbalancierung zwischen sozialen Rollenerwartungen und dem sich Erkennen geben als authentische Person mit eigenen Denk- und Wertsystemen. So konstruieren beide in der Begegnung gemeinsam „nicht die Wahrheit, sondern eine Wirklichkeit". Die PatientInnen lernen meine Rolle im Krankenhaus, aber auch mich als Person und meine Lebenseinstellungen kennen, und ich versuche mit den PatientInnen über ihre Rolle als Kranke hinaus sie als Personen mit eigenen Lebenseinstellungen kennenzulernen, so dass wir gemeinsam definieren können, was wir voneinander wollen in dieser therapeutischen Beziehung. Damit ich das kann, muss ich kreativ, spontan und zu meiner Rolle in einer Rollendistanz sein, um mit meiner Rolle spielen können und in den inneren Rollentausch zu gehen, damit die Rollenerwartungen gemeinsam reflektiert werden können. Diese Freiheit zu sich haben PatientInnen beim plötzlichen Übertritt ins Reich der Krankheit oft verloren, aber sie können diese Freiheit in der Begegnung wiedergewinnen, mehr zu sein, als ihre Krankenrolle. Wenn sie sich auf das Begegnungsangebot einlassen, dann können wir Freiheiten auf ihrer inneren mentalen Bühne mit wichtigen anderen erspielen. Und wenn sich das innere Beziehungsbild ändert, kann außen anders gehandelt werden.

Wohl auch deshalb gefällt mir Hutters (Hutter und Schwehm 2009, S. 31) Satz: „Die Bühne ist kein Ort, sondern eine Handlungslogik". Wenn die Begegnung gelingt, dann wissen wir, wie wir miteinander handeln können, es erscheint uns logisch, wir einigen uns auf die gemeinsame Beziehungsgestaltung. Wenn die Begegnung tragend ist, dann kann über die Themen Ernährung und Essen sich das Existentielle öffnen: Gespräche über Tod und Abschied, Autonomie und Abhängigkeit, Zwänge und Freiheit in den zwischenmenschlichen Beziehungen, nur um die wichtigsten zu benennen. Es öffnen sich erst Gedanken- und Gefühlsräume, dann auch Handlungsräume, wie gemeinsam Lebensqualität im Land der Krankheit gestaltet werden könnte und ob das Land der Gesundheit noch ab und zu erreicht werden kann.

Ich hoffe, es ist deutlich geworden, dass das Thema Essen in der Psychoonkologie wichtig ist. Es zeigt sich als Raum der Fürsorge im Miteinander der Beziehungen der PatientInnen. Das gut Gemeinte ist nicht immer gut, wenn es die Bedürfnisse der PatientInnen nicht trifft. Psychoonkologische Gespräche vermitteln in Konfliktlagen, um Lösungen zu finden, die für alle Beteiligten im Prozess befriedigend und heilsam sein können, und wenn es die Anerkennung des anderen in seiner Andersartigkeit ist.

Als PsychoonkologIn wage ich es neben der professionellen Rolle persönlich zu sein, Position zu beziehen, mich authentisch auf der Begegnungsbühne zu zeigen, bin ich wie Schacht und Pruckner (2010, S. 249) es bezeichnen „Mit-Mensch neben" der PatientIn, aber auch „Gegen-Mensch als Andere im Anderssein".

Salat mit paniertem Schafskäse und Ofenkartoffeln

Birgit Zilch-Purucker

Zubereitung:
Zuerst die Kartoffeln (möglichst klein, möglichst frisch, unbehandelt) abbürsten, dann in ca. 0,5 cm dicke Scheiben schneiden, diese Scheiben auf geöltes Backblech auslegen und ca. 45 min im Ofen bei 200 Grad braten bis sie kross sind. Wenn sie fertig sind, herausnehmen und salzen. Zwischenzeitlich einen Salat lesen, möglichst bunt, gern auch mit Fenchel, Radieschen, je nach eigenem Genuss in Olivenöl-Balsamico-Sauce anrichten. Zuletzt den Schafskäse mit Ei und Paniermehl panieren, dann in Olivenöl anbraten wie Schnitzel, und alles gemeinsam servieren.

Guten Appetit.

Literatur

Ackerknecht, E. H. (1992). *Geschichte der Medizin*. Stuttgart: Enke.
Béliveau, R., & Gingras, D. (2017). *Krebszellen mögen keine Himbeeren – Aktualisierte Neuausgabe: Nahrungsmittel gegen Krebs. Das Immunsystem stärken und gezielt vorbeugen*. München: Kösel.
Bender, W., & Stadler, C. (2012). *Psychodrama-Therapie. Grundlagen, Methodik und Anwendungsgebiete*. Stuttgart: Schattauer.
Coy, J. (2016). *Die neue Anti-Krebs-Diät. Wie Sie das Krebsgen stoppen*. München: Gräfe & Unzer.
Frede, U. (1992). *Behandlung unheilbar Kranker: Psychodramatherapie im Theorie und Praxis*. Weinheim: Psychologie Verlags Union.
Hutter, C. (2010). Morenos Begriff der Begegnung. *Zeitschrift für Psychodrama und Soziometrie, 9*, 211–224. https://doi.org/10.1007/s11620-010-0089-y.
Hutter, C., & Schwehm, H. (2009). *J. L. Morenos Werk in Schlüsselbegriffen*. Wiesbaden: VS.
Krüger, R. T. (2015). *Störungsspezifische Psychodramatherapie. Theorie und Praxis*. Göttingen: Vandenhoeck & Ruprecht.
Leitlinienprogramm Onkologie (Deutsche Krebsgesellschaft, Deutsche Krebshilfe, AWMF) (Hrsg.). (2014). S 3 Leitlinie Psychoonkologie. https://www.awmf.org/uploads/tx_szleitlinien/032-051OLk_S3_Psychoonkologische_Beratung_Behandlung_2014-01_verlaengert.pdf. Zugegriffen: 17. Juli 2018.
Leutz, G. (1986). *Das klassische Psychodrama nach J.L.Moreno*. Berlin: Springer.
Löser, C. (2013). *Nutrition in modern oncology*. Bremen: Unimed.
Moreno, J.L. (1924). *Das Stehgreiftheater*. Potsdam: Kiepenheuer.
Moreno, J.L. (1973). *Gruppenpsychotherapie und Psychodrama. Einleitung in die Theorie und Praxis* (2. Aufl.). Stuttgart: Thieme.
Pruckner, H. (2001). *Das Spiel ist der Königsweg der Kinder. Psychodrama, Soziometrie und Rollenspiel mit Kindern*. München: InScenario.

Schacht, M., & Pruckner, H. (2010). Beziehungsgestaltung in der Psychodramatherapie. Arbeit auf der Begegnungsbühne. *Zeitschrift für Psychodrama und Soziometrie, 9*, 239–254. https://doi.org/10.1007/s11620-010-0084-3.
Sontag, S. (1980). *Krankheit als Metapher*. München, Wien: Hanser.
Stadler, C., & Kern, S. (2010). *Psychodrama. Eine Einführung*. Wiesbaden: Springer.
Stiftung deutsche Krebshilfe (Hrsg.). (2017). Die blauen Ratgeber. Ernährung bei Krebs. Antworten. Hilfen. Perspektiven. https://www.krebshilfe.de/fileadmin/Downloads/PDFs/Blaue_Ratgeber/046_0107.pdf. Zugegriffen: 17. Juli 2018.
Tschuschke, V. (2005). *Psychoonkologie*. Stuttgart: Schattauer.
Wöller, W., & Kruse, J. (2010). *Tiefenpsychologisch fundierte Psychotherapie. Basisbuch und Praxisleitfaden*. Stuttgart: Schattauer.
Yalom, I. D. (2010). *Existentielle Psychotherapie* (5. Aufl.). Edition Humanistische Psychologie. Bergisch Gladbach: Andreas Kohlhage.
Zilch-Purucker, B. (2013). Doppelgängerglück und Doppelgängerleid der TherapeutInnen – Die psychodramatische Technik des Doppelns in der Psychoonkologie. *Zeitschrift für Psychodrama und Soziometrie, 12*, 201–215. https://doi.org/10.1007/s11620-013-0195-8.

Dr^{in} med. Birgit Zilch-Purucker 1961, ärztliche Psychotherapeutin tiefenpsychologisch fundiert, Psychoonkologin im EVK Wesel, Psychodramatherapeutin, Lehrbeauftrage des Moreno-Institutes Edenkoben/Überlingen.

HAUPTBEITRÄGE

Wann bin ich richtig? Prävention von Essstörungen

Christine Pichlhöfer

Online publiziert: 25. Oktober 2018
© Springer Fachmedien Wiesbaden GmbH, ein Teil von Springer Nature 2018

Zusammenfassung Dieser Artikel der Zeitschrift für Psychodrama und Soziometrie erläutert zu Beginn die universelle Suchtprävention im System Schule. Es folgen praktische Ausschnitte aus Mädchenworkshops zum Thema Essstörungsprävention. Hier werden Themen, wie Grenzen setzen und gute Nähe suchen, Konflikte oder Sexualität herausgegriffen und anhand von Fallbespielen näher behandelt. Inmitten einer heteronormativen Gesellschaft geht die Körperoptimierungserwartung weit über Essenseinschränkungen hinaus. Über den Verzicht bestimmter Essenskategorien werden neue Klassenzugehörigkeiten verhandelt. Soziokulturelle und medial kreierte Einflussfaktoren werden benannt, um gesellschaftliche Zusammenhänge erkenn- und wandelbar zu machen.

Schlüsselwörter Psychodrama · Prävention · Essstörungen · Gesellschaft · Geschlecht · Normativität · Grenzen

When am I proper? Prevention of eating disorders

Abstract This article of the Zeitschrift für Psychodrama und Soziometrie starts by explaining the universal addiction prevention in the school system. Practical excerpts from girls' workshops on the subject of eating disorder prevention follow. Topics such as setting boundaries and creating closeness, conflicts and sexuality are picked up in this article and illustrated by case examples. In the midst of a hetero-normative society, body-optimization expectations go far beyond eating restrictions. Whereby the renunciation of certain food categories new class affiliations are negotiated. Sociocultural and media-created influencing factors are named in order to make social connections identifiable and changeable.

C. Pichlhöfer, MSc, DSA (✉)
Praxisgemeinschaft, Marokkanergasse 19/3, 1030 Wien, Österreich
E-Mail: psychodrama@pichlhoefer.eu

Keywords Psychodrama · Prevention · Eating disorder · Society · Gender · Normativity · Boundaries

1 Suchtprävention allgemein

Die Förderung von Lebenskompetenz wird international als wirkungsvollste (sucht-)präventive Maßnahme bei Kindern und Jugendlichen eingesetzt. Die Prävention von Essstörungen ist Teil der Suchtprävention und die gesamte Suchtprävention ist Teil der Gesundheitsförderung. Grundsätzlich bezeichnet Prävention alle Maßnahmen, die der Vorbeugung oder Verhinderung der Entwicklung von Krankheiten dienen (vgl. Fachstelle für Suchtvorbeugung, Koordination und Beratung. 2008).

Suchtprävention umfasst Maßnahmen, die auf den ersten Blick nicht unbedingt etwas mit Sucht zu tun haben. Erleben Kinder und Jugendliche Zuwendung und erfahren sie eine sichere Bindung, führt dies zu besserem Selbstvertrauen und gehört somit zu den suchtprotektiven Faktoren. Auch die Begleitung zu einem guten Gesundheitsbewusstsein, die Förderung von Konfliktfähigkeit und die Entwicklung von Widerstandsfähigkeit gegenüber schwierigen sozialen Einflussfaktoren, kann mitentscheidend sein, ob ein Mensch ein abhängiges Verhalten entwickelt oder nicht. Daraus ergibt sich eine Verantwortung, für alle Mitglieder einer Gesellschaft. „Suchtprävention ist keine Angelegenheit, die einfach nur an ExpertInnen übertragen werden kann, sondern eine Gemeinschaftsaufgabe aller" (Fachstelle für Suchtvorbeugung, Koordination und Beratung 2008, S. 18).

2 Prävention von Essstörungen im System Schule

In Österreich gibt es in jedem Bundesland eine zuständige Stelle für Suchtprävention, diese widerrum sind in der Arbeitsgemeinschaft Suchtprävention vernetzt und stehen für qualitative Standards. In der Prävention wird nach Möglichkeit immer mit dem ganzen System gearbeitet. Möchte eine Schule zB Präventionsmaßnahmen setzen, wird nach einem Dialog mit ExpertInnen[1] eine passende Strategie herausgearbeitet. Ich stelle in diesem Artikel den Bereich Essstörungen und ganz speziell meine Arbeit in Workshops mit den Schülerinnen dar. Im System Schule erhalten nicht nur die Schülerinnen, sondern auch interessierte LehrerInnen Schulungen, mit Unterstützung der Direktion und unter Einbindung von SchulärztInnen, SchulpsychologInnen, BeratungslehrerInnen, SchulsozialarbeiterInnen, PsychagogInnen und anderen in der Schule engagierten Menschen. Für Eltern und nahe Bezugspersonen gibt es das Angebot bei Informationsveranstaltungen zu erfahren, wie sie ihre Kinder bei der Entwicklung von Schutzfaktoren unterstützen können. So können Kinder und Jugendliche darin gestärkt werden ein gesundes Verhalten zum eigenen Körper und zum Thema Essen zu entwickeln. Die Präventionsziele reichen jedoch über die

---

[1] Ich benutze in diesem Artikel das bedeutungsoffene Binnen-I um alle Geschlechter zu repräsentieren und um darauf hinzuweisen, dass Geschlechtszugehörigkeit eine soziale Konstruktion ist (vgl. dazu: Susemichel in den an.schlägen 2017, S. 16).

gesunde Entwicklung von einzelnen und Gruppen hinaus. Die „Verhältnisprävention" hat auch krankmachende Strukturen in der Lebenswelt von Jugendlichen im Visier, die erkannt und verbessert werden müssen.

Im ICD10 sind im Kapitel F5 „Verhaltensauffälligkeiten mit körperlichen Störungen und Faktoren" die Essstörungen mit dem Code F50 zu finden (vgl. Dillinger und Freyberger 2016). In diesem Artikel liegt das Augenmerk allerdings nicht auf der ausführlichen Beschreibung der Störungen, sondern er begleitet die Lesenden hin zu Jugendlichen, die in der Mehrzahl keine krankheitswertigen Störungen aufweisen. Dies wird in der Fachsprache universelle Suchtprävention genannt und richtet sich an eine ganze Gemeinde oder an alle Mitglieder einer Gruppe, wie z. B. an alle Mädchen einer Schulklasse im Unterschied zur selektiven Prävention, die sich an besonders gefährdete Gruppen richtet. „Risikogruppen können auf der Grundlage sozialer, demografischer oder umweltbedingter Risikofaktoren identifiziert werden" (vgl. Fachstelle Suchtprävention 2013). Indizierte Prävention wendet sich an Gruppen, die durch problematisches Verhalten bereits stärker gefährdet sind eine Störung oder Abhängigkeit zu entwickeln.

2.1 Setting

Allgemeine Suchtvorbeugung erreicht durch die Schulung von KindergartenpädagogInnen und LehrerInnen und durch die Einbindung der Eltern bereits Kinder im Vorschulalter und in der Volksschule. Durch ein begleitendes, teilweise mehrjähriges Programm für LehrerInnen kann bei den SchülerInnen darauf fokussiert werden, dass sie ihre Potentiale entwickeln können, in der Kooperation miteinander gestärkt oder in der Lösung von Konflikten unterstützt werden. Präventionsworkshops mit dem Ziel der neuerlichen Vertiefung des Themas Essstörungen, welche in diesem Artikel behandelt werden, richten sich an Mädchen zwischen dem 14. und 18. Lebensjahr. Die bis zu diesem Alter erlangten Fähigkeiten und Fertigkeiten können gestärkt und erweitert werden. Die Klasse wird für diese Workshops geschlechterhomogen aufgeteilt. Während eine Fachfrau aus der Suchtprävention mit Schwerpunkt Essstörungen mit den Mädchen arbeitet, arbeitet ein Kollege parallel suchtpräventiv mit den Burschen, zu Themen, die in deren Lebenswelt präsent sind und stärkt sie in ihrer Weiterentwicklung. Dadurch bietet sich die Möglichkeit das Verhältnis zwischen den Geschlechtern zu reflektieren und zu bearbeiten. Ich arbeite in diesem Setting in einer reinen Mädchengruppe, mit bis zu 16 Teilnehmerinnen, idealerweise für die Dauer von sechs Unterrichtseinheiten.

2.2 Inhalte in den Workshops

In den Workshops werden neben Essstörungen verschiedene Bereiche bearbeitet, wie etwa die Auseinandersetzung mit dem eigenen Körper, was in diesem Alter kein einfaches Thema ist. Der Körper wird in Bezug zu Medien, Werbung und gesellschaftlichen Erwartungen gesetzt, die allgegenwärtige Sexualisierung in Zusammenhang oder besser in klarer Abgrenzung zur Sexualität der anwesenden Mädchen gebracht. Rollenbilder, mit denen die Jugendlichen konfrontiert werden und die oft in Konkurrenz zu eigenen Bedürfnissen stehen, werden beleuchtet und neu definiert, die

eigene Identität kann sich stärker zeigen. Das Thema Essen kommt häufig in Form von Diäten zum Vorschein und das lustvolle Genießen wird nicht selten dem Verbotenen zugeordnet, da achtsames Essen dem Leistungsprinzip unserer Gesellschaft entgegenläuft. Wichtige Themen, die immer behandelt werden, sind das Wahrnehmen und Benennen von eigenen Bedürfnissen und Gefühlen. Daraus ergibt sich das Thema der Beziehungsgestaltung: Wo gibt es eine gute Nähe zu anderen Menschen, im Vergleich zur schlechten Nähe, die häufig mit einer Grenzverletzung einhergeht? Wie erkenne ich meine eigenen Grenzen und kann sie dann auch setzen? Mädchen, Burschen und ganz besonders auch Menschen mit nicht-binärer Geschlechtsidentität sind heute schon früh einem großen gesellschaftlichen Druck ausgesetzt, den von den Medien vermittelten Normen und überzogenen Schönheitsidealen entsprechen zu müssen. Da diese kaum den natürlichen, an sich selbst wahrgenommenen Körperformen entsprechen, tragen sie somit meist zu einem verzerrten Körperbild v. a. bei Mädchen und Frauen bei. Die Reflexion dieser Fakten und der Umgang damit wird erlebbar und besprechbar gemacht. Schönheitsideale sollen nicht nur hinterfragt, sondern auch neu definiert werden. Grundlegende Kriterien zu Formen, Ursachen, Vorbeugung und Behandlung von Essstörungen werden mit den Mädchen erarbeitet. In jedem Workshop sind andere Mädchen, daher entwickelt sich jede Gruppe spontan, kreativ unterschiedlich.

2.3 Methoden und Aufbau der Workshops

Die Bearbeitung der oben genannten Themen erfolgt u. a. mit einer großen Variation von psychodramatischen und soziometrischen Übungen. Präventionsaktivitäten, die über didaktisch kognitive Wissensvermittlung hinausgehen, sind sehr geeignet um auch auf emotionaler Ebene zu wirken. Hilfreich ist in Projekten der Suchtvorbeugung auch, dass „durch eindeutig vom pädagogischen Normalbetrieb [...] abweichendes Design und Methodik eine intrinsische Motivation erreicht" werden kann (vgl. Fellöcker 2013, S. 66).

Diese Übungen erweitern die Handlungsmöglichkeiten, aktivieren die Selbstwirksamkeit und regen zu Reflexion und Rollenerweiterung an. Jugendliche nehmen in den Übungen nicht nur ihre eigene Perspektive ein, sondern probieren sich auch durch Perspektivenwechsel aus. Sie stellen sich unter Anleitung neuen Herausforderungen und versuchen diese spielerisch mit ihnen bekannten Strategien zu lösen. Auf der Bühne gibt es die Möglichkeit der szenischen Bearbeitung einer erlebten problematischen (bekannten) Situation. Eine weitere Möglichkeit ist, eine auf der sozialen Bühne erlebte Szene zuerst nachzuspielen und in den darauf folgenden Durchgängen zurückzuspulen und durch neue, den Spielerinnen vorerst unbekannte Handlungsvarianten zu verändern, ganz im Sinne von Michael Schachts Modell der Spontaneität und Kreativität: etwas Neues durch bekannte Strategien oder etwas Bekanntes durch neue Handlungsmuster zu lösen (vgl. Schacht 2009). In diesem geschützten Raum können fallweise Konflikte bearbeitet und Platz für Weiterentwicklung geschaffen werden. „Entwicklung ist aus psychodramatischer Sicht immer auch als Rollenentwicklung zu begreifen" (Pichlhöfer und Sageder 2016, S. 77). Zur besseren Nachvollziehbarkeit folgen Ausschnitte einzelner Übungen, wie etwa zum

Thema Grenzen oder zum Thema Konflikte. Es wird gut sichtbar, wie sich daraus oft sehr unterschiedliche Themenbereiche entwickeln können.

2.4 Übung[2] – Grenzen

Aus meiner mehr als 10-jährigen Erfahrung in der Anleitung dieser Workshops möchte ich eine Übung auswählen, welche dem Erkennen und Setzen eigener Grenzen, sowie auch dem Erfüllen des Wunsches nach guter Nähe und dem Entwickeln von hilfreichen Strategien dienlich ist. Als Beispiel wird in der Missbrauchsprävention Kindern nähergebracht, dass schlechte Geheimnisse nicht gelten, diese sollen sie weitererzählen (Vgl. dazu: www.selbstbewusst.at 2018). Dasselbe gilt für schlechte Nähe, die meist mit Grenzüberschreitungen zu tun hat, sie soll zurückgewiesen und öffentlich gemacht werden. Im Vergleich zur guten Nähe, die hergestellt wird, wenn ein Mensch liebevoll auf eine andere Person eingeht und die Bedürfnisse der anderen erkennt und gleichzeitig ihre Grenzen wahrt. Diese Nähe tut Menschen gut. Deshalb ist die Auseinandersetzung mit guter und schlechter Nähe, und das Erkennen des Unterschieds zwischen den beiden, so wichtig.

In der Aktionsphase stehen sich jeweils zwei Mädchen mit großem Abstand gegenüber. Es gibt eine Reihe 1 und eine Reihe 2. Die Mädchen der Reihe 1 bleiben stehen, während jene der Reihe 2 sich lt. Anweisung auf die jeweilige Partnerin der Reihe 1 zu bewegen. Eine Anweisung für die Mädchen der Reihe 2 lautet: gehe mit festem Schritt auf dein Gegenüber zu. Die Anweisung für die Mädchen der Reihe 1 lautet wie folgt: sage stopp, wenn dir dein Gegenüber nahe genug gekommen ist. Nach jedem Durchgang werden die Rollen gewechselt, die Mädchen der Reihe 2 sagen nun stopp und jene der Reihe 1 gehen auf die Schulkolleginnen der Reihe 2 zu. Nach jedem Durchgang ändern sich auch die Anweisungen und das Gegenüber, so ist es leichter unterschiedliche Nähe/Distanz Wünsche auszuprobieren. Weitere Aufgaben können wie folgt lauten: laufe auf dein Gegenüber zu, gehe auf dein Gegenüber wie ein 50-jähriger Betrunkener zu usw. Die Anweisungen für die stoppsagende Reihe variieren ebenfalls: Sag ohne Worte und nur mit der Hand stopp, sag nur mit den Augen stopp, schließe die Augen[3] und sage rechtzeitig stopp, usw.

Nach dieser oft sehr lustvollen Übung gibt es einen Austausch über Erlebtes, eine Differenzierung, wie die Mädchen sich in verschiedenen Rollen erlebt haben – ein Rollenfeedback. Danach besprechen wir in einem Sharing, ob ihnen Situationen aus ihrem Alltag dazu einfallen. Als Beispiel (I) erzählt ein Mädchen, dass ein Bursche bei Parties, wenn er schon etwas getrunken hat, sich oft zu ihr setzt und sie überall angreifen will, sie will das aber nicht. Sie mag den Burschen und ist mit ihm befreundet, aber das ist ihr zu viel. Beispiel (II): Ein Lehrer, der den Mädchen, wenn sie mit ihm mitkommen und etwas holen sollen, sehr nahekommt, sie aber nicht berührt. Beispiel (III): Im Zug, wenn „alte Männer" um die 30 versuchen sie anzumachen. – Die eingebrachten Beispiele variieren sehr von Gruppe zu Gruppe.

---

[2] Die Beispiele und Namen wurden so verändert, dass die Personen nicht wiedererkannt werden.

[3] Die Augen sollen niemals verbunden werden, auch ein Schummeln beim Augen Schließen muss immer erlaubt sein. Da für einzelne Mädchen beim Verbinden der Augen Ängste oder sogar eine Retraumatisierung entstehen könnten.

Manches Mal bleiben wir auch bei hypothetischen Szenen: Was würdet ihr machen, wenn ein Junge, in den ihr verliebt seid oder ein Mädchen, auf das ihr steht, mehr von euch will, als ihr es im Moment wollt? Was würdet ihr machen, wenn eine Autoritätsperson (das kann vom Lehrer, über den Onkel/die Tante, bis zum besten Freund der Eltern, oder einer Nachbarin reichen) euch unangenehm zu nahekommt?

Auf der Bühne können reale Szenen nachgespielt werden, um dann an verschiedenen Lösungsstrategien zu arbeiten. In anderen Gruppen lassen Mädchen eine Szene im Gespräch entstehen und auch die Lösungsvarianten werden beschreibend erarbeitet. Es bestätigt sich wieder, dass eine Gruppe über ungeahnte Ressourcen verfügt und zu Kreativität anregt. Aus der Gruppe heraus entstehen mehrere Vorschläge, wie eine Situation verändert und die Grenzen gewahrt werden können. Es folgen Beispiele für kreative Lösungen zu den oben beschriebenen Szenen:

Beispiel (I) Die Bearbeitung auf der Bühne ist sehr lustvoll, die Auflösung scheint wenig spektakulär: Einfach weg gehen, obwohl sie den Jungen mag, er wird das akzeptieren und wenn nicht, ist er es nicht wert. Gerne übernehmen Mädchen auch die Rollen von Burschen und erfahren sich hier mit neuen Handlungsmustern. Dieses Thema spricht viele Mädchen an, sich in einer Situation wiederzufinden, in der sie sich von einer geliebten Person nichts sehnlicher als Nähe wünschen, aber fallweise erkennen, dass es auch eine schlechte Nähe gibt. In diesem Spannungsfeld die eigenen Grenzen zu schützen indem sie auf schlechte Nähe verzichten, ist oft ein Kraftakt. Im Sharing erzählen Mädchen von ihren Erlebnissen und bestärken sich gegenseitig.

Beispiel (II) Die Bearbeitung der Szene erfolgt zuerst mündlich. Als auch andere Mädchen das Erleben bestätigen, führt es zur Erleichterung, mit diesem Empfinden nicht alleine zu sein. Ich bin aufmerksam und biete an, es dem Klassenvorstand oder der Direktion zu melden. Ein langes Gespräch folgt und dann ebenso eine szenische Aufarbeitung. Die Schülerinnen haben nicht die Sorge, dass der Lehrer körperlich oder verbal übergriffig wird, sie erleben ihn als zerstreut und können sein Verhalten nicht einordnen. Sie wollen nicht, dass ich es melde. Sie wollen selbstwirksam handeln und fühlen sich im Laufe der szenischen Erarbeitung gestärkt und sicher. Sie finden einen Beschluss für sich: Den Weg zum Konferenzzimmer mit dem Lehrer werden sie nur mehr gemeinsam mit einer/m MitschülerIn zurücklegen. Erfreulicher Weise gibt es an dieser Schule eine Schulsozialarbeiterin, sie wird in Kenntnis gesetzt. Ich ermutige die Mädchen zum Austausch untereinander und unterstütze sie bei der Auswahl, welche drei von ihnen sich mit mir gemeinsam der Sozialarbeiterin anvertrauen werden, damit eine erwachsene Person möglichst nah dran ist und rasch einschreiten kann, falls notwendig. Es ist eine heikle Situation: ab wann den Lehrer melden, um die Mädchen zu schützen – und wann es sein lassen, weil die Mädchen die Situation selbst lösen können? In diesem Fall waren die Mädchen zwischen 16 und 17 Jahre alt, es herrschte ein gutes Klassenklima und die Schulsozialarbeiterin war als Vertrauensperson akzeptiert. Wichtig war hier die Mädchen darin zu bestätigen, dass die Wahrnehmung des sich unwohl Fühlens nie falsch sein kann. Ebenso wichtig war, dass der Austausch zwischen den Jugendlichen gefördert wird und dass sie aufeinander achten. Es ist kein Geheimnis mehr, dass Schülerinnen nicht gerne mit dem Lehrer zum Konferenzzimmer gehen. Durch genaues Nachfragen wurde auch klar, dass Begegnungen mit dem Lehrer bisher nur in der Öffentlichkeit (Klasse, Gang, vor dem Konferenzzimmer) stattfanden. Diese Erkenntnis hat zur Erleichterung beigetragen, so wie die Vereinbarung nur mehr zu zweit im Gang und vor dem Konferenzzimmer mit ihm zu sein. Wären die Mädchen jünger, mir die Sozialarbeiterin nicht bekannt, oder gäbe es unklare, verhaltene Erzählungen, würde ich den Lehrer bei der Direktorin oder dem Direktor melden und auf Aufklärung der Sachlage, sowie sofortigen Schutz der Mädchen bestehen.

Ich habe dieses Beispiel gewählt, um zu zeigen, welche schwierigen Entscheidungen oft zu treffen sind. Hinsehen und öffentlich machen, die Mädchen ermächtigen ihre Grenzen zu wahren – was bei geliebten Menschen oder bei Menschen, zu denen ein Abhängigkeitsverhältnis besteht, am schwierigsten ist. Und wenn notwendig, Schritte über die Direktion einleiten. Sexuelle Übergriffe sind durch Charakteristiken, wie Heimlichkeit, Hilflosigkeit oder auch nicht überzeugende Offenlegung gekennzeichnet (vgl. dazu: Rupp et al. 2002, S. 8 ff.). Um Grenzverletzungen vor zu beugen, wurden die Wahrnehmungen der Schülerinnen ernst genommen, sie wurden öffentlich gemacht. Das Zulassen von unangenehmen Gefühlen hat zu einem Sharing und schließlich zum Erspielen von selbst gestalteten Handlungsmöglichkeiten geführt. Persönlichkeitsfördernde und -stabilisierende Ansätze haben nicht nur positive Auswirkungen im Sinne der Prävention von Essstörungen, sondern wirken sich auch auf unterschiedliche Bereiche, wie der Prophylaxe von Gewalt oder sexuellen Missbrauch förderlich aus (vgl. dazu: May 1999, S. 202 ff.).

Beispiel (III) Hier werden immer wieder sehr lebendig unterschiedlichste Lösungsansätze spielerisch in Vignetten ausprobiert und leidenschaftlich diskutiert: weggehen, streiten, sich das nicht gefallen lassen, so tun, als ob es nicht wäre, sofort hinschlagen, zurück flirten und dann rasch weggehen usw. Hier finden oft Rollenerweiterungen statt, da neue Handlungsweisen von Mitschülerinnen mit einem Aha-Erlebnis als neue Möglichkeit aufgenommen wurden. Natürlich wurden auch Reaktionen auf die Variante „sofort zuschlagen" bearbeitet. Solche Erlebnisse können viele von ihnen teilen und sie tragen auch ein ganzes Bouquet an Handlungsvarianten zusammen, mit denen sie ihre Grenzen gut schützen können.

2.5 Workshopthema: Konflikte, Sexualität

Die Zusammenarbeit mit jeder Gruppe hält neue Begegnungen bereit. Bei diversen Übungen werden die Anliegen der Mädchen sicht- und so auch besprechbar. Arbeite ich zum Thema Konflikte, so werden sehr häufig solche, die in einer Klasse bestehen oder in der Familie stattfinden benannt. Es kommt aber auch vor, dass sich ein Mädchen beim Thema Konflikte nicht vorrangig bei äußeren Konflikten wiederfindet, sondern von inneren Konflikten berichtet.

Ein 15-jähriges Mädchen, M, erzählt, dass sie schon einmal in einen Jungen und dann in ein Mädchen verliebt war. Eine Schulkollegin möchte jetzt gleich wissen, ob sie lesbisch ist. M will sich nicht festlegen lassen. „Ich verliebe mich in eine Person und nicht in ein Geschlecht", meint sie. Manche nicken, sie verstehen, andere lassen nicht locker und wollen eine Zuordnung. Hier ist es wichtig, die Vielfältigkeit

möglich und die nicht eindeutige Zuordnung aushaltbar und besprechbar zu machen. Oder sogar auch diese Nicht-Eindeutigkeit auf das Geschlecht zu erweitern: dass es nicht unweigerlich notwendig ist sich einer Kategorie von Frau oder Mann zuordnen zu müssen. Wir diskutieren auch darüber, ob die Bezeichnung „lesbisch" abwertend ist und nicht homosexuell wertschätzender wäre, und so weiter. Eine sehr reflektierte Gruppe von Mädchen schafft neugierig und erstaunt die Integration neuer Denkweisen.

In einer anderen Mädchengruppe tauchen beim Thema Sexualität unterschiedlichste Erfahrungen und Meinungen auf. Die Mädchen stecken sehr in einer heteronormativen Sichtweise fest und schon die Möglichkeit gleichgeschlechtlicher Beziehungen ruft bei einzelnen Abwehr und im gesamten heftige Diskussionen hervor. „Es gibt heute eine bisher nie dagewesene Flexibilität der Geschlechterrollen, [*wie im obigen Bespiel beschrieben, Anmerkung der Autorin*] aber gleichzeitig bleibt die patriarchale Geschlechterordnung in vielen Bereichen wirksam" (Russo und Zehenter 2017, S. 140). Die tiefe Verankerung einer binären Geschlechterordnung tritt in dieser Gruppe stark hervor. Vorsichtige Gegenstimmen in der Gruppe die einen Diskurs ermöglichen, werden gestärkt, und im besten Falle findet für alle Teilnehmerinnen eine (Rollen-)Erweiterung statt, wenn auch in sehr unterschiedlichem Ausmaß. Wie Bilder von einer Superfrau oder einem Supermann durch kulturelle Praktiken und Symbole konstruiert werden und wir so zu unserer Definition von Geschlecht und Sexualität kommen, kann bewusst gemacht werden. „Mit der Geschlechtsunterscheidung sind vielfältige soziale Ordnungs- und Strukturierungsmechanismen verbunden, bspw. hinsichtlich der Arbeits- und Machtverteilung, ökonomischer und sozialer Strukturen und ebenso bezüglich der privaten und individuellen Gefühls- und Begehrenswelten" (Kenning 2004, S. 52). So geht das Thema weit über unsere Wahl bei Liebesbeziehungen hinaus. Diese Zusammenhänge zwischen dem „Schicksal" einzelner Mädchen und gesellschaftlichen Einflüssen zu erkennen ist hilfreich um die eigene Rolle zu reflektieren und Kategorien von männlich und weiblich neu zu besetzen. Zuschreibungen bleiben nicht mehr in rosa und blau verhaftet, sondern können von jeder für sich in ihrer Gesamtheit in der Farbe ihrer Wahl vereinnahmt werden.

3 Zahlen und Fakten

In der HBSC2[4] Studie, aus dem Jahr 2014, publiziert 2015, welche alle vier Jahre durchgeführt wird und in der Gesundheit, Gesundheitsverhalten und Gesundheitsdeterminanten bei SchülerInnen im Alter zwischen 11 und 17 Jahren

---

[4] Die HBSC-Studie (Health-Behaviour in School-aged Children; www.hbsc.org) ist eine der größten Kinder- und Jugendgesundheitsstudien, in der die selbstberichtete Gesundheit sowie das Gesundheitsverhalten von SchülerInnen im Alter von 11, 13 und 15 Jahren (und seit 2010 in Österreich auch der 17-Jährigen) systematisch erhoben sowie die möglichen Determinanten der Gesundheit in der persönlichen und schulischen sozialen Umwelt der Kinder und Jugendlichen analysiert werden. Mit den KooperationspartnerInnen: Bundesministerium für Gesundheit, Bundesministerium für Bildung und Frauen, Hauptverband der österr. Sozialversicherungsträger, University of St. Andrews (UK). Mehr dazu unter: http://www.lbihpr.lbg.ac.at/de/osterreichische-hbsc-studie-2014.

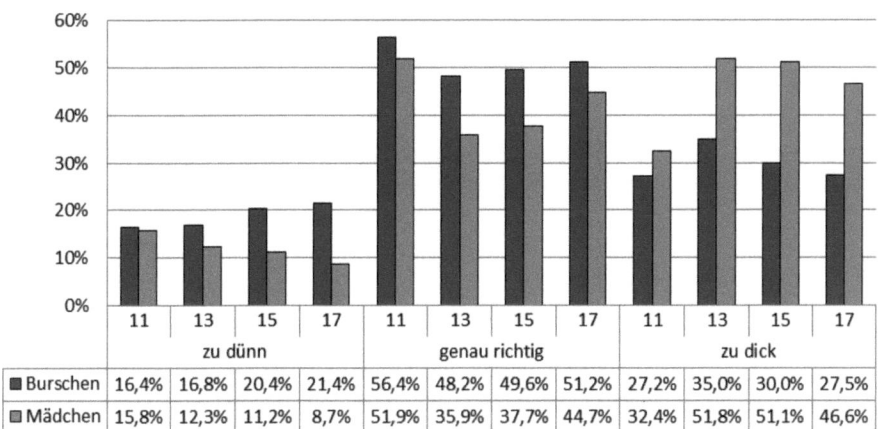

Abb. 1 Körperwahrnehmung der 11-, 13-, 15- und 17-jährigen Schüler/innen, nach Alter und Geschlecht (BMGF, HBSC 2015, S. 27)

untersucht werden, sind folgende Ergebnisse abzulesen: Rund 15 % der Kinder und Jugendlichen fühlen sich zu dünn und 39 % zu dick. Den selbstberichteten Angaben zu Körpergröße und -gewicht zufolge sind jedoch nur rund 15 % als übergewichtig oder adipös einzustufen. Ca. 37 % meinen, abnehmen zu müssen bzw. sind deshalb gerade auf Diät. *Geschlechterunterschiede:* Es ist zu beobachten, dass Burschen (B) häufiger die Kategorie „zu dünn" auswählen (M: 11,9 %, B: 18,6 %), wohingegen Mädchen (M) sich öfters der Kategorie „zu dick" zuordnen (M: 46,0 %, B: 30,0 %). Hier ergibt sich eine starke Diskrepanz zwischen dem Body Mass Index (BMI)[5] aus dem Selbstbericht und der Körperwahrnehmung. Das Gefühl „zu dick" zu sein nimmt mit dem Älterwerden bei Mädchen zu (vgl. dazu: Abb. 1), obwohl der Anteil der Schülerinnen mit einem erhöhten BMI relativ konstant bleibt (vgl. dazu BMFG, WHO-HBSC Survey 2015).

Aus dem Gefühl heraus zu dick oder zu dünn zu sein entsteht der Wunsch, Gewicht zu verlieren oder zuzulegen. Das Erreichen dieses Zieles wird durch entsprechende Maßnahmen, etwa in Form von Diäten oder übertriebener körperlicher Betätigung angepeilt. Je nach Geschlecht streben Mädchen eher nach „schlank sein", während sich Burschen eher zu dünn fühlen (vgl. dazu auch Abb. 1). Entwickelt sich eine Modifizierung des eigenen Körpers über moderate Korrekturen hinaus, kann das zu problematischem Essverhalten oder Essstörungen führen. Fitnesswahn oder Essstörungen im Jugendalter haben auch mit wahrgenommenen Geschlechterrollen zu tun. Mit den Worten von Irene Abderhalden, Direktorin der gendersensiblen Suchtprävention Schweiz: „Teenager sind in einer Phase des Umbruchs. Fakt ist, dass Jugendliche mit einer Vielzahl an Entwicklungsaufgaben konfrontiert sind. Dazu zählen, die eigene Geschlechtsidentität zu finden, sich mit vorherrschenden Rollen-

---

[5] Der BMI ist der Quotient aus Gewicht und Körpergröße zum Quadrat (kg/m^2). Ein Wert ab 25 gilt als erhöht. Allerdings ist der Index umstritten, da zur Berechnung das Gewicht unabhängig vom Fettanteil herangezogen wird.

bildern auseinanderzusetzen, sich in Gruppen zu behaupten, sich abzugrenzen oder mit medial vermittelten Schönheitsidealen zurecht zu kommen" (Abderhalden 2016, S. 4). Die Suche der eigenen geschlechtlichen Identität wird stark von gesellschaftlichen Rollenbildern geprägt. Hier gilt es, diese nicht nur kritisch zu betrachten, sondern auch eigene Vorstellungen zu ergründen und zu erweitern, unter Umständen auch über eine binäre Geschlechtsdefinition hinaus.

4 Ursachen für Essstörungen

Die Entwicklung einer Essstörung ist immer auf verschiedene Ursachen zurückzuführen und nicht durch eindimensionale Erklärungsmodelle zu erfassen. „Das Bild, das eine Person von ihrem Körper hat, entwickelt sich auch immer innerhalb eines bestimmten soziokulturellen Kontextes. Von Kindheit an bewerten Menschen ihr Aussehen danach, inwieweit es mit den Anforderungen und Idealen der Umwelt in der sie leben kompatibel ist" (Haid 2013, S. 85). Ursachen können in soziokulturellen und familiären Faktoren liegen oder aber auch in biologischen oder individuellen Ursachen wurzeln. „Dieser ganzheitliche Blick entspricht dem Menschenbild des Psychodramas, welches besagt, dass ein Individuum nie losgelöst von seinem sozialen Umfeld und gesellschaftlichen Gegebenheiten betrachtet werden darf. Speziell in der Rollentheorie wird dieser Sichtweise Rechnung getragen" (Kern 2013, S. 24 ff.).

Wie ist die Persönlichkeitsstruktur und wie kann ein Mensch seine Rollen gestalten, welche Möglichkeiten besitzt eine Person die vorgestellten und erwünschten Rollen zu leben und wie reagiert die Umwelt darauf? All das kann die Entwicklung einer Essstörung im positiven (Schutz davor) oder negativen (Risiko erhöhend) Sinne beeinflussen.

Einen eindeutigen Risikofaktor, der die Entwicklung einer Essstörung fördern kann, stellt die gesellschaftliche Entwicklung dar, die Mädchen und Frauen schlank, weiblich, freundlich und glücklich sehen will. Denn welcher Mensch ist immer glücklich, und was heißt es, wenn eine Jugendliche auch einmal unglücklich, zornig, traurig oder genervt ist? Sie versteht sich als nicht perfekt in die Gesellschaft passende Person. Und welche Frau erlebt sich als passend-schlank, bzw. was wenn ein Mädchen übergewichtig ist? „Natürlich sind es nicht nur gesellschaftliche Konventionen, die Einfluss auf das Körperbild haben. Große Bedeutung hat die Bewertung des Körperthemas innerhalb des sozialen Atoms: Zu Liebe und Stolz mischen sich angesichts eines übergewichtigen Kindes oftmals Sorge, Missbilligung und Tadel in den mütterlichen Blick. Frühzeitig macht dieses Kind die Erfahrung, ‚nicht ok' zu sein und eingeschränkt zu werden" (Spitzer-Prochazka 2015, S. 271). Es entwickelt sich eine Unzufriedenheit mit dem eigenen Körper, indem dieser mit jenen retuschierten Models verglichen wird und scheinbar immer „verliert". Diäten, oft gekoppelt mit einem sehr hohen Sportpensum können der Einstieg in eine Essstörung sein. „Gerade dieses Experimentieren mit Hungerkuren kann dazu führen, dass ein gesundes Essverhalten verlernt wird. Hunger und Sättigung werden nicht mehr normal empfunden, es wird mehr oder weniger gegessen als der Körper verlangt. Damit beginnt ein Teufelskreis rund um eine eigentlich schöne Sache: Essen" (ARGE Österreichischer Jugendinfos 2002, S. 8).

5 Körperoptimierung

„Mediale Bilder, die extreme Schlankheit propagieren und diese mit Anerkennung, Erfolg, Glück und Selbstwert verknüpfen, können fatale Folgen haben. Sich diesem vorgegebenen Idealbild äußerlich anzunähern, wird schnell zur Lösungsstrategie für innere Konflikte. Die körperliche Erscheinung ‚Je dünner, desto schöner' wird eng damit verbunden, beliebt, begehrenswert und anerkannt zu werden. Diese Gedanken führen oft zu einer Essstörung" (vgl. www.essstoerungshotline.at 2018). Als Beispiel werden in diversen „Frauenzeitschriften", „Mädchenheften" oder auch in Magazinen, die das Wort Gesundheit im Titel tragen, seitenweise Diäten angepriesen und Frau kann sich typgerecht eine davon aussuchen: Reduktion, Paleo, Intervall, Keto, Low-Carb, Saftkur, Rohkost um einige zu nennen. Nur wenige Seiten später erfährt Frau, wie sie ihren Körper mit oder ohne invasive „Treatments" optimieren kann: Botox, Hyaluron-Refresh, PRP (Faltenbehandlung mit Eigenblut), Fettabsaugung, Mommy-Makeover, Intimchirurgie, Body-Contouring (hier wird angegeben, dass der BMI für eine Behandlung zwischen 18 und 29 liegen muss), Cellfina, Thermage, Cool-Sculpting, Needling. Nach Durchsicht solcher Zeitschriften sinkt der Selbstwert von Frauen und Mädchen (vgl. dazu Orbach 2010), was auch nicht verwunderlich ist, da das Gefühl, dass der eigene Körper nicht „optimal", sondern dringend verbesserungswürdig ist, verstärkt wird. Dabei ist es fast egal, welche Körperform eine Frau tatsächlich hat. Ist sie übergewichtig, wird eine Diät nahegelegt. Hat sie Falten, eine Straffung der Haut, bei zu kleinen Brüsten, ein Implantat, bei Orgasmusproblemen eine Intim OP, bei hängenden Oberarmen eine innovative Vaser-Liposuction usw. „Die Kollision des neuen Imperativs, schön zu sein, mit dem engen und einengenden Schönheitsideal, das uns auf Schritt und Tritt eingetrichtert wird, hat zur Folge, dass der Körper heute ständiger Aufmerksamkeit und Kontrolle bedarf. Er ist nicht mehr das, worin und wodurch wir leben sondern vielmehr ein Objekt, das wir selbst gestalten" (Orbach, S. 169 ff.). Hier werden enorme Energien gebunden, die an anderer Stelle wesentlich sinnvoller, gesellschafts-gestaltend und -verändernd eingesetzt werden könnten.

6 Essen – Eingang in unsere Alltagskultur

Beim Thema Essen gab es in den letzten Jahren einen Wandel. In der sogenannten ersten Welt ist der Überfluss an Nahrungsmitteln für viele zum Normalzustand geworden. Dennoch entwickelt sich bei einigen eine Beziehung und ein Verhalten gegenüber dem Thema Essen, welche/s zu einer ernsthaften Essstörung führen kann. „Von Ess-Störungen betroffen sind in erster Linie Mädchen und junge Frauen zwischen 12 und 25 Jahren. Zunehmend erkranken auch Burschen und junge Männer. Jedes zweite Mädchen hat bereits mit Diäten experimentiert" (ARGE Österreichscher Jugendinfos 2002, S. 8).

Eine Definition von Zugehörigkeit findet heute auch darüber statt, was wir genau zu uns nehmen, worauf wir verzichten, mit wem, wann, wie oft oder wo wir essen. Nicht nur Sehnsüchte, sondern auch ein Lebensgefühl findet Ausdruck in unserer Nahrung. Noch vor zwei, drei Generationen war Essen vorwiegend da, um satt zu machen, mittlerweile spiegeln sich im Essverhalten auch kulturelle und gesellschaftliche Veränderungen wieder. Essen wurde in unserer Gesellschaft zu einem Marker für die Zugehörigkeit zu einer Klasse, es bekommt eine enorme Bedeutung und wird sogar zur Sinnfrage (vgl. dazu auch Bourdieu 1987, S. 298 ff.). Es zeigt Klassen- und Gruppenzugehörigkeiten auf: vegetarisch, vegan, glutenfrei, laktosefrei, zuckerfrei, Kohlehydrat reduziert, biologisch, fair trade, regional, saisonal, selbst zubereitet, nach den 5 Elementen, selbst angebaut und geerntet, clean eating (Verzicht auf verarbeitete Lebensmittel) usw. Selbst gewählte Einschränkungen machen es einfacher sich im vorhandenen Überfluss besser zu orientieren, sie führen zu einer selbst entschiedenen Verkleinerung an Wahlmöglichkeiten, und so zu einem besseren Überblick.

Menschen mit einer krankheitsbedingten Einschränkung, wie zB einer Lebensmittelallergie, von der 2–3 % der erwachsenen ÖsterreicherInnen betroffen sind, werden aufgrund ihrer Erkrankung zu Einschränkungen gezwungen. Da ihr Körper mit einer Überreaktion des Immunsystem auf bestimmte Bestandteile in Nahrungsmitteln reagiert, gelten für diese Betroffenen andere Parameter (vgl. Österreichische Gesellschaft für Ernährung 2018). Auch andere Erkrankungen erfordern es, bestimmte Lebensmittel zu vermeiden. In diesem Artikel geht es nicht um Menschen, die ärztlich verordneten Essensverboten folgen müssen, sondern um jene, die sich für eine selbst gewählte Einschränkung entscheiden. Für einen Teil der Menschen ergeben oben genannte Einschränkungen durchaus Sinn und geben Orientierung, auch wenn keine medizinische Indikation vorliegt. Bio, Fair Trade schützen in der Landwirtschaft arbeitende Menschen vor unzumutbaren Arbeitsbedingungen. Regional oder Ab Hof Verkauf setzen kapitalistischen, ausbeuterischen Strukturen etwas entgegen. Bio, Freilandhaltung, vegan bewahren Tiere vor einem Leben in Leiden, wie z.B. unter unzumutbaren Umständen in der Massentierhaltung. Vegetarisch, vegan bewahrt Tiere gänzlich vor dem Tod. Der Verzicht auf schädigende Zusätze oder Verarbeitung schützt nicht nur KonsumentInnen, sondern auch ArbeiterInnen in der Lebensmittelindustrie vor gesundheitsgefährdenden Einflüssen.

Der Empfehlung von Österreichs ehemaliger Gesundheitsministerin Sabine Oberhauser in der Broschüre „Ernährung" des Bundesministeriums für Gesundheit aus dem Jahr 2014 würden wohl einige VertreterInnen bestimmter Ernährungsformen, wie z.B. die Paleo oder LowCarb Diät nicht zustimmen. Neben der Erläuterung, dass richtige Ernährung unser Wohlbefinden und unsere Leistungsfähigkeit nachhaltig beeinflusst, ist die Rede davon, dass es eine Diskrepanz zwischen der wissenschaftlichen Empfehlung und dem, was Menschen tatsächlich essen, gibt. „Laut Österreichischem Ernährungsbericht ist vor allem die Fettzufuhr der erwachsenen Bevölkerung zu hoch und die Kohlenhydratzufuhr zu gering. Vor allem stärkehaltige und ballaststoffreiche Kohlenhydratquellen, die auch essentielle Nährstoffe und sekundäre Pflanzeninhaltsstoffe enthalten, werden in zu geringem Umfang verzehrt" (Oberhauser 2014, S. 3). Welchen Empfehlungen können wir noch vertrauen, an welche uns halten? Wie kommen wir wieder bei uns an, um zu spüren und zu erfahren, was unserem Körper und unserer Psyche guttut? Welche Einschränkungen machen uns gesund und welche krank – woran sollen wir uns orientieren?

7 Resumeé

Frauen und Mädchen investieren einen beträchtlichen Teil ihrer Energie um sich selbst passend zu modifizieren und zu kontrollieren. „Der Schlankheitskult ist ein Angriff auf die psychische und physische Gesundheit von Frauen und Mädchen" (Penny 2017, S. 139). Schon als Kind wird Raum und Zeit für Fantasie und Rollenexperimentieren gegen Scham und Selbstkasteiung eingetauscht. „Die medial vermittelte weibliche Norm der jungen anorektischen und damit infantilisierten Frau kann als modernes Ideal des Subdominanzprinzips verstanden werden. Davon profitieren u. a. die Wirtschaft und die Schönheitsindustrie. Allen anderen weiblichen Rollenvarianten wird ihre Weiblichkeit abgesprochen oder diese wird verunglimpft" (Kastner 2016, S. 51–52).

In den Workshops können Anstöße gegeben und erste Samen für eine gesunde Entwicklung gesät werden. Bei Teilnehmerinnen mit bereits manifesten Essstörungen braucht es weit mehr als einen Workshop. Hier wird in Zusammenarbeit mit der Schule und den Erziehungsberechtigten ein passendes Hilfsangebot erarbeitet. „In der Suchtprävention geht es um Unterstützung und Förderung von Menschen und deren Umfeld, aber es geht auch um gesellschaftliche Veränderung hin zu einem Leben mit wenig(er) Risiko- und dafür vielen Schutzfaktoren. Dies soll für alle entwickelt und lebbar gemacht werden. Die gesellschaftliche Verantwortung muss Thema bleiben" (Pichlhöfer 2016, S. 17 ff.). Deshalb müssen gesellschaftliche Einflussfaktoren, die auf junge Menschen einwirken, bewusst gemacht, entlarvt und die wahren Motivationen dahinter entdeckt werden. Mädchen (und natürlich auch andere Geschlechter) brauchen gesunde Bewältigungsstrategien um sich in dieser Welt voller Ansprüche finden zu können. Geschlechterbinarität und heteronormative Glaubenssätze erfahren Erweiterung und gleichzeitig wird der Ausgrenzung entgegengewirkt. In den Workshops können Anstöße im Umgang mit dem eigenen Körper gegeben, genussvolles Essen mit allen Sinnen erprobt, Grenzen gesetzt, Gefühle erlebbar und benennbar gemacht, Varianten von Konfliktlösungen erspielt und die eigene Selbstwirksamkeit erfahren werden. In der Gruppe kann erlebt werden, dass eine mit ihren Erfahrungen, wie z. B. mit übermäßiger Selbstkritik, nicht alleine ist. „Das Teilen und Mitteilen von ähnlichen, fast ähnlichen oder auch anderen Erfahrungen und Sichtweisen erweitert und bereichert das individuelle Spektrum und macht ähnliche Betroffenheiten sichtbar. Das Spiel, der Rollenwechsel und Rollentausch und das anschließende Feedback und Sharing zeigen, dass individuelles Erleben immer auch gemeinschaftliche Anteile beinhaltet" (Russo und Zehenter 2017, S. 148). Psychodrama fördert die Handlungs- und Erlebnisfähigkeit, Gefühle werden mobilisiert, Bedürfnisse erkannt und Konflikte, möglichen Lösungen zugeführt (vgl. Gänzle und Nöster 2004, S. 411). Dies bestätigt die entwicklunsfördernde Anwendung des Psychodramas nicht nur bei krankheitswertigen Störungen, sondern auch im Rahmen der allgemeinen Gesundheitsförderung und Prävention.

Käferbohnensalat als Hauptspeise

Christine Pichlhöfer

Die Käferbohnen 12 Stunden in kaltem Wasser einweichen und dann in frischem Wasser 2 Stunden mit einer Prise Salz kochen, oder in der Dose fertiggekocht kaufen.

Schalottenzwiebeln fein hacken und kurz mit heißem Wasser und einem Schuss Essig übergießen, das nimmt dem Zwiebel etwas von der Schärfe. Paprika, Paradeiser und grüne Oliven klein schneiden, Karotten raspeln und etwas Kren reiben. Dazu passt ein Vogerlsalat oder, je nach Saison, beliebige andere Blattsalate. Alles in eine Schüssel geben. In einem Häferl Zitronensaft mit Apfelessig, Kräutersalz, Pfeffer, Basilikum und einer Messerspitze geriebenem Kümmel vermischen. Das kommt gemeinsam mit Kernöl als Dressing über den Salat. Jetzt noch der letzte Schritt: Schwarzbrot (das darf auch schon hart sein) würfelig schneiden und in Olivenöl, gemeinsam mit einer Knoblauchzehe, rösten – fertig sind die Croutons. Diese kommen oben drauf und runden gemeinsam mit gerösteten Kürbiskernen den Salat ab.

Wer mag kann das Ganze auch noch mit hart gekochten Eiern (wenn nicht direkt von der Bäuerin, dann sollte der Code immer mit 0 beginnen) ergänzen.

Buon appetito!

Literatur

Abderhalden, I. (2016). *Der kleine Unterschied. Gendersensible Suchtprävention*. Lausanne: Sucht Schweiz.
ARGE Österreichischer Jugendinfos (Hrsg.). (2002). *Talk About! Ess-Störungen*. Linz: ARGE Österreichischer Jugendinfos.
Bourdieu, P. (1987). *Die feinen Unterschiede: Kritik der gesellschaftlichen Urteilskraft*. Frankfurt a.M.: Suhrkamp.
Bundesministerium für Gesundheit (2015). *Gesundheit und Gesundheitsverhalten von österreichischen Schülerinnen und Schülern. Ergebnisse des WHO-HBSC Survey 2014*. https://www.fachstelle.at/wp-content/uploads/woocommerce_uploads/2017/03/gesundheit_und_gesundheitsverhalten_oester_schuelerinnen_who-hbsc-survey_2014.pdf
Dilling, H., & Freyberger, H.J. (Hrsg.). (2016). *Taschenführer zur ICD-10-Klassifikation psychischer Störungen*. Hogrefe: Bern.
Fachstelle für Suchtvorbeugung, Koordination und Beratung (2008). *Basiswissen Sucht und Suchtprävention*. St. Pölten: Fachstelle für Suchtvorbeugung, Koordination und Beratung.

Fachstelle Suchtprävention (2013). *Grundlagen. Basiswissen.* St. Pölten: Fachstelle für Suchtvorbeugung, Koordination und Beratung.

Fellöcker, K. (2013). Suchtprävention und Psychodramatheorie. In S. Kern & S. Spitzer-Prochazka (Hrsg.), *Das Drama der Abhängigkeit.* Zeitschrift für Psychodrama und Soziometrie, (Bd. 11.1, S. 61–72). Wiesbaden: Springer.

Gänzle, R., & Nöster, M. (2004). Anwendung des Psychodramas bei Essstörungen. „Nein, dieses Leben schmeckt mir nicht!". In J. Fürst, K. Ottomeyer & H. Pruckner (Hrsg.), *Psychodrama-Therapie. Ein Handbuch* (S. 401–411). Wien: Facultas.

Haid, B. (2013). No body is perfect. Körperwahrnehmungsstörung bei Menschen mit Bulimia nervosa. *Zeitschrift für Psychodrama und Soziometrie, 12*(1), 81–90

Kastner, G. (2016). FrauenSzenen. In S. Kern & S. Spitzer-Prochazka (Hrsg.), *Doing Gender.* Zeitschrift für Psychodrama und Soziometrie, (Bd. 15.2, S. 47–59). Wiesbaden: Springer.

Kenning, C. (2004). Kontingente Höhepunkte: Geschlechterdisziplinierung und Orgasmus. In: I. Lenz, L. Mense, C. Ullrich (Hrsg.) *Reihe Geschlecht und Gesellschaft Band 33. Reflexive Körper? Zur Modernisierung von Sexualität und Reproduktion.* (S. 51–83) Opladen: Leske + Budrich.

Kern, S. (2013). Zur Ätiologie der Sucht. In S. Kern & S. Spitzer-Prochazka (Hrsg.), *Das Drama der Abhängigkeit.* Zeitschrift für Psychodrama und Soziometrie, (Bd. 11.1, S. 23–45). Wiesbaden: Springer.

May, A. (1999). Sexuellen Mißbrauch verhindern. Vorbeugende Arbeit in der Schule mit Hilfe multidisziplinärer Ansätze. In S. Höfling, D. Drewes & I. Epple-Waigel (Hrsg.), *Auftrag Prävention. Offensive gegen sexuellen Kindesmißbrauch. Sonderausgabe Politische Studien* (S. 197–220). München: Hannes Seidel Stiftung.

Oberhauser, S. (2014). *Ernährung auf einen Blick.* Wien: AGES, Bundesministerium für Gesundheit. Bundesministerium für Gesundheit, Sektion III und Agentur für Gesundheit und Ernährungssicherheit, Kompetenzzentrum für Ernährung und Prävention

Orbach, S. (2010). *Bodies. Schlachtfeld der Schönheit.* Zürich, Hamburg, London: Arche.

Österreichische Gesellschaft für Ernährung. https://www.oege.at/index.php/bildung-information/diaetetik/allergien-unvertraeglichkeiten/55-bildung-information/diaetetik/allergien-unvertraeglichkeiten/1822-nahrungsmittelallergien. Zugegriffen: 30. Apr. 2018.

Penny, L. (2017). *Bitch Doktrin.* London: Nautilus Flugschrift.

Pichlhöfer, C. (2016). Resilienz & Gesellschaft. In Fachstelle NÖ – Suchtprävention – Sexualpädagogik (Hrsg.), *Kompetenzen fördern – Jahresbericht 2016.* St. Pölten: Fachstelle für Suchtprävention.

Pichlhöfer, C., & Sageder, T. (2016). Geschlechtsrollenentwicklung Jugendlicher. In S. Kern & S. Spitzer-Prochazka (Hrsg.), *Doing Gender.* Zeitschrift für Psychodrama und Soziometrie, (Bd. 15.2, S. 75–89). Wiesbaden: Springer.

Rupp, S., Wohlatz, S., Löw, S., Brodil, L., & Reiter, A. (2002). *Prozessbegleitung von Kindern und Jugendlichen als Opfer von sexueller/körperlicher Gewalt. Kooperation als Herausforderung.* Wien: Bundesministerium für soziale Sicherheit und Generationen, Bundesministerium für Inneres.

Russo, K., & Zehetner, B. (2017). Psychotherapie und gesellschaftlicher Wandel: Fit fürs Hamsterrad? *Zeitschrift für Psychodrama und Soziometrie, 16*(1), 139–153. https://doi.org/10.1007/s11620-017-0420-y.

Schacht, M. (2009). *Das Ziel ist im Weg. Störungsverständis und Therapieprozess im Psychodrama.* Wiesbaden: VS.

Spitzer-Prochazka, S. (2015). Der Körper im Spiegel – Mit Psychodrama gegen Übergewicht. In *Spiegeln.* Zeitschrift für Psychodrama und Soziometrie, (Bd. 14.2, S. 267–279). Wiesbaden: Springer.

Susemichel, L. (2017). Wortwechsel & Wortzauber. Feministische Sprachkritik will nicht nur eine andere Sprache, sie will eine andere Welt. *an.schläge. Das feministische Magazin, VIII,* 15–16.

www.essstoerungshotline.at. Zugegriffen: 12. Mai 2018.

www.selbstbewusst.at. Zugegriffen: 9. Juni 2018.

Christine Pichlhöfer MSc, DSA, Psychodrama-Psychotherapeutin, Trainerin in Motivational Interviewing, freie Projektleiterin in der Suchtprävention in Niederösterreich und Wien, seit 1990 im psychosozialen Bereich tätig, davon sieben Jahre Leitung von Streetwork in der Drogenstraßenszene in Wien, partieller Lehrauftrag für Psychodrama im ÖAGG, Geschlechter- und kultursensible Psychotherapie, Beratung, Supervision und Coaching, auch in Englisch in freier Praxis in Wien.

HAUPTBEITRÄGE

Das Wiederentdecken des gesunden Essverhaltens

Bettina Waldhelm-Auer

Online publiziert: 24. Oktober 2018
© Springer Fachmedien Wiesbaden GmbH, ein Teil von Springer Nature 2018

Zusammenfassung Dieser Beitrag in der Zeitschrift für Psychodrama und Soziometrie zeigt einen Auszug aus dem Therapiegeschehen bei einer Patientin, die unter der Essstörung Bulimia nervosa leidet. Das krankhafte Essverhalten mit dessen symptomatischen, störungsspezifischen Ausprägungen korreliert mit dem individuellen Körpererleben, was in diesem Artikel aufgezeigt wird. Zum Wiedererlernen normalen Essverhaltens gehören die Integration des Körpers, die Wahrnehmung abgespaltener Gefühle und perfekter Ziele, sowie die Förderung entsprechender Rollen der körperlichen Fürsorglichkeit. Letzteres dürfte auch auf Menschen mit anderen Essstörungen zutreffen und könnte sogar der nicht-klinischen, sogenannten gesunden Population als Orientierung im Sinne einer gesundheitsbewussten Esskultur dienen.

Schlüsselwörter Psychodrama · Essstörungen · Bulimia nervosa · Essenverhalten · Esskultur · Ernährung · Körpererleben

The rediscovery of healthy eating behavior

Abstract This vignette is an excerpt of the therapy process with a female outpatient who suffers from bulimia nervosa. The pathological eating behavior with its symptomatical, disorder-specific forms correlates with the individual bodily experience, which is shown in this article. Relearning normal eating behavior includes integration of the body, perception of disassociative feelings and perfectionistic goals as well as fostering appropriate roles to caring for the body. The latter could also apply to people with other eating disorders and could even serve as an orientation for the non-clinical, so-called healthy population in terms of a health-conscious nutrition.

Dr.in B. Waldhelm-Auer (✉)
Kaigasse 36, 5020 Salzburg, Österreich
E-Mail: b.waldhelm-auer@aon.at

Keywords Psychodrama · Eating Disorders · Bulimia Nervosa · Eating Behavior · Culture of Eating · Nutrition · Body Experience

1 Einleitung

Menschen mit Essstörungen haben trotz intensiver Beschäftigung mit Essen die Kontrolle darüber verloren. Sie wissen in der Regel nicht mehr, was gesundes Essverhalten bedeutet, sei es quantitativ oder qualitativ. Dies ist nicht nur eine Frage der Psychoedukation und Ernährungsberatung, sondern deutet auf schwere Selbstwertprobleme auf der inneren Körperbühne hin. Diese werde ich in diesem Artikel psychodramatisch analysieren und den Zusammenhang herstellen zwischen der Beziehung zum Körperselbst und der jeweiligen Körperwahrnehmung. Ausgehend von der Falldarstellung einer an Bulimie erkrankten Patientin lassen sich die entsprechenden Hintergründe des gestörten Essverhaltens identifizieren. Eines der Therapieziele ist die Wiedererlangung der Kompetenz „gesund" zu essen. Damit ist eine auf möglichst drei tägliche Mahlzeiten aufgeteilte, ausgewogene und ausreichende Ernährungsform gemeint, die unserem westlichen Kulturkreis entspricht und keiner neuen, komplizierten Rezeptur bedarf.

Die Fallvignette veranschaulicht einen Therapieprozess mit psychodramatischen Interventionen, die den Weg zu einem gesunden Essverhalten ebnen. Dabei führe ich hier die ebenfalls sehr entscheidenden Maßnahmen der Essensregulierung auf der verhaltenstherapeutischen Ebene nicht aus.

Zum Schluss stellt sich die Frage der Generalisierung auf andere Formen von Essstörungen und auf ungesundes Essverhalten im nicht-klinischen Kontext.

2 Falldarstellung

2.1 Symptomatik

Kerstin, 26 Jahre alt, leidet seit einigen Jahren an Bulimie und begibt sich nun nach langem Zögern, letztlich durch den Druck ihres Partners zu mir in Psychotherapie. Mit ihrer Krankheit hat sie sich längst eingerichtet. Sie arbeitet als qualifizierte Sachbearbeiterin in einem Betrieb, legt großen Wert auf ihr Outfit, kleidet sich sehr modisch, wirkt von ihrer Erscheinung her sehr selbstbewusst. Von ihren Kolleginnen dürfte sie wegen ihres guten Aussehens und ihrer „tollen" Figur beneidet werden. Niemand ahnt nur annähernd, dass sie Probleme mit dem Essen hat.

In der Therapiestunde verrät sie ihr Dilemma. Sie isst nur am Wochenende „normal", wenn ihr Partner bei ihr ist, der wochentags studienbedingt in einer anderen Stadt lebt. Er hat lange Zeit nichts von ihrer Essstörung gewusst, auch zum Zeitpunkt seiner Initiative, sie in Psychotherapie zu vermitteln, ahnt er nur das halbe Leid. Wochentags isst die Patientin so gut wie nichts, mogelt sich um potentielle Esssituationen in ihrer Firma herum. Das wenige, das sie isst, erbricht sie oft. Sie zeigt die für viele an Bulimia nervosa leidenden Menschen typischen Verhaltensweisen: ständige Gewichtskontrolle, Einhaltung von Diäten, Ausübung exzessiven

Sports mit dem Ziel des Kalorienverbrauchs, auch unter Bedingungen körperlicher Schwäche und Erschöpfung. Inzwischen ist Kerstin absolut davon überzeugt, dass ein normales Essverhalten unter der Woche zu einer erheblichen Gewichtszunahme bis hin zum massiven Übergewicht führen würde, ein typisches Zeichen der Körperschemastörung. Sie äußert durchaus eine Sehnsucht nach normalem Essverhalten, so wie bis vor sieben Jahren. Im Alltag verdrängt sie dieses Gefühl.

2.2 Anamnese

Im Rahmen der Anamnese berichtet die Patientin von einem zerrütteten Elternhaus. Ihre Eltern befanden sich stets im Streit miteinander, bis es schließlich zur Trennung kam, als die Tochter zwölf Jahre alt war. Diese lebte dann zusammen mit ihrem jüngeren Bruder bei der Mutter, die jeglichen Kontakt zum Vater verhinderte, weil dieser als Übeltäter den Kindern vermeintlich nur schaden würde. Nach einigen Jahren kämpfte der Vater um die Kinder, indem er die Mutter öffentlich verleumdete und sich selbst als den ehrlichen, fürsorglichen Elternteil präsentierte. Die Kinder waren bindungsmäßig verwirrt, hielten ihre Mutter nun für eine Verräterin und zogen zum Vater. Ab dieser Zeit erlebte Kerstin – inzwischen 15 Jahre alt – die schlimmste Abwertung ihres Lebens. Der Vater tyrannisierte sie vor allem durch sexuelle Anspielungen, körperliche Abwertungen und Beschimpfungen als Hure, bis hin zur Gewalttätigkeit. Kerstin nutzte ihre Ressourcen, schloss das Gymnasium mit Matura ab, kümmerte sich liebevoll um den Bruder, der ebenfalls einige Traumata durch die aggressiven Impulsdurchbrüche des Vaters erlebte. Schließlich wandte sie sich mit Hilfe von Bekannten ans Jugendamt, um sich und den Bruder zu retten. So erhielt sie Rechtsbeistand, konnte von zu Hause ausziehen und sich vor dem bis heute real gefährlichen Kontakt ihres Vaters schützen. Der Bruder lebt noch beim Vater, so dass die Patientin auch zu ihm keinen Kontakt mehr hat. Dies ist für die Patientin besonders schmerzhaft, weil der Bruder bisher ihre wichtigste Bezugsperson war und sie aus dieser Beziehungsaufgabe ihre Kraft geschöpft hatte. Zur Mutter ist erst seit kurzem wieder eine lose Beziehung möglich.

Diese traurige, erschütternde Geschichte erzählt die Patientin in der Therapiestunde, als wäre sie eine unbeteiligte Außenstehende.

3 Psychodiagnostik und Selbstwert

Der Patientin ist längst bewusst, dass sie ihren Selbstwert großteils aus ihrem Aussehen speist. Die Beziehung zu ihrem Selbst ist derart brüchig und labil, dass sie sich im Grunde nicht liebenswert erlebt. Die Fassade, die sie mit viel Anstrengung aufrechterhält, empfindet sie als Garant für zwischenmenschliche Akzeptanz und für ein zumindest oberflächliches Gefühl der Zugehörigkeit. Auch ihr Partner, zu dem sie viel Vertrauen hat, darf nicht hinter die Kulissen sehen. Dies äußert sich auch darin, dass die körperliche und sexuelle Nähe zwischen beiden sehr eingeschränkt möglich ist. Er darf seine Freundin niemals unbekleidet sehen, was er scheinbar feinfühlig hinnimmt.

Nach Rudolf (2006) sind Essstörungen strukturelle Störungen im Sinne der operationalisierten psychodynamischen Diagnostik. Die Bulima nervosa ordnet er den mäßig bis gering integrierten Störungen zu. Der psychodiagnostische Hintergrund ist meist eine unsichere Bindungsproblematik. Im beschriebenen Fall trifft vor allem eine ambivalente, unsichere Bindungsproblematik zu. Ich halte die Patientin für mäßig strukturiert. Sie zeigt deutlich strukturelle Defizite, wenn es um ihren Körper geht. Hier leidet sie unter Unsicherheit in der Selbstbewertung und ist in ihrem Körpererleben von der Bewertung anderer abhängig. Allerdings verfügt sie über eine Menge Kompetenzen in der Rolleninteraktion: sie präsentiert sich qualifiziert am Arbeitsplatz, ist gut sozial integriert, pflegt Freundschaften, zeigt eine hohe Empathie und Fähigkeit zum Rollenwechsel. Die Patientin ist sich ihrer Ressourcen bewusst.

Besonders erwähnenswert ist auch ihre hohe Bereitschaft, sich auf die Begegnung mit mir als Therapeutin einzulassen, wobei die Komplementarität meiner Beziehungsgestaltung sicher eine entscheidende Rolle spielt. Aber auch bei mir äußert sie die Angst, aufgrund ihres Aussehens, insbesondere der späteren Gewichtszunahme, von mir abgewertet zu werden. Unsere therapeutische Beziehung spiegelt die hier aktualisierte, psychosomatische Rollenebene der Klientin wider.

4 Körpererleben

In Anlehnung an die Psychodramatische Strukturdiagnostik und die OPD (Rudolf, ebda) bietet Kern (2008) eine Erweiterung um die Kategorie „Körpererleben" und differenziert zwischen folgenden Aspekten (Kern, S. 35):

- Auto-telische Beziehung zum eigenen Körper
- Körperidentität
- Körperwahrnehmung
- Begegnung über Körperlichkeit

So problematisch die diagnostische Trennung zwischen dem Selbst und dem Körper erscheint, so sehr scheint bei Menschen mit Essstörungen diese Differenzierung notwendig. Die deutlichen Defizite des Körpererlebens zeigen sich in der psychischen Fixierung auf die äußere Erscheinung des Körpers bei gleichzeitiger Vernachlässigung des „inneren" Körpergeschehens. Diese Diskrepanz ist bei PatientInnen mit Anorexie und Bulimie natürlich individuell unterschiedlich ausgeprägt.

Zurück zur Patientin Kerstin:

Ihr Fokus ist gerichtet auf heimliche, körperbezogene Rollen, um dem Körperideal näherzukommen, das heißt restriktive Essenskontrolle, ständige Gewichtsbeobachtungen, Kompensation nach Kontrollverlust wie Erbrechen, exzessiver Sport, verstärktes Essensverbot und schließlich Rückzug aus Verzweiflung und Selbstverachtung. Die auto-telische Beziehung zum eigenen Körper ist geprägt von perfekten Zielen und Selbstabwertungen. Die Überzeugung „Ich bin nur liebenswert, wenn mein Körper perfekt aussieht" zieht sich durch ihr Leben.

Die Körperidentität ist externen Kriterien unterworfen und bedeutet für die Patientin die Trennung von „Kopf und Bauch". „Mein Körper interessiert mich nicht, er muss nur tun, was ich will". Kerstin reduziert ihren Körper auf die äußere Erscheinung, die Figur. Sie lehnt ihren Körper ab, so als würde er nicht zu ihr gehören. Sie spürt nicht, wie sie sich somatisch vernachlässigt, mutet ihrem Körper Torturen zu, die sie bei anderen Menschen schwer verurteilen würde. Die entsprechenden Qualen lindert sie durch Abspaltung der Gefühle, d. h. durch partielle Desintegration ihres Körpers. Sie ist stolz, ihren Hunger überwinden zu können. Die körperliche Schwäche nimmt sie in Kauf, ohne ihr Beachtung zu schenken. Sie zwingt sich zum Sport und hinterfragt nicht, ob sie die Kraft dazu hat. Stattdessen präsentiert sich Kerstin in ihren öffentlichen Rollen psychisch gesund durch

- Vortäuschung eines gesunden Essverhaltens
- Selbstbewusstes Auftreten mit modischem Outfit
- Sportliches Modell für andere

All diese Rollen legen eine versteckte sowie offene Körperfeindlichkeit nahe. Der (gesunde) Körper als Ganzes wird nicht wahrgenommen, somatische Rollen haben keinen Platz. Und eine echte Begegnung über die Körperlichkeit findet nicht statt (siehe Partnerschaft).

5 Förderung der Sehnsucht nach Essen in der Therapie

Durch die tragende Beziehung und viele stützende Maßnahmen wie Doppeln und Spiegeln in der therapeutischen Begegnung realisiert Kerstin ihr eigenes Essensverbot als Ausdruck der Körperablehnung. Während ich mit der Patientin nun permanent an einem liebevollen Zugang zu ihrem Körper arbeite, z. B. mit dem kulturellen Atom, in dem die vernachlässigten somatischen Rollen und auch die dahinter verborgenen authentischen Gefühle einen Platz bekommen, wächst die Sehnsucht nach Liebe, Wertschätzung und Anerkennung. Sie bekommt Zugang zu den abgespaltenen Gefühlen. Sie kann hier auch ihren Hunger und sogar eine grenzenlose Sehnsucht nach normalem Essen spüren.

In Anlehnung an Gänszle (2004, S. 404) schlage ich auch an dieser Stelle der Patientin vor, ihr restriktives, mittägliches Essritual unter der Woche (ein Apfel, zwei Scheiben Magerschinken ohne Brot, den verbleibenden Hunger und das nicht verzehrte, „verbotene" Kuchenstück von der Kollegin) beispielhaft zu beschreiben, alle Aspekte auf der Tischbühne mit Intermediärobjekten zu verdeutlichen und damit eine Szene aufzubauen. Dabei erlebt Kerstin im Rollenwechsel mit dem Hunger zwar dessen unwiderstehliche Kraft der Kontrolle als vermeintlichen Lösungsweg zur Bildung eines besseren Körperempfindens und Selbstwerts, aber auch eine immense Wut über das scheinbar notwendige Leid. Im Rollenwechsel mit dem Kuchenstück spürt die Patientin vordergründig die Verführung und die Angst vor Kontrollverlust, aber schließlich eine tiefe Traurigkeit, eine ganz normale Essenseinladung nicht so wie andere Menschen selbstverständlich genießen zu dürfen. Es tauchen dramatische Szenen ihrer Kindheit auf, in denen die elterliche Zuwendung abhängig vom Aussehen und Wohlverhalten der Tochter war. Diese sehnt sich seitdem nach

uneingeschränkter Liebe und sicherer Bindung, unabhängig von ihrer körperlichen Erscheinung und besonderen Leistungen. Ein normales Essverhalten würde letztlich ihre grundsätzliche Daseinsberechtigung und Freiheit bedeuten, was sie nun im inneren Rollenwechsel realisiert und für sich beansprucht.

Natürlich erinnert sich die Patientin an die Zeit vor ihrer Essstörung, als die Nahrungsaufnahme keinerlei Problem darstellte, wenn auch ihr Körpererleben nicht besser war. Zum Ausbruch der Essstörung kam es erst später durch verschiedene Auslöser. Die Sehnsucht nach gesunder Ernährung steht aber nun in Verbindung mit der oben genannten Erkenntnis, gilt als Status Nascendi und Volitionsgröße im weiteren psychodramatherapeutischen Vorgehen.

Auf der inneren und äußeren Bühne kommt es zu Inszenierungen essensbezogener Experimente, auf die sich die Patientin nun nach und nach einlässt. Diese beinhalten die Einführung geregelter Mahlzeiten und eine liebevolle Nahrungszusammenstellung an den Wochentagen, wenn Kerstin für sich allein zuständig ist. Das Essen selbst erlebt sie dichotomisch mit großer Spannung, inzwischen gespeist von Sehnsucht nach Freiheit und tiefer Angst vor Gewichtszunahme. Je mehr die Sehnsucht wächst, umso mehr lässt sich Kerstin auf eine zunächst unvermeidliche Gewichtszunahme ein. Das Essen selbst ist vorwiegend noch kognitiv gesteuert. Der Benefit bezieht sich vorerst auf die körperliche Fürsorge. So genießt sie derzeit noch nicht das Essen selbst, aber das Gefühl gut ernährt zu sein. Sie spürt ihre wachsende Belastungsfähigkeit und höhere Ausgeglichenheit.

In der beschriebenen Fallvignette handelt es sich ja um eine Einzeltherapie. In einem gruppentherapeutischen Setting wäre an dieser Stelle das gemeinsame Essen als eine der standardmäßigen, störungsspezifischen Interventionen bei Essstörungen indiziert. Diese Aktion im Hier und Jetzt unter beschützten, strukturierten Bedingungen „erlaubt" den Weg zum normalen Essen, auf das sich die TeilnehmerInnen in der Regel sogar freuen. Sie können dadurch ihre innere Kontrollinstanz lockern und ihr Auto-Tele liebevoller gestalten.

6 Szenen in der kreativen Phase

Die kognitive Akzeptanz, wieder regelmäßig zu essen, ermöglicht der Patientin eine einigermaßen ausreichende Ernährung, was die Bewältigung ihres Alltags erleichtert. Durch die Wiedereinführung des Essens erlebt sie jedoch eine massive Krise, hervorgerufen durch eine Gewichtszunahme um 2 bis 3 kg, immer noch längst bei einem BMI-Wert des mittleren Normalgewichts. Die Körperschemastörung trägt ihren Teil dazu bei, sich umfangmäßig zu überschätzen und sich damit erneut abzuwerten. Aber inzwischen ist der Hunger nach Freiheit so groß geworden, dass Kerstin diese Spannung auf sich nimmt.

Die Befreiung erfolgt auf mehreren Ebenen gleichzeitig. Kerstin sehnt sich inzwischen auch nach körperlicher Nähe zu ihrem Partner, zu dem sie eine sehr liebevolle Beziehung hat. Sie experimentiert damit, sich ihm auch unbekleidet zu zeigen. Sie lässt seine spontanen Zärtlichkeiten zunehmend zu und nimmt wahr, wie sehr er ihren Körper liebt. So dient er als Hilfs-Ich zum Aufbau einer besseren auto-telischen Beziehung zu ihrem eigenen Körper. Die Begegnung über ihre Körperlichkeit erlebt

sie zunehmend befreiend und erfüllend. Auch dies wäre nicht möglich, würde sie sich nicht nutritiv ausreichend versorgen.

Die Essenssituationen häufen sich, in denen die Patientin besonders herausgefordert ist. Dies sind spontane Essenseinladungen, die ihren bis dahin noch strikten Essensplan durcheinanderbringen. Hier erlebt sie immer wieder Rückschläge in Form von Erbrechen im Anschluss an diese Einladungen. Die Sehnsucht nach spontanem Essen ohne Angst wächst jedoch. In vielen Rollenspielen und Inszenierungen erlebt sich die Patientin als eigene Regisseurin handlungsfähig und experimentierfreudig, bei gleichzeitigem Schutz vor Überforderung. Der Genuss des Essens stellt sich erst langsam ein.

7 Förderung der Körperintegration

Die Wiederentdeckung eines normalen Essverhaltens ist eng mit der (Wieder-)Integration des Körpers verbunden. Das Psychodrama bietet viele Ansätze, den körperlichen Signalen eine Stimme zu verleihen, sie ernst zu nehmen und daraus spontane, kreative Handlungen entstehen zu lassen. Ein Rollenwechsel mit den einzelnen Körperteilen, speziell mit dem Bauch oder dem Magen fördert die Sensibilisierung und produziert Sehnsucht nach körperlicher Verwöhnung. Genusstraining und Geschmacksübungen können als eine gute Ergänzung dienen. Viele Ideen dazu liefert Rytz (2010) mit Übungen zur achtsamen Wahrnehmung, um schließlich auch die Emotionsregulation und Stressreduktion zu trainieren.

Es geht um Selbstfürsorge und um die Identität als Selbst in Verbindung mit der eigenen Körperlichkeit. Unser dazugehöriges Elixier sind die psychische Zuwendung und Wertschätzung durch andere, aber vor allem die auto-telische Selbstwertschätzung und Selbstliebe. Zu dieser psychischen Nahrungsquelle gehört schließlich auch die physische in Form von regelmäßiger, gesunder und ausgewogener Ernährung als Ausdruck von liebevoller Achtsamkeit. Umgekehrt lautet ein bekanntes Sprichwort: „Wer seine Blumen nicht liebt, gießt sie nicht".

Zur Integration des Körpers bedarf es auch der Auseinandersetzung mit dem Körperbild bzw. -schema. Die entsprechenden psychodramatischen Interventionen können an dieser Stelle nicht ausgeführt werden. Es geht um die Korrektur der Wahrnehmung, Relativierung rigider Einstellungen und die Kompetenz zur Außenperspektive auf Niveau 3 der soziodramatischen Rollenebene.

In Bezug auf ihr Körpererleben gelingt der beschriebenen Patientin eine geschärfte Wahrnehmung ihrer Gefühle und Bedürfnisse. Sie kann ihren Körper akzeptieren, entwickelt ein realistisches Körperbild und geht inzwischen achtsam mit sich um. Das regelmäßige Essen gestaltet sie liebevoll, sie grenzt sich von Essenszenen, die ihr schaden, erfolgreich ab, und genießt ihre neue Freiheit.

8 Förderung des Selbstwerts

In Kombination mit dem Körperempfinden ist die Förderung des Selbstwerts für die Entwicklung eines normalen Essverhaltens unumgänglich. Vor allem muss das innere Rollenrepertoire umfassend wachsen. Dazu kann z. B. eine Inszenierung wie „Essen in der Familie" mit Intermediärobjekten auf der Spiel- oder auf der Tischbühne dienen, in dem sich die PatientInnen vor allem in Gegenrollen (das unangepasste oder trotzige Kind, die aufbrausende Partnerin ...) ausprobieren. Gegenrollen „sind jene Rollen, die sich auf der Körperbühne im bulimischen Anfall Ausdruck verleihen, vielleicht an der ‚impulsiv Wütenden' oder ‚traurig Einsamen' Rolle andocken ..." (Etlinger 2012, S. 58).

Unterentwickelte Rollen der psychosomatischen und psychodramatischen Rollenebene brauchen eine Chance der Nachnährung. Frühe Verletzungen, Abwertungen und Beziehungsabbrüche, wie auch im beschriebenen Fallbeispiel, die die Entwicklung einer gesunden Selbst- und Köperidentität verhinderten, sind für die Entstehung perfekter Ziele verantwortlich. Die Begegnung mit den entsprechenden authentischen Rollen, die den Körper als Austragungsort „nur" benutzen, erfordert Mut und therapeutische Hilfestellung. So wird die Entwicklung neuer, adäquater Rollenkompetenzen möglich.

Kerstin hat sich inzwischen viel mit den schmerzhaften, traumatischen Erlebnissen ihrer Kindheit und Jugend auseinandergesetzt. Sie verfügt zunehmend über Rollen des Selbstschutzes, aber vor allem der Selbstliebe. Dies ist spürbar in der nun spontanen und selbstbewussten Begegnung mit ihrem Partner. Die Rolle der körperlichen Selbstfürsorge, verbunden mit gesunder Ernährung, ist nur ein Teil ihrer neu gebildeten Rollenvielfalt.

9 Transfer auf andere Essstörungen

Während in den bisherigen Ausführungen eine an Bulimie erkrankte Patientin im Fokus stand, stellt sich nun die Frage, ob die Rolle der somatischen Selbstfürsorge bzw. ob die Körperintegration im Sinne der Akzeptanz und der körperlichen Wahrnehmung von Gefühlen auch bei Menschen mit anderen Formen von Essstörungen schwach ausgeprägt ist bzw. gänzlich fehlt. Wir wissen, dass z. B. bei Anorexia nervosa ebenfalls ein dichotomes Körpererleben, nämlich die erlebte Trennung von Kopf und Körper, vorherrscht. Kössler (2016) zeigt auf, dass schwer an Anorexie erkrankte Personen über keine Symbolisierung zwischen emotionaler Erfahrung und körperlichem Ausdruck verfügen und sich der Verbindung zwischen der Kontrolle des Körpers und dem Bedürfnis nach Kontrolle der Emotionalität nicht bewusst sind (S. 3). Das pathologische Essverhalten dient der Emotionsregulation und der Vermeidung emotionaler Reaktionen (S. 119 f.). Der Lösungsversuch von Problemen emotionalen Ursprungs durch Missbrauch des Essens dürfte auch auf die noch immer zu wenig erforschte Binge-Eating-Störung und die vielen atypischen Essstörungsformen zutreffen. Im Sinn dieser „falschen" Passform grenze ich die Begriffe „gesundes" und „krankhaftes" Essverhalten voneinander ab.

10 Problematische Esskultur im nicht-klinischen Kontext

Gestörtes Essverhalten ist zunehmend auch in der sogenannten Normalbevölkerung zu beobachten. Viele Menschen, nicht nur Frauen, haben die Akzeptanz und die Wertschätzung ihres Körpers verloren, was zu Dauerdiäten und ständigen Gewichtsschwankungen führt. Das Schlankheitsideal oder der Muskelwahn verbunden mit der Suche nach eigenem Selbstwert tragen ihren Teil dazu bei, die Nahrung restriktiv zu gestalten. Nahrungsmittelergänzungen erscheinen notwendig.

Auch andere gesellschaftliche Aspekte wie die beschleunigten Arbeits- und Lebensbedingungen unserer Zeit, auf die hier nicht näher eingegangen werden kann, sind für viele Menschen eine besondere Erschwernis sich gesund zu ernähren. Der Verlust geregelter Essensformen in ihrer bisher stabilisierenden Eigenschaft fordert zu neuen Formen einer gesunden Lebensstruktur heraus (Hirschfelder 2014).

Die Wiederentdeckung eines gesunden Essverhaltens bezieht sich in diesem Artikel zwar vor allem auf Menschen mit Essstörungen. Angesichts der vielen körperfeindlichen Lebensbedingungen in unserer schnelllebigen Konsum- und Leistungsgesellschaft wäre die Beforschung und wissenschaftliche Analyse des „normalen" Essverhaltens in der gesunden Population für das Psychodrama eine spannende Perspektive.

Carne al Forno

Bettina Waldhelm-Auer

Zutaten für ein rechteckiges Blech:
- verschiedene Fleischstücke, z. B. Hühnerfleisch und Kalbsmedaillon
- Olivenöl
- Specktranchen
- 2 Fenchelknollen, alternativ Broccoli
- 2 Karotten
- 1 große Peperoni
- 2 mittelgroße Tomaten
- 1 Zucchini
- 2 mittlere Kartoffeln
- Oliven
- 1 Zwiebel
- Salz, Pfeffer, Salbei
- Rosmarin

Vorbereitung:
Kartoffeln, Karotten, Fenchel bzw. Broccoli in längliche, schmale Stücke schneiden bzw. vierteln und in wenig Salzwasser blanchieren, das restliche, zarte Gemüse ebenfalls in längliche, etwa gleich große Stücke schneiden bzw. vierteln

Backofen auf 220° C vorheizen (200° C bei Heißluft)

Zubereitung:
Reichlich Olivenöl auf das Blech gießen und im Rohr erhitzen, Fleischstücke mit Salz und Pfeffer würzen und auf dem Blech verteilen, Salbei reichlich darauf streuen, nun dazwischen die Kartoffeln und das gedünstete Gemüse verteilen, das ganze rohe Zartgemüse und die Speckröllchen in die Zwischenräume und darüberlegen, salzen und mit viel Rosmarin würzen (ev. auch mit Rosmarinzweig), alles mit Olivenöl beträufeln, Blech auf mittlere Höhe in den Ofen schieben und ca. 12–15 Minuten braten oder weichdämpfen

Literatur

Etlinger, B. (2012). *Das bin nur ich und mein Essen – nur wir zwei. Vom Wirken einer Psychodrama-Psychotherapiegruppe für an Bulimia nervosa leidenden Frauen. Masterthese Donau Univ. Krems*

Gänszle, R., & Nöster, M. (2004). Anwendung des Psychodramas bei Essstörungen. In J. Fürst, K. Ottomeyer & H. Pruckner (Hrsg.), *Psychodrama-Therapie. Ein Handbuch* (S. 401–411). Wien: Facultas.

Hirschfelder, G. (2014). Zeit und Esskultur – eine kulturanthropologische Betrachtung. In: Special. Zeitkultur und Ernährung. https://www.ernaehrungs-umschau.de/print-artikel/14-01-2014. Zugegriffen: 22. Okt. 2018.

Kern, S. (2008). *Anorexia und Bulimia Nervosa als rigide Rollenkonserven. Magersucht und Bulimie aus dem Blickwinkel des Modells der Spontaneität und Kreativität. Masterthese Donau Univ. Krems*

Kössler, S. (2016). *Emotionsregulation bei Frauen mit schwergradiger Anorexia nervosa und die Bedeutsamkeit erster Bindungserfahrungen. Korrigierende Erfahrungen in der psychodramatischen Begegnung. Masterthese Donau Univ. Krems*

Rudolf, G. (2006). *Strukturbezogene Psychotherapie. Leitfaden zur psychodynamischen Therapie struktureller Störungen.* Stuttgart: Schattauer.

Rytz, T. (2010). *Bei sich und in Kontakt. Anregungen zur Emotionsregulation und Stressreduktion durch achtsame Wahrnehmung* (3. Aufl.). Bern: Huber.

Drⁱⁿ Bettina Waldhelm-Auer Klinische und Gesundheitspsychologin, partielle Lehrtherapeutin für Psychodrama (ÖAGG) und Lehrtherapeutin für Verhaltenstherapie (AVM), Coach, Supervisorin, langjährige Tätigkeit in der Fachambulanz für Suchtkranke in Traunstein, zahlreiche Lehraufträge zu den Themen Suchterkrankungen, Essstörungen und Prävention. Freie Praxis in Salzburg.

HAUPTBEITRÄGE

Musikalische Interventionen in der Psychodrama-Therapie
Musik, ein Lebensmittel bei Essstörungen

Heidi Fausch-Pfister

Online publiziert: 25. Oktober 2018
© Springer Fachmedien Wiesbaden GmbH, ein Teil von Springer Nature 2018

Zusammenfassung Dieser Artikel der Zeitschrift für Psychodrama und Soziometrie beantwortet die Frage, warum sich Musik besonders für die Behandlung von Essstörungen eignet. Es werden grundlegende Erkenntnisse der Musiktherapie-Forschung, Funktionen der Musik und die Parallelen von Morenos Rollenebenen zu den musikalischen Komponenten zusammengefasst. Um den PsychodramatikerInnen die Wahl passender Musik zu erleichtern, wird auf geeignete Instrumente, Musikformen und weiterführende Literatur hingewiesen. Ein Fallbeispiel gibt Einblick in die praktische Verbindung von musiktherapeutischen Interventionen im Psychodrama.

Schlüsselwörter Musik · Komponenten · Rollenebenen · Warm up · Anorexie

Musical interventions in psychodrama therapy
Music, a food for eating disorders

Abstract This article explains why music is an effective tool for the treatment of eating disorders and provides criteria for the choices of music. It summarizes the fundamental findings of music therapy research, the effect of music and the parallels from Moreno's role levels to the musical components. To help psychodrama therapists with choices of tools, suitable instruments and types of music are discussed, and further literature sources provided. A case presentation illustrates the effect of music therapy interventions in psychodrama.

Keywords Effects of music in psychodrama · Psychodramatic role playing levels · Musical components · Nourishment with music

H. Fausch-Pfister (✉)
Sennenbergstrasse 11, 8956 Killwangen, Schweiz
E-Mail: hfausch@musiktherapie-fausch.ch

1 Einleitung

Als Musiktherapeutin und Psychodramatikerin arbeitete ich in der Jugendpsychiatrie und delegiert in freier Praxis mit Patientinnen, welche an Essstörungen litten. Es waren ausschließlich Frauen zwischen 17 und 39 Jahren. Viele von ihnen hatten einen ausgeprägten Sinn für Musik und Kunst. Auch andere Musiktherapeutinnen stellten das Interesse an Kunst bei ihren essgestörten Klientinnen fest. Diese Frauen seien ausgesprochen fantasievoll und die kreativen Medien hätten eine stärkende und heilsame Wirkung und würden ihnen ermöglichen, auf lebendige Art und Weise eine Beziehung zu sich selber und zu andern zu gestalten. (Lahusen 2016).

Kunsttherapien mit Klang und Musik ergänzt, können viel in Bewegung setzten. Mit der Verbindung der Therapiemethoden Psychodrama und Musiktherapie konnte ich Frauen mit Essstörung auf ihrem Weg aus dem Suchtverhalten unterstützen. Diese Erfahrungen möchte ich gerne weitergeben. Ich richte mich an PsychodramatherapeutInnen und setze darum Kenntnisse des Psychodramas nach Moreno und der Psychodramaliteratur voraus. Der musiktherapeutische Hintergrund wird eingehender betrachtet und weiterführende Literatur der Musiktherapie erwähnt. Die Verbindung beider Methoden habe ich für verschiedene Arbeitsfelder in „Musiktherapie und Psychodrama" eingehend beschrieben (Fausch 2011). Im vorliegenden Artikel beschränke ich mich auf Interventionen, welche auch außerhalb der Musiktherapie von anderen TherapeutInnen angewendet werden können. Es sind dies vor allem rezeptive Formen der Musiktherapie (Decker-Voigt 2016). Die aktiven musiktherapeutischen Interventionen, bei denen die Patientin selber spielt und singt, allein oder zusammen mit der Therapeutin gehören in die Hand ausgebildeter Musiktherapeutinnen. Rezeptive Musik erlaubt ein breiteres Anwendungsfeld. Gehörte Musik umfasst nicht nur komponierte Musik. Alle Eindrücke über das Ohr, Klänge (regelmäßige Schwingungen), Geräusche (unregelmäßige Schwingungen), auch Rauschen, die Stille und Sprache gehören dazu. In erster Linie werden damit Emotionen angeregt. Friederike Schröder (2016, S. 34) nennt in ihrer Dissertation in Medizin vier Faktoren, die Funktionen der Musik, der Therapeutenbeziehung, der Gruppe und die des aktiven Musizierens: „In allen Faktoren zeigten die Patienten mit Expression von Emotionen nach der Musiktherapie positivere Werte als die ohne." Weiter stellt sie fest, dass PatientInnen mit Freude an Musik positiver reagierten. Viele Magersuchtbetroffene habe Freude an Musik und reagieren sehr positiv auf musikalische Interventionen. Besonders die Verbindung von Musik und Psychodrama wirkt stark. Mit der Musik werden Emotionen angerührt und mit dem Psychodrama werden sie sichtbar und verbal gefasst, was die Nachhaltigkeit fördert. (Fausch-Pfister 2011). Dies möchte ich am Beispiel von Rosa am Schluss des Aufsatzes zeigen. Ihre Therapie wurde als Musiktherapie installiert. Die erwähnten musikalischen Interventionen sind jedoch auch in einer Psychodramatherapie denkbar.

2 Was ist besonders an Musik?

Musik wird sehr schnell rezipiert und die Erinnerungen sind teilweise präverbal. Musik wirkt viel schneller als wir denken und uns kontrollieren können. Das Ohr ist unser Warnorgan für Dinge, die wir nicht sehen. Ein Geräuschim Dunkeln, ein Knall oder ein Schrei, ein Hupsignal im Verkehr dominieren schnell unsere Aufmerksamkeit und lösen manchmal lebensrettende intuitive Reaktionen aus. Da Musik sehr schnell wahrgenommen wird, unterläuft sie die rationalisierende Abwehr und Kontrolle. Sie kann dadurch überkontrollierten Personen helfen, wieder Zugang zu ihren Empfindungen und Gefühlen zu finden. Diese zu ertragen und zu regulieren, ist ein häufiges Therapieziel bei Menschen mit einer Essstörung. Hedwig Brun (2016, S. 62) schreibt dazu: „In verschiedenen Symptomen der Essstörung geht es um den Umgang mit den Emotionen – Essen wird benutzt, um Gefühle in Schach zu halten, um mit Konflikten umzugehen, kurz: Die Symptome der Essstörung dienen der Emotionsregulation." Brun ist überzeugt davon, dass die Anfänge der Essstörungen im Säuglingsalter zu suchen sind: „Hier entsteht zunächst die Verknüpfung von Emotionen, Emotionsregulierung (Mutter beruhigt, tröstet füttert) und der Verinnerlichung der Beziehungsqualität mit der geschluckten Nahrung." Wenn die Nahrung oft zur Beruhigung eingesetzt werde, lege dies den Grundstein zu Essstörungen.

Musik ist ein besonders geeignetes Medium an sehr frühen vorverbalen Erinnerungen anzuknüpfen und das Rationalisieren der Patienten und Patientinnen zu unterlaufen. Da das Ohr jenes Sinnesorgan ist, mit welchem wir bereits intrauterin die Umwelt wahrnehmen, sind wir in den letzten Schwangerschaftswochen den vielfältigen andauernden Klängen und Geräuschen des Körpers der Mutter, Blutfluss, Herzschlag und Verdauungsgeräuschen ausgesetzt. Das Ungeborene kann sich ihnen so wenig entziehen wie der Mutterstimme, welche über die Beckenknochen das Gehör des Kindes anders erreicht als die vielfältigen Geräusche der Umwelt außerhalb der Mutter. Manfred Spitzer (2003) befasste sich mit den Forschungen zum intrauterinen Hören und den Erinnerungen der Höreindrücke nach der Geburt in seinem Buch „Musik im Kopf" (Spitzer 2003) Man weiß heute, dass sich das Ohr ab der 20. Schwangerschaftswoche entwickelt und Höreindrücke nach der 28. Woche erinnert werden können.

Dass das Singen der Mütter einen beruhigenden Einfluss auf die Ungeborenen hat, wussten schon viele Generationen vor uns. „Sing Mueter sing, das git bravi Ching" ist eine altbewährte schweizer Empfehlung für Schwangere. Dass auch die wiederholte Anwendung von Klängen und Geräuschen außerhalb des Bauches der Schwangeren vom Neugeborenen erinnert werden, machten sich einige Kulturen schon vor Jahrhunderten zu Nutze, um den Babies das Gefühl der Geborgenheit im Mutterleib nach der Geburt (ohne Nahrung) wieder herzustellen. Dazu wurden die Ungeborenen bereits vor der Geburt beschallt, sei es mit Singen, Instrumentalmusik oder speziellen Instrumenten, wie zum Beispiel Klangkugeln. Diese wurden auf dem Bauch der Mutter gerollt und die Mutter trug sie an einer Kordel um den Hals. Diese zart klingenden Glöckchen wurden in verschiedenen Kulturen eingesetzt. Heute kann man „Schwangerschaftsklangkugeln" in vielen Varianten und Preislagen im Internet bestellen. Auch spanische „Engelsrufer" sind erhältlich oder Qi-Gong Kugeln. Auch ohne präverbale Konditionierung wirken Klangkugeln beruhigend, entspannend und

können ein Gefühl von Getragen und Genährt sein bewirken. In diesem Sinn wirken sie wie ein Lebensmittel (Stillen, Schnuller oder Gefüttertwerden). Sie sind in der Therapie bei Essstörungen wirksam einsetzbar. Auch das Singen eines Kinder- oder Wiegenliedes durch die Therapeutin oder eine Therapiegruppe (Fürspiel) kann blitzschnell angenehme Gefühle auslösen, eben die Gefühle emotional satt und zufrieden zu sein, welche in der Kindheit oft mit Nahrung anstelle von Zuwendung erreicht wurden. Es ist der Musik eigen, dass sie sehr schnell wirkt, schneller als wir denken können, und Zugang zu pränatalen Erinnerungen schaffen kann. Selbstverständlich reagierten die Patientinnen entsprechend ihrem Erfahrungshintergrund und ihren Erinnerungen sehr unterschiedlich. Mittels Biographieerkundung, Anamnese und Reflexion des Therapieprozesses kann die Wahl der Klänge optimiert werden.

3 Funktionen der Musik in der Therapie

Musik kann in der Psychodramatherapie, wie in anderen psychotherapeutischen Methoden, verschiedene Funktionen haben. In der Musiktherapie wird zwischen Eindruck und Ausdruck unterschieden. Ich beschränke mich hier auf den Eindruck beim Musikhören, die Rezeption, sei sie als Fürspiel für die Patientin oder von Konserven gespielt. Fürspiel wird direkt für die Patientin von der Therapeutin oder einer Gruppe gespielt oder gesungen. Konserven sind Musikstücke und Geräusche von Tonträgern. Nach meiner Erfahrung sind im Psychodrama besonders zwei Funktionen wichtig: 1. Die gezielte *Schaffung einer Atmosphäre* durch gemeinsames Hören von Musik beim Warm up. 2. Das *Fürspiel* zur Schaffung einer Atmosphäre des Getragenseins und der Wertschätzung. Sandra Lutz Hochreutener (2009) beschreibt weitere Funktionen des Musikhörens und deren Einsatz in „Spiel-Musik-Therapie" ausführlich, zum Beispiel basale Stimulation, kognitive Stimulation, spirituelle Stimulation, Aktivierung, Beruhigung, Tiefenentspannung, Strukturierung, Holding (das Gefühl des Aufgehoben-Seins), Assoziationen, Erlebnisintensivierung und Integrationsfunktion. Auch diese Funktionen können in einer Psychodramatherapie von Bedeutung sein.

4 Nachnähren und der Umgang mit musikalischen Lebensmitteln

Musikhören eignet sich in der Psychodramatherapie besonders für die Schaffung einer angestrebten Atmosphäre im Warm up. Mit Fürspiel kann eine differenzierte neue Beziehungserfahrung geschaffen werden; es kann aber auch zu Regression führen. Isabelle Frohne Hagemann beschreibt eindrücklich in ihrem Artikel „Sinn und Unsinn des Nachnährens" Potenziale und Gefahren des nährenden Verhaltens in der Therapie und das Spirituelle Nachnähren mit Musik: „Ich denke dabei z. B. an klassische Musik als Nährsubstanz, weil ihre emotionale und geistige Tiefe uns mit kollektiven und archetypischen Dimensionen in Kontakt bringen kann." Musik kann hier das „höhere" Selbst bzw. das Unbewusste des erwachsenen Klienten ansprechen und nähren. Sie stellt fest, dass ein frühgestörter Patient zunächst gewissermaßen „emotional adoptiert" werden muss. (Frohne Hagemann 2002, S. 16): Dazu eignen sich das Fürspiel, zärtliches Singen oder Spielen im Rahmen der Psychodramatherapie. Besonders wirkungsvoll ist z. B. das Monochord (siehe unten). Der Umgang mit musikalischen Lebensmitteln ist anspruchsvoll und nicht gefahrlos.

Kreativität ist von Therapeutinnen und Therapeuten ebenso gefragt, wie in jeder guten Küche. Die „richtigen" Mengen sind oft Gefühlssache. Vieles kann man lernen. Es gibt Allergien und andere Unverträglichkeiten, welche zu Krisen führen können. Rezeptive Musik wirkt körperlich, vergleichbar mit Essen. Menschen reagieren auf Klänge unterschiedlich wie auf Esswaren. Musik kann im therapeutischen Setting Krisen auslösen und retraumatisieren. Da man sich gegen Klänge und Geräusche nicht gut wehren kann, ist Vorsicht geboten.

Es kann immer auch schief gehen. Das Verlangen nach Perfektion, das Musizieren nach Noten oder mit anspruchsvollen Instrumenten kann sofort vom emotionalen zum rationalen Modus oder zu Krisen führen. Ein zur Entspannung häufig eingesetztes. Instrument ist das Monochord, (eigentlich ein Polychord). Es besteht aus einem Resonanzkasten und einer (Monochord) oder vielen gleichgestimmten Saiten (Polychord). Mit den Fingerkuppen wird über die Saiten gestrichen, dadurch entsteht ein obertonreicher einhüllender Klang der in der Regel beruhigt. Er kann aber auch sehr bedrohlich wirken. Das habe ich bei zwei ganz verschiedenen biographischen Hintergründen mehrmals erlebt, bei Menschen, welche Fliegerangriffe in Luftschutzkellern überlebten und bei Menschen, deren Mutter während der Schwangerschaft schwer depressiv war. Es kam mehrmals vor, dass Patientinnen dabei in Krisen gerieten. Auch andere biographische Ereignisse können bei Musikstücken ungewohnte Reaktionen auslösen. Während einer Therapiesitzung, in der rezeptive Musik angewendet wird, müssen die Patientinnen und Patienten gut beobachtet werden. Mögliche Veränderungen der Atmung, der Augenbewegungen und des Gesichtsausdrucks erfordern oft eine Unterbrechung der Beschallung. Obwohl die Wirkung sorgfältig gewählter Musik in der Regel positiv wie gutes Essen erlebt wird, können in Einzelfällen sehr unangenehme Nebenwirkungen auftreten (Panik mit Atemnot, Herzrasen, Weinkrämpfe, Psychosen). Sorgfalt lohnt sich, ohne dabei ängstlich zu sein. Entscheidungskriterien zur passenden Wahl der Musik finden wir in der Biographie, im Therapieverlauf durch direktes Befragen und in der Musiktherapie-Forschung, welche die Wirkung der Instrumente, die Funktionen der Musik und die musikalischen Komponenten untersuchte.

5 Morenos Rollenkategorien als Grundlage zur Wahl musikalischer Interventionen

Die Theorie von Morenos Rollenkategorien hat sich für die Führung von Therapieprozessen als sehr hilfreich erwiesen. Sie wurde durch spätere Forschungen bestätigt. (Krüger 1997, S. 57) Krüger nennt sie Emergenzebenen. Moreno unterschied als erstes die körperliche Ebene, aus welcher sich die psychische Ebene mit einem „Selbstempfinden" entwickelt. Mit dem Erkennen eines Du kündigt sich die soziale Ebene an und mit der Sprache die sinngebende Ebene, in welcher Symbolisierung möglich wird; er nennt sie transzendente Ebene. Auf jeder Ebene kann ein Mensch Krankheitssymptome zeigen, und ebenso kann die Therapie, wenn sie die richtige Ebene trifft, direkten Zugang zum Leiden und den Ressourcen finden.

Tab. 1 Morenos Rollenkategorien und ihre Entsprechung zu Sterns Bereichen der Bezogenheit

Moreno: Rollenkategorien	Stern: Bereiche der Bezogenheit
Transzendente Rollen	Verbales selbst Verbal self
Soziale Rollen	Subjektives Selbst Subjectiv self
Psychische Rollen	Kernselbst Core self
Somatische Rollen	Körperliches Selbst Emergent self

In der neuen Säuglingsforschung finden wir eine Bestätigung für Morenos Beobachtungen. Daniel Stern (2007) beschreibt die Entwicklung des Säuglings mit „*Auftauchen von Seins-Stufen in der Entwicklung der Selbstempfindung*". Er gliedert ebenfalls in vier Stufen, welche denen von Moreno ähnlich sind, dem körperlichen Selbstempfinden, von welchem er schreibt, dass es uns meistens gar nicht bewusst sei. In der nächsten Phase werden Zustände, Gefühle und Absichten erinnert, in der dritten Phase nimmt das Kind sich und andere als Selbst wahr. Mit der Fähigkeit, das Selbst zu objektivieren und der Welt Bedeutung zuzuordnen und dem Anderen mitzuteilen, tritt es in die Phase des Verbalen Selbst.

Moreno und Stern sind sich sicher: Die vier Ebenen entwickeln sich, eine aus der anderen und alle bleiben aktiv, keine verkümmert in der Entwicklung. Hier die Übersicht über die beiden Modelle Moreno und Stern (Tab. 1):

Mit Musik können wir die Ebenen gezielt anregen. Morenos Rollenkategorien fanden auch in der musiktherapeutischen Forschung eine Entsprechung (Fausch-Pfister 2011). Fritz Hegi (1998) unterscheidet fünf Ebenen der musikalischen Wirkfaktoren Rhythmus, Klang, Melodie, Form und Dynamik. In meiner praktischen Arbeit und der Analyse der Protokolle zeigten sich eine Zuordnung von Morenos Rollenkategorien zu den musikalischen Komponenten von Fritz Hegi (Tab. 2):

Die Dynamik, Hegis fünfte Komponente ist nach meiner Erfahrung in allen vier Rollenebenen ein polarer Anzeiger von Energie und Spannung und diagnostisch aufschlussreich, aber keiner Rollenebene zuzuweisen. Die Parallelen zwischen den Forschungsergebnissen von Moreno, Hegi und Daniel können wie folgt gesehen werden: Der Rhythmus steht in Verbindung mit Bio- und Lebensrhythmen und damit in Verbindung mit den somatischen Rollen und dem körperlichen Selbst. Der Klang regt die psychische Ebene an. Er erfüllt unfassbar den Raum und verbinde sich mit der Gefühlswelt (jeweils nach Hegi 1998). Er steht in Verbindung mit psychischen Rollen und dem Kern-Selbst. Die Melodie verbindet sich mit Erinnerungen und Geschichten (Hegi 1998). Sie steht in Verbindung mit den sozialen Rollen oder dem subjektiven Selbst. Die Form ist nach Hegi die Komponente der Verwandelbarkeit und der Neufindung. Sie steht in Verbindung mit der Sinngebung, und Symbolisierung und damit transzendenten Rollen und dem verbalen Selbst.

Fokussieren wir nun unsere Aufmerksamkeit auf die einzelnen Komponenten der Musik, können wir die Erkenntnisse diagnostisch und für die Wahl der nächsten Therapieschritte nutzen. Mit Rhythmen regen wir somatische Rollen an und mit Klang psychische Rollen, zwei Ebenen welche bei Essstörungen entscheidend sind.

Tab. 2 Morenos Rollenkategorien und Hegis Komponenten

Moreno: Rollenkategorien	Hegi: Komponenten der Musik
Transzendente Rollen	Form
Soziale Rollen	Melodie
Psychische Rollen	Klang
Somatische Rollen	Rhythmus

Wie man mit musikalischen Mitteln gezielt eine Rollenkategorie anregen kann, wird in *Musiktherapie und Psychodrama* ausführlich beschrieben (Fausch 2011).

6 Rhythmen

Rhythmen lassen sich bei der Behandlung von Essstörungen vielfältig einsetzen. Else Diedrichs (2016) beschreibt 10 verschiedene körperliche Rhythmen, welche sich in der Pschodramatherapie wirkungsvoll einsetzen lassen: Saug-Rhythmus; Beiss-Rhythmus; Verdreh-Rhythmus (Drehungen der Wirbelsäule); Press-Rhythmus (drücken, schieben – loslassen); Lauf-Rhythmus; Stopp-Rhythmus, Stopp initiieren, Wiegen; Wogen; Hüpfen; Sprünge. Diedrichs führt auch PatientInnenbeispiele an. Viele dieser Rhythmen können in Verbindung mit Musik und Rollen im Psychodrama genutzt werden. Zur Begleitung der Rhythmen eigen sich Trommeln. Vor allem auf tiefen Trommeln lassen sich Herzschlag – Rhythmen spielen. Mit der Ocean – Drum können Wogen aber auch marschierende Armeen erklingen. Beliebt sind Body Percussion, Wiegen auf einer Decke zu Wiegenliedern, Tonträger mit Meeresrauschen, Bach- und Brunnengeplätscher, *Bolero von Ravel* ...

7 Klänge

Sehr geeignet ist der Einsatz von Naturklängen, z. B. Wasser. Ich verglich Tonaufnahmen von Planschen im Wasser mit Ultraschall-Aufnahmen von Bauchgeräuschen. Sie sind sich ähnlich. (vgl. Fallbericht Rosa). Es eignen sich auch bewegte Steine, bewegte Wäscheklammern, Klappern mit einem Schlüsselbund und stetige Klänge von Klangschalen, dem Regenrohr oder Windgeräusche von geschwungenen Röhren.

Ganz besonders geeignet ist das *Monochord*. Mit dem Monochord kann eine positive Atmosphäre geschaffen werden. Es lässt sich auch zur Entspannung und zur Körperwahrnehmung, der Erwärmung somatischer Rollen einsetzen. Es kann von einem Gruppenmitglied oder der Leitung gespielt werden. Wichtig ist, dass alle Beteiligten gut beobachtet werden! Annette Cramer schreibt: „Durch die feinen Vibrationen können sich die Muskeln wie von alleine lösen. Ein fester Körper wird locker" ... (Cramer A. in Dosch und Timmermann 2005, S. 67): Setzt man beim Spiel noch die Stimme summend ein, wird die Wirkung verstärkt. Für die Erwärmung von somatischen Rollen eignen sich besonders tiefe Töne. Beliebt ist meditative Musik mit Monochord, mit Leiern, „romantische" Musik, Musik von Arvo Pärt.

Umfangreiche Anleitungen zum Einsatz des Monochords sind zu finden in: Das Buch vom Monochord, Hören – Spielen – Messen – Bauen von Dosch und Timmermann (2005).

8 Melodien

Wir wissen, dass Nationalhymnen, Kirchenlieder, Wiegenlieder, Kinderlieder und andere Musikstücke tiefe Gefühle der Geborgenheit oder ebenso tiefe Gefühle der Bedrohung auslösen können, je nach den Erinnerungen, welche wir damit verbinden. Marcel Dobberstein (2000) belegt, dass weniger die Gestaltfaktoren der Musik die Gefühle auslösen, sondern vielmehr die Erinnerungen und Gewohnheiten, welche damit verbunden sind. Das deckt sich mit der Erfahrung von MusiktherapeutInnen. Deshalb ist es wichtig, dass die Patientinnen und Patienten mitbestimmen was gehört wird. Oft haben sie konkrete Wünsche. Das kann auch daneben gehen, wenn die PatientInnen vom Fühl- in den Denk-Modus wechseln und das Musikstück als Abwehr wählen oder es zu beurteilen beginnen (Fallbericht Rosa). Mit dem Musikhören können wir psychische Rollen auch in Gruppen erwärmen und Biographisches erinnern. Sobald wir Lieder gemeinsam singen und spielen, werden oft auch soziale Rollen erwärmt.

Hören von Musik ist bei der Behandlung von Essstörungen meistens sehr wirkungsvoll. Stephanie Lahusen (2016, S. 87) schreibt von einer Patientin: *Töne und Klänge gaben ihr erste Gefühle von emotionaler Sättigung.* Beliebt ist z. B. der *Kanon in d von Pachelbel.*

9 Form

Zur spirituellen Erwärmung eignen sich dem Klienten, der Klientin bekannte Musikstücke mit kollektivem, kulturellen Hintergrund vorzuspielen. Das gemeinsame Anhören solcher Werke kann sehr sättigend und beglückend sein, ob es ein Konzert von Mozart, oder der *Caravan* von Duke Ellington ist. Beliebt sind Beethovens *Ode an die Freude* oder Bachs Choral, *Jesu bleibet meine Freunde.* Oft ist die Musik der Wahl Volksmusik aus dem Kulturkreis der Betroffenen. Wichtig ist die Berücksichtigung des persönlichen kulturellen Hintergrundes der Klientinnen und Klienten.

10 Rosas heilsame Klänge

10.1 Fallbericht

Die Patientin war 36 Jahre alt, als sie zu mir in die Musiktherapie überwiesen wurde. Mit etwa 20 Jahren wurde sie anorektisch, hatte ihr Gewicht aber soweit unter Kontrolle bekommen, dass sie in einem Labor an einem Spital arbeiten konnte. Die neue Krise brach aus, als sich ihr Vater erschoss. Schuldgefühle quälten sie und sie verlor so schnell Gewicht, dass ihre Ärztin sie vor die Wahl stellte, sofort

eine ambulante Therapie anzufangen oder in eine Klinik eingewiesen zu werden. Sie entschied sich für eine Therapie. Da Rosa Musik viel bedeutete und sie Geige und Klavier spielte, fiel die Wahl auf Musiktherapie. Sie besaß einen Flügel, auf dem sie stundenlang dieselben Stücke spielte. Geige hatte sie in einem Orchester gespielt, wo sie oft mit Begleitlärm, (Türe laut schließen, Stuhl laut verschieben, stöhnen) zu spät kam, sodass sie „rausgeschmissen" wurde.

In den ersten 6 Therapiestunden setzte sich Rosa immer gleich ans Klavier, spielte zwei bis drei Minuten und begann dann über sich selbst und die Welt zu schimpfen. Durch mein Feedback wurde ihr bewusst, wie schlecht sie mit sich umging und wie sehr sie sich für die Probleme ihrer Eltern verantwortlich gemacht hatte. Sie war seit sie sich erinnern konnte Mitwisserin der Untreue ihres Vaters. Sie hatte sich schon als Kind entschieden, mit dem Vater solidarisch zu sein. Eine vertrauensvolle Beziehung zur Mutter wurde damit verunmöglicht. Viele schmerzliche Geschichten erzählte sie jeweils nach dem Klavierspiel. Ihre Erinnerungen seien wie der Blick in unendlich tiefes Wasser. Sie erzählte mir von den Bildern, welche in ihrem Schlafzimmer entstanden waren. Ich bat sie, eines mitzubringen. Zur nächsten Stunde kam sie mit einem Bild von tiefem dunklen Wasser. Auf dem Grund konnte man Reste von antiken Ruinen sehen. Wir sprachen darüber und es berührte sie, wie sehr mich das Bild beeindruckte. In der nächsten Stunde brachte sie unter großem Kraftaufwand ein weiteres Bild. Es stellte eine dunkelgrüne Halle mit Säulen dar, in welcher noch dunkleres, unendlich tiefes Wasser stand. Man sah darin weiße untergegangene Menschen, welche unter Wasser zu schweben schienen. Oben schwebte ein Kreuz. Ich hatte bereits eine CD mit Debussys *catédrale engloutie* bereitgelegt. Sie fand, das passe. Der Glockenklang der „ertrunkenen Kathedrale" ist tröstlich und der Klang des Wassers wie ein „Konservierungsmittel" für vergangene Zeiten. Wir hörten gemeinsam die ca sechs Minuten des ruhigen Klavierstücks. Sie hörte sehr aufmerksam zu, jedoch der therapeutische Prozess kippte. Sie kannte das Stück und begann darüber zu sprechen, wie gut es gespielt sei und wie schwierig es sei, die Akkorde gleichmäßig anzuschlagen ... Mit allem, was sie sagte, bewies sie ihre Kenntnis, aber ihre Gefühle zu dem Bild waren wie weggewischt.

Sie brachte noch ein paar ähnliche Bilder zur Therapie mit lautlos versinkenden Gegenständen oder Menschen. Eine Umsetzung in Klänge gab es nicht. Die Bilder seien lautlos. Dann schleppte sie mit ihren wenigen Körperkräften weitere ähnliche großformatige Ölbilder zur Therapie. Sie erklärte, dass die abgebildeten Räume den Laborräumen nachempfunden seien, in denen sie arbeite. Auf einem Bild streckt eine weiße Figur ohne Gesicht die Arme in die Höhe. Für den Betrachter ist nicht klar, ob sie wie ein Geist aus dem Wasser steigt, oder ob sie um Hilfe bitten möchte. Ich bat Rosa, diese Figur zu spielen, dieselbe Haltung einzunehmen und für die Figur zu sprechen, ihr eine Stimme zu geben. Sie stellte sich mit dem Rücken zu mir auf die Bühne, hielt die Arme in die Höhe und bewegte sich leicht hin und her. Sie blieb stumm und senkte die Arme langsam wieder. Ich bat sie von der Bühne zu kommen und konfrontierte sie mit meinem Sharing: Ich erinnerte mich an einen Zustand, indem ich mich nicht mehr spürte und nicht wusste wie es weitergeht. Sie schaute mich mit großen Augen an. Mein Feedback: Als Zuschauerin war mir nicht klar, ob die Figur aus dem Wasser aufsteigt oder ertrinkt. Rosa sagte vor sich hin, dass sie das eben auch nicht wisse. Dann wandte sie sich mir ganz zu und sagte,

sie würde mir gerne etwas anvertrauen, wenn ich ihr versichere, dass ich sie danach nicht in eine Klinik einweise. Ich sagte ihr, dass ich das ohnehin nicht gegen ihren Willen tun könne; ich sei keine Ärztin. So gestand sie mir, dass sie in den letzten Tagen oft Suizidgedanken gehabt habe, meistens in der Nacht. Dann sitze sie mit einem Messer am Tisch und überlege, ob sie sich die Pulsadern aufschneiden solle. Ich erinnerte mich an die Verträge im Psychodrama und verabredete, dass sie mich, bevor sie die Adern aufschneide, anrufe; ich würde sicher fünf Minuten für sie da sein. Ich wollte aber auch die Erlaubnis, mit der Ärztin zu sprechen. Sie willigte ein und ich vertraute auf ihre perfekte Verlässlichkeit. Ich wählte mit ihr auch Musik aus, die sie sich für Krisen bereitlegen solle. Sie wählte Tschaikowskys Klavierkonzert Nr. 1 in b moll. Darauf wäre ich nicht gekommen.

Drei Tage später rief sie kurz vor Mitternacht an. Ich wies sie an, das Messer in der Küche zu versorgen und Tschaikowsky aufzulegen. Es funktionierte. Das Telefonat dauerte keine fünf Minuten. Nun nahm die Therapie eine Wende. Durch den mitternächtlichen Kontakt begann sie, meiner Verlässlichkeit zu trauen. Im Übertragungsgeschehen wurde ich zur gewünschten idealen Mutter. Sie wagte ihre geheimen Wünsche an mich zu äußern. Sie möchte unbedingt mit mir ins Thermalbad oder noch besser in die Sauna gehen. Ob man da nackt sein müsse. Sie habe noch nie eine nackte Frau gesehen. Ich versprach ihr, das nächste Mal mit ihr auf der Bühne Thermalbad zu spielen. Das freute sie sehr.

Für die nächste Stunde legte ich ein großes Badetuch auf die Bühne und eine Kinderbadewanne mit warmem Wasser, daneben legte ich noch ein paar Tücher.

Wenn keine Instrumente als Symbole im Spiel eingesetzt werden, verwende ich Tücher, welche wie ein Theaterkostüm für die Rolle stehen. Das ermöglicht mir als Therapeutin einen klaren Rollenwechsel. Als Rosa kam, lachte sie erfreut (zum ersten Mal). Wir definierten unsere Rollen. Sie wollte das Mädchen Bella spielen, ich sei die ältere Freundin Alice. Eigentlich wollte ich Bademeister spielen. Das passte ihr nicht. Also übernahm ich Alice. Wir wählten unsere „Rollentücher" und setzten uns zur Badewanne. Sie hielt die Hand ins Wasser und fand, dass es zu kalt sei. Während ich in einem großen Tonkrug heißes Wasser holte, legte sie sich genüsslich neben die Badewanne. Ich goss das siedend heiße Wasser langsam in die Wanne. Sie schloss die Augen und hörte zu. Ich schöpfte mehrmals Wasser aus der Wanne und goss es zurück. Sie genoss das Plätschern, wie es auch in der orientalischen Musiktherapie angewendet wird. Plötzlich begann es in ihrem Bauch zu gurgeln. Zuerst rührte sie sich nicht, dann legte sie die Hand auf ihren Bauch. Danach setzte sie sich auf und sagte, sie habe Hunger. Ich schlug vor, ins Bade-Restaurant zu gehen. Wir erhoben uns, legten ein Tuch um und gingen zum Restaurant (zwei Stühle im Zuschauerraum). Dort bestellte Bella Kuchen und Kaffee und ich nahm das Gleiche. Nun sagte sie: „Du Alice, wir haben gar nicht gebadet." Da die Therapiezeit fast um war, sagte ich: „Ja, du hast recht. Jetzt sind wir aber schon draußen und ich muss jetzt nach Hause gehen". Wir bezahlten und lösten die Szene auf. Bei der Nachbesprechung wünschte sich Rosa dringend, noch einmal Thermalbad zu spielen. Ich willigte ein.

Eine Woche später stand die Kinderbadewanne mit Krug und Becher wieder im Mittelpunkt. Auf meine Nachfrage sagte Rosa, dass sie nicht an Suizid gedacht habe, wohl aus Freude auf das Bad. Ich musste wieder Alice sein, und wir spielten

Thermalbad. Sie begann mit dem Wasser spielen und planschte rhythmisch und laut, wie ein kleines Kind. Ich setzte mich daneben und schaute zu. Da spritzte sie mich an und sagte: „Alice, komm auch ins Wasser!" Also krempelte ich meine Ärmel hoch und begann, auch mit den Armen zu planschen. Sie genoss es, mich unter Wasser an den Armen leicht zu berühren. Wieder begann es in ihrem Bauch zu gurgeln. Bei der Nachbesprechung erwähnte ich ihre zarten Berührungen unter Wasser. Da begann sie zu weinen. Sie werde nie berührt und habe niemanden zum Berühren. Sowohl ihr Vater als auch ihre Mutter hätte ihre Berührungen zurückgewiesen. Ich spürte, wie in mir Wut über diese Eltern aufkam. Nun stand ich vor dem Problem, mit einer in Tränen aufgelösten Frau ein Therapieende zu finden. So konnte ich sie nicht auf die Straße entlassen. Ich hole einen zweiten Krug und wir gossen einander konzentriert abwechslungsweise Wasser in den Krug, bis sie sich beruhigt hatte. Zwei Nächte später rief sie zum zweiten Mal an. „Ich habe so eine Wut, ich zerhacke mich!" Ich wies sie wieder an, in die Küche zu gehen, das Messer zu versorgen, zwei Krüge zu nehmen und zu plätschern oder Tschaikowsky zu hören. Sie wählte Tschaikowsky. Es funktionierte wieder. Mit der Ärztin hatte ich vereinbart, allenfalls den Notfalldienst zu mobilisieren. Da sie im Personalhaus des Spitals wohnte, wo auch ihr Labor war, wäre ein schneller Einsatz möglich gewesen. Sie verletzte sich aber nie.

Die Badewanne mit warmem Wasser und Krug begleitete uns noch eine Weile als Musikinstrument. Sobald Rosa an der Wanne saß und rhythmisch mit Krügen und Bechern Klänge schuf, entspannte sie sich und aller Leistungsdruck fiel von ihr. Oft wollte sie zuhören und wünschte sich laute stampfende Geräusche. Sie legte sich dabei auf das Badetuch, rollte sich zusammen und bewegte sich wie ein Fötus. Sie begann ihren Körper und sich besser wahrzunehmen. Die große Trauer und ihre Wut wurden Therapiethema. Aus der grauhäutigen verspannten, schimpfenden Frau entwickelte sich eine zwar immer noch dünne, aber am Leben interessierte, kreative Frau. Nun entschied sie, etwas mit Musik zu arbeiten. Sie bewarb sich als Pfeifenmacherin bei einem Orgelbauer. Sie wurde angenommen für eine Anlehre. Sie kündigte die Stelle im Labor und musste aus dem Personalhaus ausziehen. Bald fand sie eine neue Wohnung bei einer Schleuse am Fluss, wo ihr die Natur zu einer permanenten rezeptiven Klangtherapie verhalf. Die Musiktherapie wurde abgeschlossen.

Einige Jahre später schrieb sie mir, dass sie dank einer Erbschaft ins Tessin ziehen konnte und sich jetzt als Kunstmalerin betätige.

Frauen wie Rosa, welche nach einer Therapie ein neues Leben beginnen können und ihren starken Willen, die Selbstdisziplin und die Kreativität statt auf das Essen auf die Erfüllung ihrer Wünsche konzentrieren, motivierten mich, meine therapeutischen Erfahrungen auszuwerten und weiter zu geben.

Musik allein bringt Frauen mit Anorexie nicht zum Normalgewicht. Bei Rosa war das Essen selten Therapie-Thema, das heißt, die Ärztin übernahm es. Am Anfang der Therapie begann Rosa unter Druck gerade so viel zu essen, dass sie nicht in ein Spital eingewiesen wurde. Nach zwei Jahren gewöhnte sie sich daran und aß fast normal. Bei anderen PatientInnen wurde das Essen und die Gefühle dabei ein wichtiges Thema der Therapie, Das Essen zu planen und vor allem, mit wem man gemeinsam essen möchte und sich diese gemeinsamen Mahlzeiten einzurichten ist oft Teil der Therapie. Dabei werden auch Rezepte ausgetauscht.

11 Psychodrama „plus"

Mit musiktherapeutischen Erwärmungen steht dem Psychodrama eine weitere Möglichkeit zur Verfügung, um Körpergefühle, verdrängte Emotionen und frühe Erinnerungen anzuregen. Das Spielen von gemeinsamen Rhythmen und das gemeinsame Hören von Klängen und Musik kann das Erleben von Gemeinsamkeit und Nähe in der therapeutischen Beziehung erleichtern. Musik berührt ohne Körperkontakt. Das ist in Therapien mit Menschen mit Essstörung zentral. Auch in Gruppen wächst das Vertrauen und die Nähe nach musiktherapeutischen Interventionen, wie die Ärztin Friederike Schroeder (2016) in ihrer Dissertation nachwies. Nach meiner Erfahrung können sich Frauen mit Essstörung sehr gut auf die erwähnten musiktherapeutischen Interventionen einlassen und dabei ersehnte Nähe erleben und Vertrauen fassen.

Psychodrama und Musiktherapie lassen sich gut verbinden. Die beiden Methoden haben Ähnlichkeiten in Bezug auf Spontaneität, Resonanz und Kreativität. Die musiktherapeutischen Elemente können allfälligen Widerstand lustvoll auflösen, entspannen und verdrängte Gefühle und Bedürfnisse anregen. Die psychodramatischen Interventionen verdichten das musikalische Erleben der Erwärmung und unterstützen die bewussten Wünsche nach Veränderung. Psychodrama und Musiktherapie sind ein starkes Paar.

Auberginengratin

Heidi Fausch Pfister

Zubereitungszeit: 10 Minuten aktive Zeit, 18 Minuten backen

Portionen: 1

- 1 kleine Aubergine
- 1 kleine Dose (200 g) Tomaten gehackt
- 1 Knoblauchzehe gepresst
- 1/2 TL Paprika scharf
- Salz
- 50g geriebener Käse

Zubereitung:
- Backofen (ev. Heißluft) auf 200–220° aufheizen
- Aubergine in Scheiben schneiden
- gepresste Knoblauchzehe, Paprika und Salz zu den Tomaten geben, mischen
- eine Schicht Aubergine in die Gratinform legen
- mit der Hälfte der gewürzten, gehackten Tomaten bestreichen
- den Rest der Aubergine in die Form legen
- den Rest der Tomaten darauf streichen
- den Käse darüber streuen

18 Minuten backen

Tipp:
Die Mengen, die Gewürze und auch die Käsesorte kann man variieren. Der Gratin wird immer lecker.

Literatur

Brun, H. (2016). Wenn Essen zum Problem wird, Essstörungen aus psychoanalytischer Sicht. In S. Hellwig & A. Wölfl (Hrsg.), *Was macht wirklich satt? Musiktherapeutische Ansätze in der Behandlung von Essstörungen* (S. 62–70). Wiesbaden: Reichert.
Cramer, A. (2005). In J. Dosch & T. Timmermann (Hrsg.), *Das Buch vom Monochord. Hören-Spielen-Messen-Bauen* (S. 67). Wiesbaden: Reichert.
Decker-Voigt, H. H. (2016). *„und das berührt mich tief". Musiktherapie und Basale Stimulation/basale Bildung*. Wiesbaden: Reichert.
Diedrichs, E. (2016). Über Körperrhythmen und Körperbild. In S. Hellwig & A. Wölfl (Hrsg.), *Was macht wirklich satt? Musiktherapeutische Ansätze in der Behandlung von Essstörungen* (S. 43–61). Wiesbaden: Reichert.
Dobberstein, M. (2000). *Musik und Mensch. Grundlegung einer Anthropologie der Musik*. Berlin: Reimer.
Dosch, J., & Timmermann, T. (2005). *Das Buch vom Monochord. Hören-Spielen-Messen-Bauen*. Wiesbaden: Reichert.
Fausch-Pfister, H. (2011). *Musiktherapie und Psychodrama*. Wiesbaden: Reichert.
Frohne-Hagemann, I. (2002). Vom Sinn und Unsinn des Nachnährens. In D. v. Moreau & A. Wölfl (Hrsg.), *Zur Idee des therapeutischen Nachnährens* (S. 11–27). Wiesbaden: Reichert.
Hegi, F. (1998). *Übergänge zwischen Sprache und Musik. Die Wirkungskomponenten der Musiktherapie*. Paderborn: Junfermann.
Hochreutener, L. S. (2009). *Spiel-Musik-Therapie. Methoden der Musiktherapie mit Kindern und Jugendlichen*. Göttingen: Hogrefe.
Krüger, R. (1997). *Kreative Interaktion, tiefenpsychologische Theorie und Methoden des klassischen Psychodramas*. Göttingen: Vandenhoek & Ruprecht.
Lahusen, S. (2016). Warum werde ich nicht satt? Wenn die Seele hungert. In S. Hellwig & A. Wölfl (Hrsg.), *Was macht wirklich satt? Musiktherapeutische Ansätze in der Behandlung von Essstörungen* (S. 85–95). Wiesbaden: Reichert.
Schroeder, F. (2016). *Wirkfaktoren in der Musiktherapie und der Einfluss externer Variablen auf das Erleben der Therapie*. Dissertation Medizin, Ulm: Universität
Spitzer, M. (2003). *Musik im Kopf*. Stuttgart: Schattauer.
Stern, D. N. (2007). *Die Lebenserfahrung des Säuglings*. Stuttgart: Klett-Cotta.

Heidi Fausch-Pfister geboren 1943 in Zürich, ist Musiktherapeutin, Psychodramatikerin, Lehrtherapeutin und Dozentin an Musiktherapie-Ausbildungen. Studien in Musik, Psychologie, Pädagogik und Psychoanalyse nach C.G. Jung ergänzen ihre Therapieausbildung. Sie hat sich für die Entwicklung der Musiktherapie als Präsidentin des Schweizer Fachverbandes eingesetzt und 15 Jahre lang in der Europäischen Musiktherapie Konföderation (EMTC) größtenteils im Vorstand mitgearbeitet. Sie verfügt über langjährige Berufserfahrung in der Kinder- und Jugendpsychiatrie, Familientherapie, Psychosomatik, am Schulpsychologischen Dienst, am Limmatspital in der Geriatrie Palliativabteilung und arbeitet in eigener Praxis. Ihre Texte über die Kombination von Psychodrama und Musiktherapie wurden in 4 Sprachen übersetzt.

HAUPTBEITRÄGE

Komorbidität bei Essstörungen und ihre therapeutischen Implikationen
Die Zeit allein heilt nicht alle Wunden

Susanne Kunz-Mehlstaub

Online publiziert: 8. November 2018
© Springer Fachmedien Wiesbaden GmbH, ein Teil von Springer Nature 2018

Zusammenfassung Im folgenden Beitrag der Zeitschrift für Psychodrama und Soziometrie werden komorbide Erkrankungen (Begleiterkrankungen) der Bulimia nervosa und ihre Konsequenzen für den therapeutischen Prozess beschrieben. Komorbide Störungen erfordern variable Strategien. Welche Behandlungsweise zu welchem Zeitpunkt sinnvoll ist, muss von Fall zu Fall entschieden werden. Der therapeutische Verlauf komorbider Störungen lässt keine Prognose zu. Dies erfordert von PatientInnen und TherapeutInnen größere Flexibilität und mehr Geduld. Kleine Fortschritte wirken motivierend und erleichtern die Bewältigung von Rückschritten.

Schlüsselwörter Psychodrama · Anorexie · Bulimie · Therapie · Komorbidität · Trauma · Persönlichkeitsstörung

Comorbidity in eating disorders and their therapeutic implications
Time does not heal all wounds

Abstract This article describes the comorbidity of the eating disorder (Bulimia) and the consequences for the therapeutic process. Comorbidity requires adjustable strategies. Which therapeutic strategies are useful and at which point in time must be decided from case to case. The serenity of the comorbidity does not allow a clear prognosis at the beginning of the therapy. Engaging in this hard to predict process demands greater flexibility and more patience from the patient and the therapist throughout the therapy. Clear progress has a motivating effect and makes it easier to cope with backward steps.

Keywords Psychodrama · Anorexia · Bulimia · Therapy · Comorbidity · Trauma · Personality Disorder

Dr.in med. S. Kunz-Mehlstaub (✉)
Glockengasse 4, 9000 St. Gallen, Schweiz
E-Mail: sukumeh@sunrise.ch

1 Bulimie

> Wenn man gegen eine Essstörung ankämpft, fällt es oft schwer zu glauben, dass das eigentliche Problem gar nicht das Essen ist. Sicher, unser Kampf scheint sich um das Essen zu drehen, das wir tun oder unterlassen (zwanghaft essen, erbrechen, hungern). Es scheint. als dächten wir ausschließlich ans Essen, ob wir nun eine Diät einhalten oder eine Fresstour machen. (Johnston 2000, S. 35)

Der folgende Artikel befasst sich mit der Essstörung Bulimie und deren Begleiterkrankungen, die Problematik wird anhand einer Fallvignette verdeutlicht. Die Ausgangsfrage ist: Mit welchen Beschwerden kommen PatientInnen überhaupt in eine Therapie? Die Essstörung allein ist oftmals kein Grund, sich in Behandlung zu begeben. Es sind meist die Begleiterkrankungen, die zu diesem Schritt nötigen.

Im Hintergrund steht die Angst, die Kontrolle über das Essen und vor einer nicht einzudämmenden Gewichtszunahme zu verlieren. Oft vergehen Jahre bis zum Behandlungsbeginn.

Ängste gehören zur intrapsychischen Dynamik der Essstörung. Sie entstehen aus der Konfrontation mit sich selbst und sind von Leeregefühlen begleitet. Besonders zu Tageszeiten, in denen die Betroffenen nicht beschäftigt sind, verspüren sie einen heftigen Drang zur Nahrungsaufnahme, unabhängig von Hungergefühlen oder dem Bedürfnis sich zu ernähren. Daraus ergibt sich für den Therapeuten oder die Therapeutin die Aufgabe, mit den PatientInnen gemeinsam eine Tagesstruktur zu erarbeiten, die den kompensatorischen Ess-Brech-Anfällen entgegenwirkt.

Oft begeben sich die PatientInnen aufgrund der psychischen oder somatischen Symptome der Begleiterkrankungen in medizinische Behandlung oder es wird durch das Umfeld (Familie, Arbeitsplatz) eine ärztliche oder psychiatrische Abklärung veranlasst.

Zu den typischen psychischen Begleiterkrankungen und Symptomen der Bulimie gehören Depressionen mit Schlafstörungen, Leistungseinbußen, Konzentrationsstörungen und Stimmungsschwankungen, Burnout und Persönlichkeitsstörungen mit Beziehungsschwierigkeiten, PTBS (Posttraumatische Belastungsstörung) und Süchte. Die Kennzeichen der Bulimie werden hingegen oft verheimlicht. Die somatischen Begleiterkrankungen resultieren aus den chronischen Hungerzuständen, exorbitanter Nahrungszufuhr und ständigem Erbrechen. Verschiedene Organsysteme wie der hormonale Regelkreis, das Herz- und Kreislaufsystem, der Elektrolythaushalt, der Magen-Darm-Trakt und das Gehirn können in unterschiedlichem Ausmaß betroffen sein. Eine der irreversiblen somatischen Langzeitfolgen der Bulimie nach vorgängiger Anorexie ist die Osteoporose (Herzog 2013, S. 232). Aufgrund der Verborgenheit der eigentlichen Erkrankung ist eine sorgfältige psychische und somatische Abklärung und Diagnosestellung von größter Bedeutung für die Therapie. Ebenso ist eine intensive interdisziplinäre Zusammenarbeit von TherapeutInnen und SomatikerInnen unabdingbar. Kern (2008, S. 12) bringt die existentielle Frage der Frauen auf den Punkt: „Warum ziehen manche jungen Frauen eine Essstörung, die mit einer von Einschränkungen und Entbehrungen geprägten Lebensweise einhergeht, einem genussvollen, erlebnisreichen Leben vor?" Manchmal tritt diese Frage im therapeu-

tischen Prozess angesichts der Not der PatientInnen, an der Essstörung festhalten zu müssen, in den Hintergrund.

1.1 Diagnose der Bulimie

„Die Bulimie nervosa (ICD-10 2000) ist durch wiederholte Anfälle von Heißhunger (Essattacken) und eine übertriebene Beschäftigung mit der Kontrolle des Körpergewichts charakterisiert. Dies veranlasst die Patientin, mit extremen Massnahmen den dickmachenden Effekt der zugeführten Nahrung zu mildern. Der Terminus bezieht sich nur auf die Form, die psychopathologisch mit der Anorexia vergleichbar ist. Die Alters- und Geschlechtsverteilung ähnelt der Anorexia nervosa, das Alter bei Beginn liegt jedoch geringfügig höher. Die Störung kann nach einer Anorexia nervosa auftreten und umgekehrt.
So erscheint eine vormals anorektische Patientin nach einer Gewichtszunahme oder durch Wiederauftreten der Menstruation zunächst gebessert, dann aber stellt sich ein schädliches Verhaltensmuster von Heisshunger (Essattacken) und Erbrechen ein. Wiederholtes Erbrechen kann zu Elektrolytstörungen und körperlichen Komplikationen führen (Tetanie, epileptische Anfälle, kardiale Arrhythmien, Muskelschwäche), sowie zu weiterem starken Gewichtverlust." (ICD-10 2000, S. 202)
Diagnostische Leitlinien:
1. Eine andauernde Beschäftigung mit Essen, eine unwiderstehliche Gier nach Nahrungsmitteln, die Patientin erliegt Essattacken, bei denen große Mengen Nahrung in sehr kurzer Zeit konsumiert werden.
2. Die Patientin versucht dem dickmachenden Effekt der Nahrung wird mit verschiedenen Verhaltensweisen entgegenzusteuern: selbstinduziertem Erbrechen, Missbrauch von Abführmitteln, zeitweiligen Hungerperioden, Gebrauch von Appetitzüglern, Schilddrüsenpräparaten oder Diuretika. (...)
3. Eine der wesentlichen psychopathologischen Auffälligkeiten besteht in der krankhaften Furcht davor, dick zu werden; die Patientin setzt sich eine scharf definierte Gewichtsgrenze, deutlich unter dem prämorbiden vom Arzt als optimal oder „gesund" betrachtetem Gewicht. (...) (ICD-10 2000, S. 202)

Die Diagnostik und die Leitlinien beschreiben eindrücklich die Schwere des Störungsbildes Bulimie. Heutzutage liegt die Prävalenz bei jungen Mädchen und Frauen zwischen 16 und 35 Jahren bei 1 % Jacobi C. (2011). Bulimie Patientinnen empfinden meist ausgeprägte Scham- und Schuldgefühle wegen der „oft als überwältigend erlebten Gier, Dranghaftigkeit, Inkooperationswünschen, aggressiven Impulsen und Kontrollverlust" (Herzog 1996, S. 110). Das Verhalten um die Nahrungs- und Gewichtskontrolle wird lange geheim gehalten und in einer Parallelwelt ausgelebt.

1.2 Ursachen der Bulimie

Die Bulimie ist erst seit Ende der 70er Jahre ein eigenständiges Krankheitsbild (Russell 1979). Die Ursachen der Bulimie sind multifaktoriell (Rost und Köhnlein 2013) und verknüpft mit genetischen, neurobiologischen, familiären, soziokulturellen und

individuell psychologischen Dispositionen. *Genetische Faktoren* hat man in Studien mit eineiigen Zwillingen gefunden; die Wahrscheinlichkeit für Zwillingsgeschwister an einer Bulimie zu erkranken ist deutlich höher als bei zweieiigen Zwillingen (Fairburn et al.1999; Bulik et al. 2000). Gesicherte Angaben molekulargenetischer Erkenntnisse fehlen noch. *Neurobiologische* Faktoren bei der Bulimie fanden sich im serotonergen System. Serotonin ist bedeutsam im Zusammenhang komorbider Störungen wie Depressionen und Ängsten. Vermutet wird, dass durch kohlenhydratreiche Ernährung bei Essanfällen Einfluss auf die Serotoninsynthese genommen wird und negative Affekte ausgelöst werden können (Wurtmann et al. 2003). Eine gesteigerte Serontoninsynthese bewirkt Veränderungen im Serotoninhaushalt und führt gleichzeitig zu einer Verminderung der Rezeptorendichte. So erklärt man sich den Mechanismus, dass nach erfolgreicher Behandlung der Essstörung Depressionen oder Ängste bestehen bleiben (Herpertz 2011). Zu den *familiären Faktoren* zählen das gehäufte Vorkommen von Adipositas, beispielsweise bei Müttern, die sich immer wieder Diäten unterziehen, das Vorhandensein psychischer Störungen, Suchtverhalten (Franzen und Florin 1995) oder negativen Einstellungen zum Körper (Fairburn et al. 1997; Leung et al. 1996) bei anderen Familienangehörigen und ungünstigen Interaktionsformen in der Familie (Jacobi et al. 2008, S. 164). Die familiären Faktoren lassen sich auch unter dem Begriff der „familialen Transmission" (Herpertz 2011, S. 164) zusammenfassen. *Individuell persönliche Faktoren* sind altersspezifisch, da die Bulimie meist in der Spätadoleszenz respektive dem jungen Erwachsenalter auftritt. Die Herausforderungen dieser Lebensphase führen allgemein zu psychischer Labilisierung verbunden mit der Suche nach Identität (Fairburn et al. 1997). Weitere Risikofaktoren für die Entwicklung einer Bulimie sind Traumata, Erfahrungen mit emotionalem und/oder sexuellem Missbrauch, hohe Unzufriedenheit mit dem eigenen Körper, Selbstwertprobleme, emotionale Instabilität und Impulsivität sowie Bindungsstörungen, Perfektionismus, stringente Leistungsorientiertheit und Körperschemastörungen. „Das Gefühl dafür, was der Körper braucht oder ihm guttut, ist deutlich beeinträchtigt. Bei körperlichem Kontakt zeigen sich viele dieser Patientinnen ablehnend und verweigernd, lassen umgekehrt aber wahllos sexuelle Kontakte zu" (Haid 2014, S. 18ff; Kern 2008). Die *soziokulturellen* Einflüsse sind in westlichen Ländern hinlänglich bekannt. Sie sind Teil gesellschaftlicher Rollen-Erwartungen, mit denen Frauen sich konfrontiert sehen. Besonders hervorzuheben sind Schönheits-Körperideale (Jäger et al. 2002, Becker et al. 2003 und Hall 2007), die aggressiv in den Medien vertreten werden. Der innere und äußere Druck, dieses Ideal zu erreichen, zeigt sich an der Überzeugung vieler PatientInnen: „Wenn ich nur schlank bin, wird alles anders." „Die kausale Verknüpfung zwischen der Rezeption überschlanker Models und der Ausbildung bulimischer Symptomatik kann als gesichert angenommen werden" (Jäger 2008, S. 77). Dementsprechend wurde die englische Schauspielerin „Twiggy" wegen ihrer spindeldürren Figur eine der ersten „Berühmtheiten" der 60er Jahre. Ein weiteres historisches Beispiel ist Kaiserin Sissy, die unter dem Druck stand, schön und schlank zu sein, und täglich ein umfangreiches Programm absolvierte, um die Maße ihres Körpers zu kontrollieren. Sie unterzog sich ausgeklügelten Diäten und einem intensiven Trainingsprogramm (Vandereycken et al. 2003). Aber auch weitere renommierte Persönlichkeiten, wie z. B. Lady Diana, litten an einer Bulimie.

1.3 Komorbide Störungen und Bulimie

Der Begriff der Komorbidität geht auf Feinstein (1970) zurück und beschreibt das Auftreten zusätzlicher Erkrankungen zu einer Haupterkrankung in einem bestimmten Zeitraum. Er führte den Begriff der internen Komorbidität (Krankheitsbilder der gleichen Störungsgruppe) und der externen Komorbidität (Krankheitsbilder unterschiedlicher Störungsgruppen) ein. Es handelt sich um weitere abgrenzbare Krankheitsbilder oder Syndrome, die nicht nur diagnostisch von Bedeutung sind, sondern vor allem für die Behandlung einen grösseren Handlungsspielraum zulassen. Für die PatInnen steigt die Symptombelastung im Krankheitsverlauf an, da komorbide Störungen einander ungünstig beeinflussen.

Für die Bulimie gelten folgende Diagnosen als häufigste komorbide Störungen:

- Affektive Störungen wie Depressionen, 63 %; hier wird am ehesten von einer Prädisposition ausgegangen. (Brewerton et al. 1995)
- Angststörungen, bis zu 70 %; am häufigsten ist die soziale Phobie. (Godart et al. 2000)
- PTBS (Posttraumatisch Belastungsstörung), in der Vorgeschichte 21 %; sie ist deutlich häufiger als in der Gesamtbevölkerung (Dansky et al. 1997).
- Persönlichkeitsstörungen, Borderline Persönlichkeitsstörungen (BPS), bei ca. 20–80 % (Herzog et al. 1995); die ängstlich vermeidende Persönlichkeitsstörung ist die häufigste (Vgl. Ro et al. 2005).
- Suchterkrankungen, 30–70 %, vor allem Alkoholmissbrauch oder -abhängigkeit. (Eger 2004)

Die Wechselwirkung zwischen Essstörung und Komorbidität soll am folgenden Fallbeispiel aufgezeigt werden.

2 Die Fallgeschichte

Frau Z kam wegen eines Burnouts in eine psychotherapeutische Klinik. Sie wurde zuerst einige Wochen stationär behandelt, um die Voraussetzungen für die Fortsetzung einer ambulanten Therapie zu schaffen. Die Autorin lernte die Patientin als Einzeltherapeutin in der Klinik kennen und behandelte sie später auch ambulant weiter.

2.1 Fallvignette

„Ich kann nicht fühlen, wie soll ich mich dann finden?"

Die 40-jährige Patientin, Frau Z, wurde als erstes von mehreren Geschwistern als nicht willkommenes Kind junger Eltern geboren. Die finanziellen Verhältnisse des Paares garantierten kein genügendes Auskommen, weshalb beide Elternteile arbeiten mussten. Die Patientin wurde deshalb unterschiedlichsten Bezugspersonen anvertraut und erst als Kind in die Familie zurückgeholt. Die Mutter musste schon bald wegen verschiedener Erkrankungen häufig hospitalisiert werden. Für die zwei jüngeren Geschwister übernahm Frau Z mütterliche Funktion. Ihre Ferien verbrach-

ten die Patientin und ihre Geschwister regelmäßig bei Verwandten. Frau Z wurde an diesem Ort von einem Familienmitglied über mehrere Jahre bis ins höhere Schulalter sexuell missbraucht. Es wurde in der Familie nicht bemerkt oder „übersehen". Viel später stellte sich heraus, dass die Mutter als Kind Ähnliches erlebt hatte und wenig Einfühlung für ihre Tochter aufbringen konnte. Der Vater war kühl, abweisend, kränkbar und gewalttätig, die Beziehung der Eltern zueinander sehr konfliktbeladen.

Frau Z konnte die Schule und die Sekundarschule mit guten Leistungen abschließen. Sie verbrachte die letzten Schuljahre im Internat. Die Familie lebte aufgrund wiederholter Umzüge an verschiedensten Orten, was erneut diverse Beziehungsabbrüche für die Patientin zur Folge hatte. Sie erlernte einen sozialen Beruf, den sie über mehrere Jahre ausübte. Dann lernte sie ihren Ehemann kennen. Aus dieser Ehe stammten zwei Kinder. Frau Z ließ sich nach ca. 20 Jahren aufgrund zunehmender Schwierigkeiten mit ihrem Mann scheiden. Sie fühlte sich durch seine Vorstellungen in der Partnerschaft immer mehr eingeengt. Die Beziehung zu ihren Eltern, ihren Kindern und ihrem Ehemann war jahrelang geprägt von Schuld- und Schamgefühlen. Für die Eltern konnte sie die vermeintlich geforderte Zuneigung nicht aufbringen, ebenso wenig wie Freude, Trauer oder Mitgefühl. In ihrer eigenen Familie konnte sie keine gute Ehefrau und Mutter sein und nach der Scheidung den Gedanken kaum ertragen, die Ehe „zerstört" und den Kindern den „Vater genommen" zu haben. Erst nach der Trennung erkannte sie, wie sehr sie in dieser Ehe gelitten hatte. Die Kinder blieben nach der Scheidung bei ihr. Dennoch fühlte sie sich als Mutter zu wenig präsent und meinte, ihren Kindern nur oberflächlich gerecht werden zu können. Sie kompensierte dies mit Fleiß, Gewissenhaftigkeit und Zuverlässigkeit. Ihre eigenen Gefühle nahm sie vor allem als sehr belastend und lähmend wahr. Die emotionale Indifferenz oder das „Gefühl" nicht fühlen zu können waren kontinuierlich vorhanden und Thema in der Therapie. Nach weiteren unglücklichen Beziehungen fand sie zuletzt einen Partner, mit dem sie sich verstand. Mit ihm konnte sie ihre Einsamkeitsgefühle durchbrechen und erlebte mehr Geborgenheit. Dennoch begleiteten sie weiterhin Schuld- und Schamgefühle und die Vorstellung, alles falsch gemacht zu haben. Erst nach langjähriger Therapie gelang es ihr, die Beziehungen zu den wichtigsten Bezugspersonen nicht nur zu verstehen, sondern im weiteren Verlauf auch anders zu gestalten. Nach der Scheidung absolvierte Frau Z eine Umschulung in eine emotional weniger belastende Berufssparte. Den Anforderungen im sozialen Bereich fühlte sie sich nicht mehr gewachsen. In ihrem neuen Beruf mit weniger menschlichen Kontakten fand sie einen besseren Zugang zur Arbeit und erlebte wieder mehr Zufriedenheit an ihrem Arbeitsplatz.

2.2 Diagnostik psychischer komorbider Störungen

Die Erhebung der klinischen Befunde fand im stationären Rahmen statt und basierte auf den Schilderungen der Patientin, den Beobachtungen des Pflegeteams und den Untersuchungen der Einzel- und Spezial TherapeutInnen. Folgende Störungsbilder wurden während des stationären Aufenthalts mit dem ICD 10 und anhand der OPD Struktur- und Konfliktachse diagnostiziert.

1. Bulimia nervosa ICD10 50.2
2. Rezidivierende Depressionen ICD 10 33.2 und Burn-out ICD 10 Z 73
3. PTBS ICD 10 F 43.2
4. Borderline-Persönlichkeitsstörung ICD10 60.3 mit ängstlich vermeidenden und narzisstischen Persönlichkeitszügen (Herzog et al. 1995)

Die OPD wurde vor allem für die Spezifizierung der Symptomachse, der Konflikt- und Strukturachse herangezogen. (Siehe weiter unten).

3 Therapie

Die Bulimie kann prinzipiell ambulant behandelt werden. Sollte eine Therapie in einer stationären oder teilstationären Einrichtung notwendig werden, dann am besten in einer dafür spezialisierten Einrichtung (Boothe et al. 2013; Herzog et al. 1996). Die Indikationen für eine stationäre Therapie folgen weiter unten. Welches Setting zu welchem Zeitpunkt der Therapie indiziert ist, ist abhängig vom Gesamtzustand und der Motivation der Patientin. Manchmal muss in einem vorgeschalteten stationären Setting die Motivation für eine ambulante Therapie oder umgekehrt in einer ambulanten Therapie die Motivation für eine stationäre Behandlung erst erarbeitet werden.

Indikationen für eine stationäre Therapie bei Bulimie:

- bei Stagnation der ambulanten Therapie;
- für Ernährungsrehabilitation bei ununterbrochenen Ess-Brech-Anfällen und Restitution des Körpergewichtes. Dazu gehört die Rhythmisierung der Mahlzeiten, (Experten-Netzwerk, Enes 2018) der Aufbau einer Tagesstruktur, die Gewichtskontrolle und die Einhaltung der vorgegebenen therapeutischen Maßnahmen;
- bei instabilen Zustandsbildern wegen Dekompensation komorbider Störungen mit mittelschweren bis schweren Depressionen und Krisen bei Intensivierung der Trauma-Arbeit.

Das Vorgehen im stationären Rahmen beruht auf einem multimodalen Therapieangebot. Es richtet sich nach dem bio-psycho-sozialen Krankheitsmodell. Die Diagnose der Entstehung der Erkrankung bezieht dementsprechend seelische, körperliche und soziale Faktoren mit ein. Es kommen psychotherapeutische (s. unten), somatische (Medikamente) und sozialarbeiterische Maßnahmen zum Einsatz. Essstörungen brauchen in jedem Fall einen eklektischen Therapieansatz: Psychodynamische, verhaltenstherapeutische, systemische, psychodramatische und/oder körpertherapeutische und kunsttherapeutische Therapien werden angewendet.

3.1 Therapieverlauf bei Frau Z

Es folgen die Beschreibungen der Therapien für die Begleiterkrankungen von Frau Z. Ihre Depression mit psychophysischem Erschöpfungszustand und das Burnout hatten zur Hospitalisation geführt und konnten stabilisiert werden. In der anschließenden

ambulanten Therapie standen die Trauma-Arbeit, die Bulimie und die Probleme der Persönlichkeitsstörung im Vordergrund.

3.2 Wesentliche Therapieziele bestanden in

- der Milderung der Depressionen
- dem Umgang mit den Symptomen der PTBS
- dem Verständnis für die eigene Lebensgeschichte
- der Minderung der Symptomatik Essstörung
- dem Zugang zu einer breiteren Gefühlspalette
- dem Abbau von tiefem Misstrauen anderen gegenüber und mehr Selbstakzeptanz
- der Entwicklung von mehr Spontaneität und Kreativität (Kunz-Mehlstaub und Stadler 2018, S. 63 ff) und verändertem Rollenverhalten
- Stressabbau und besserer Selbsteinschätzungsfähigkeit
- mehr zufriedenstellender Beziehungsgestaltung und Lebensqualität

3.3 Depression und Burnout

Frau Z wurde wegen einer ausgeprägt depressiven Symptomatik mit einem psychophysischen Erschöpfungszustand einige Wochen lang stationär behandelt. Zusätzliche Symptome waren Gefühle der Sinnentleerung, Einsamkeit und heftiger Aggression gegen ihren Körper. Nach einer ersten stationären Stabilisierung mit Teilremission der depressiven Symptomatik konnte Frau Z in eine ambulante Therapie entlassen werden, die die Autorin übernahm. Hier begann sie sich mit den Ursachen und Auslösern ihrer Krise näher zu beschäftigen. Als besonders belastend erkannte sie nun den Beziehungsstress in der Partnerschaft, der begleitet wurde von einer ständigen inneren Unruhe, allgemeiner Stressintoleranz, Konzentrations- und Schlafstörungen. Diese Symptome ließen sich mit unterstützenden Gesprächen und Medikamenten (Antidepressiva SSRI) mildern.

3.4 Die Therapie des Traumas

Längere Abschnitte der Therapie widmeten wir der Aufarbeitung der *Traumata*. Die von den aktuellen Schwierigkeiten getriggerten Erinnerungen traumatischer Erfahrungen in der Kindheit erforderten eine sorgsam abgestimmte Fokusverlagerung mit einem bedarfs- und prozessorientierten Vorgehen. Dazu gehörten Monodrama und weitere spezielle Techniken für die Behandlung des Traumas. Die Gesprächstherapie förderte die Integration des Erlebten. Die traumatischen Erinnerungen waren begleitet von dissoziativen Zuständen. Frau Z fühlte sich zeitweise wie „eingefroren" und spürte sich körperlich nicht mehr. Dieses Erleben konnte Minuten bis Stunden andauern. Es trat zu allen Tages- und Nachtzeiten auf. Während der nächtlichen Zustände lag Frau Z mit offenen Augen im Bett und versuchte sich zu orientieren. Diese Phasen wurden zum längsten und anspruchsvollsten Teil der Therapie, da sie sich besonders allein und hilflos fühlte. Sie beschrieb auch Alpträume und Flashbacks.

Die Trauma Arbeit wurde psychodramatisch-szenisch mit Stabilisierungs-Übungen begonnen. Die Vorbereitungen dazu bestanden in der Herstellung des sicheren Ortes, (Reddemann 2001) den wir imaginativ erarbeiteten. Den sicheren Ort konkretisierte Frau Z auf der Tischbühne. Für die Trauma-Expositionen kam der etappenweise Aufbau des 4-Bühnenmodells nach Krüger (2015, S. 68 ff und S. 202) und das Screen-Verfahren von Reddemann (2001) zum Einsatz. Auch die Alpträume belasteten Frau Z sehr, denn in ihnen tauchten wiederholt Bilder des Täters auf. Eine besondere Schwierigkeit bestand für Frau Z in ihrer hoch ambivalenten Haltung zum Täter, der ihr schweres Leid zugefügt hatte. Er war zugleich die einzige Person, die Zeit für sie hatte und ihr Aufmerksamkeit schenkte. In den Alpträumen erlebte sie den Druck, den er auf sie ausgeübt hatte. Sie musste unter Androhung von Gewalt schweigen. Das zwiespältige Bild des Täters wurde in der ersten Therapiephase anerkannt und aufrechterhalten. Erst im späteren Verlauf der Therapie konnte Frau Z durch weitere Erinnerungsbilder erkennen, dass die positiven Seiten des Täters für sie wenig hilfreich gewesen waren, und es gelang ihr zunehmend mit Hilfe monodramatischer Interventionen (Interviews und Rollen Wechsel), sich von ihren verzerrten Vorstellungen zu distanzieren. Die traumatischen Erfahrungen hatten zerstörerische Auswirkungen auf ihre Persönlichkeit, auf ihr Berufs- wie auch Privatleben. Zudem entstanden traumatische Erfahrungen nicht nur durch sexuellen Missbrauch, sondern auch durch die Deprivationserfahrungen als Säugling und Kleinkind, da sie wiederholt in die Obhut wechselnder Bezugspersonen gegeben worden war. Die Beziehungen zur Familie waren sehr belastend und geprägt durch Konflikte, emotionale Distanz und Kälte. Für die Exploration dieses Beziehungsnetzes der Patientin nutzten wir das sozio-kulturelle Atom, einer Aufstellung innerer Rollen zu Personen oder Situationen auf der Tischbühne. (Kunz-Mehlstaub und Stadler 2018). Dies führte Frau Z wiederholt zu der Frage, ob sie überhaupt je ein Kind dieser Familie gewesen sei. Sie habe sich oft fremd und nicht zugehörig gefühlt.

3.5 Therapie der Essstörung

Diese traumatischen Erinnerungen induzierten heftige Ekelgefühle und Hass auf ihren Körper und lösten regelmäßige Ess-Brechattacken aus, zeitweilig mehrmals pro Tag. Sie ermöglichten zwar vorerst Entlastung und Spannungsabbau, provozierten jedoch Schuld-, Scham- und Ekelgefühle, die lange im Vordergrund standen. Im Sinne einer eklektischen Psychotherapie wurden in der Therapie verschiedene Verfahren angewandt: Die tiefenpsychologische Grundhaltung der TherapeutIn ermöglichte es der Patientin, sich verstanden und angenommen zu fühlen. Ihr verhaltensorientiertes Vorgehen mit der Einführung eines Esstagebuchs und motivationaler Gesprächsführung verhalfen Frau Z über längere Zeiträume hin zu mehr Selbstfürsorge und Normalisierung ihres Essverhaltens. Das psychodramatische, szenische Arbeiten ermöglichte ihr Erkenntnisse über die Symbolisierung auf der Bild- und Handlungsebene. Spezielle psychodramatische Interventionen in Form von Rollenspielen führten zur Auseinandersetzung mit den Ess-Brechanfällen. Die Patientin konnte letztlich die Essstörung weitgehend überwinden, was zumindest eine Teilentlastung bot.

Insbesondere durch die Konkretisierung im Rollenspiel wurde ein vertiefter Reflexionsprozess angeregt. Beispielsweise reagierte die Patientin auf eine Wochenendbegegnung mit der Familie mit heftigen Ess-Brech-Anfällen. Sie wollte herausfinden, wie es zu diesen gekommen war. Für die szenische Darstellung der Situation und der Suche nach einer Erklärung ihrer starken Spannungszustände im Vorfeld wurde das Arbeiten mit Stühlen herangezogen. In der Schilderung der Personen konnte Frau Z herausarbeiten, wie schmerzlich für sie das Desinteresse der Eltern ihr gegenüber war. Die Mutter reagierte meist mit bagatellisierenden oder abwertenden Bemerkungen auf die Schilderungen ihrer Tochter. Der Vater zog sich zurück. Für Frau Z führte das Verhalten der Eltern zu einem Gefühlschaos, einerseits ihnen eine gute Tochter sein zu wollen und andererseits zu spüren, wie viele schwierige Gefühle sie zurückhalten musste.

Durch die Technik, mit inneren Anteilen (Stadler 2017) zu arbeiten, wurde es Frau Z möglich, ihre Gefühle zu explorieren und zu identifizieren. Im weiteren Therapieverlauf konnte sie eine andere und distanziertere Position zu den Eltern einnehmen. Sie realisierte auch, wie schwierig jede Form der Annäherung anderer für sie zu ertragen war. Insgesamt förderte die Arbeit mit Stühlen und Gesprächsvignetten die Beziehungskontexte zu untersuchen, und die Arbeit mit Ego-States, die Gefühle zu ordnen. Sie intensivierte den Kontakt mit ihren eigenen Wünschen und Bedürfnissen und entdeckte neue Copingstrategien. Zu einem späteren Behandlungszeitpunkt gelang es Frau Z die Bulimie aufzugeben und auf andere Weise Spannungen und Emotionen zu regulieren, z. B. indem sie begann negative Gefühle zuzulassen und zu benennen. Die Folgen der PTBS konnte sie allmählich besser integrieren und wiederkehrende Depressionen nahmen einen milderen Verlauf an. Die strukturell (OPD) bedingten Beziehungsschwierigkeiten konnten durch ihr wachsendes Verständnis für sich und ein besser ausgewogenes Nähe-Distanz-Erleben gemildert werden.

3.6 Zusammenfassung der Anamnese

Die Patientin war von Beginn an schwierigen Lebensbedingungen ausgesetzt. In den ersten Lebensjahren wurde sie überwiegend fremdplatziert und nach der Rückkehr zu den Eltern bis zur Adoleszenz erlebte sie viel Gewalt und wenig emotionale Nähe. Auch wurde sie über Jahre sexuell missbraucht. Ihre Ehe war sehr konfliktbeladen und in der Lebensmitte erlitt sie dann einen Zusammenbruch mit Depressionen, Essstörung und den Folgen der PTBS.

4 Diskussion

Als Reaktion auf ihre traumatisierende Kindheit hatte die Patientin im Erwachsenenalter eine Bulimie und rezidivierende Depressionen entwickelt. Die PTBS löste durch Scham- und Schuldgefühle massive Selbsthass-Attacken aus, die zu heftigen Ess-Brech-Attacken führten. Gefühle von Ohnmacht und Hilflosigkeit ließen die Patientin wiederholt in depressive Krisen verfallen. Die komorbiden Störungen konnten vor allem anhand der OPD-Achsen I–IV spezifiziert werden. (Schauenburg et al. 1998). Zwischen den komorbiden Störungen bestand ein ursächlicher Zusammenhang. Die Kindheitstraumata (Deprivation und sexueller Missbrauch) führten zu schweren strukturellen Defiziten und intrapsychischen Konflikten, (Arbeitskreis OPD 1996 und OPD 1998). Auf der OPD-Achse I im Krankheitserleben überwog die depressive Symptomatik. Auf der Konflikt Achse III zeigte sich ein Autonomie-Abhängigkeitskonflikt mit dem Leitgefühl der Angst vor Nähe. Auf der Struktur Achse IV in den Beurteilungsdimensionen der Selbst- und Objektwahrnehmung, Selbstregulierung, Regulierung zum Objekt, Kommunikation und Bindung war ein mäßig bis gering integriertes Funktionsniveau vorherrschend. (OPD 1998 und 2004).

Auch auf allen drei Entwicklungsebenen nach Schacht (2010, S. 36, 182 ff.) fanden sich Beeinträchtigungen; dazu gehören die psychosomatische Ebene 1, die psychodramatische Ebene 2 und die soziodramatische Ebene 3.

In den ersten Lebensmonaten entwickelt sich auf Ebene 1 das Selbst als Subjekt. Das Kind empfindet ein „in the act"-Selbstgefühl. Nach den ersten 2 bis 3 Monaten verfügt es über ein Kernselbst (Schacht 2003, S. 111), welches sich in den weiteren Monaten festigt. Das Selbst als Subjekt und das Selbst als Objekt entsprechen der Entwicklung autotelischer Prozesse (Beziehung zu sich selbst und zu anderen). In dieser 1. Phase spielen die Bezugspersonen eine wesentliche Rolle als Hilfs-Ich. Sie doppeln das Kind (Moreno 1952) und geben ihm emotionales und soziales Biofeedback, damit Affekte als eigene erlebt werden können. Die emotionale Beziehung zum Selbst prägt das Selbstwertgefühl, woraus sich Selbstverantwortung und Selbstwirksamkeit entwickeln. Es gelingt ein innerer Rollenwechsel und die kognitive Perspektivenübernahme. Das Kind erkennt sich als Selbst-Objekt im Spiegel (Schacht 2003, S. 188 ff.) Auf der psychodramatischen Ebene II vom ca. 18. Monat bis zum vierten Lebensjahr kommt die sprachliche Ebene hinzu. Die autotelischen Emotionen wie Verlegenheit, Scham, Bedauern, Stolz, Reue und Schuld gewinnen an Bedeutung und werden mit der Sprache reguliert, sofern dem Kind die entsprechende Begleitung und Förderung zur Verfügung steht. Die soziodramatische Rollenebene III verläuft vom ca. 4. Lebensjahr bis zur Postadoleszenz.

In der geschilderten Fallvignette bewirkte der häufige Wechsel von Bezugspersonen mit emotionaler Inkonstanz und eingeschränkter Spiegelung bereits im Säuglingsalter und in der frühen Kindheit gravierende Störungen auf der psychosomatischen Ebene I und damit auch auf den nachfolgenden Ebenen 2 und 3. Betroffen waren vor allem die Selbst- und Körperidentität, die Introspektionsfähigkeit und die Affektregulation (Ess-Brech-Anfälle). So entstanden auf Ebene I und II durch übermäßigen emotionalen Stress schon gravierende Schäden und Entwicklungsblockaden mit Auswirkungen auf Ebene III. Die Affektentwicklung, die Zuneigung zu sich und anderen, sowie die somatische und psychische Kommunikation zugewandter und situationsadäquater Gefühle wurden beeinträchtigt.

Eine tiefe und gleichzeitig angemessene, flexible Emotionalität erfordert beim Erwachsenen das Zusammenspiel aller Rollenebenen I–III. So stehen je nach situativem Kontext unterschiedliche Handlungskompetenzen im Vordergrund. Die Kompetenzen der psychosomatischen und psychodramatischen Ebene sind wichtig, um Gefühle intensiv zu erleben und Spannungen und Emotionen regulieren zu können. (Schacht 2010, S. 39)

In dem Fallbeispiel setzten sich im Erwachsenenalter die Auswirkungen auf das Kind als tiefe emotionale Verunsicherung fort. Es fehlte der PatientIn die Fähigkeit, sowohl sich selbst wie auch andere Menschen gefühlsmäßig einschätzen zu können. Sie hatte meist den Eindruck, in einer „falschen" Identität zu sein. Sie war in der Lage, gut zu „funktionieren", indem sie sich erlernter und jedoch von wenig Gefühlen begleiteter Verhaltensmuster im Alltag bediente. Somit konnte Frau Z in ihren beruflichen Wirkungsbereichen relativ lang erfolgreich agieren. Sie hatte jedoch im privaten Bereich größere Mühe, die von ihr geforderte psychosoziale Anpassungsleistung zu erbringen. Der Zusammenbruch vor dem Klinikaufenthalt war Ausdruck einer schweren Erschöpfung nach einer langen Zeit der Aufrechterhaltung einer Fassade.

5 Fazit

Die komorbiden Störungen sind im beschriebenen Fall durch die traumatischen Lebensereignisse in unterschiedlichen Entwicklungsphasen entstanden. Sie haben einen eigenen Krankheitswert und bedürfen der sorgfältigen Therapieplanung (Thompson-Brenner und Wesen 2005). Generell lässt sich feststellen, dass die Symptombelastung bei Patientinnen mit komorbiden Störungen höher ist und alltägliche Funktionen stärker eingeschränkt sind. Deshalb bedürfen komorbide Störungen der phasenweisen Behandlung. Eine PTBS scheint bei Patientinnen mit bulimischer Symptomatik nach Dansky (et al. 1997) mit 21 % häufiger aufzutreten. Diese Prozentangaben finden sich auch in verschiedenen anderen Studien, in welchen Patientinnen nach sexuellen Übergriffen eine Bulimie entwickelt hatten (Sanci et al. 2008). Interessanterweise konnte Dansky (et al. 2000) nachweisen, dass bei Patientinnen mit Bulimie, die keine Therapie aufsuchten, Depressionen seltener auftraten. Dies könnte u. a. damit zusammenhängen, dass erst die Auseinandersetzung mit den Ursachen der Störung zu Depressionen führen. Im obigen Fall kam es zu Teilremissionen der Begleiterkrankungen (der depressiven Verstimmungen und der PTBS), was sich an einer deutlich verbesserten Befindlichkeit der Patientin zeigte. Die Remission der Essstörung lässt sich im Kontext mit der Behandlung der PTBS erklären. Die Essstörung führte durch die Symptomatik der PTBS zu einer stressbedingten Dysregulation der Spannungs- und Emotionsregulation. Hier wird nochmals auf Schacht (2010) verwiesen, der auf die entwicklungsspezifische Störanfälligkeit bereits in der 1. Entwicklungsphase mit den Konsequenzen für die weiteren Phasen beschrieben hat. Die Patientin konnte je länger je mehr den Zusammenhang der Ursachen dieser emotionalen Dysregulation erkennen, und musste weniger auf die Ess-Brechanfälle als Copingstrategie zurückgreifen. Sie fand in der Therapie auch zu mehr Spontaneität und Kreativität durch die therapeutische Beziehung einerseits und die verschiedenen psychodramatischen Interventionen andererseits. Sie fühlte sich insgesamt aktiver, was ihr in den Gestaltungen von Beziehungen zu Hilfe kam. Zuletzt produzierte sie keine Ess-Brech-Anfälle mehr. Diese Rolle konnte sie zugunsten neuerer Rollen in sportlichen Aktivitäten, Hobbys und Freundschaften erleben. Die Auseinandersetzung mit den Zusammenhängen und der Komplexität der Begleiterkrankungen führte Frau Z im Therapieverlauf zu neuen Erkenntnis-

sen. Ihr wurde deutlich, was für eine mühsame und belastende Vergangenheit auf ihr lastete. Sie fühlte sich dadurch teils entlastet und entwickelte ein verbessertes Selbstwertgefühl und eine eigene Identität. Ihre Depressionen verliefen weniger schwerwiegend. Auch ihre Persönlichkeitsstörung nahm eine weniger ausgeprägte Form an. Für die Veränderung des Gesamtzustands brauchte es zwar Jahre der Behandlung. Aber es gelang eine Annäherung an das Ziel der therapeutischen Bemühungen, eine Verbesserung ihrer Lebensqualität mit ihren teils verschütteten und teils neu entwickelten gefundenen Ressourcen.

Scharfe Gemüsepfanne mit Chili, Curry und Tofu

Susanne Kunz Mehlstaub

Zubereitung:
Knoblauch und Chili in Olivenöl anbraten, dann Gemüse wie Paprika, Brokkoli, Melanzani rüsten und zuerst die Paprika und die Brokkoli und zum Schluss die Melanzani in den WOK geben und mit Gemüsebrühe würzen. Abschließend das Gemüse mit Sojamel abschmecken. Festen Tofu in Würfel schneiden und in Sesam und Sojasauce wälzen und anbraten. Tofu Würfel auf das Gemüse legen und servieren.

Bon Appetit

Zum Nachtisch:
Mango-Eis

Literatur

Verwendete Literatur

Arbeitskreis OPD (1996). *Operalisierte Psychodynamische Diagnostik. Grundlagen und Material.* Bern: Huber.
Becker, A.E., Burwell, R.A., Navara, K., & Gilman, Stephen E. (2003). Binge eating and binge eating disorder in a small-scale, indigenous society: The view from Fiji. *International Journal of Eating Disorders, 34*(4), 423–431.
Boothe, B., & Riecher-Rössler, A. (2013). *Frauen in Psychotherapie. Grundlagen – Störungsbilder – Behandlungskonzepte.* Stuttgart: Schattauer.
Brewerton, T.D., et al (1995). Comorbidity of axis I psychiatric disorders in bulimia nervosa. *The Journal of clinical psychiatry, 56,* 77–80.
Bulik, C., et al. (2000). Twin studies of eating disorders: a review. *International Journal of Eating disorders, 27,* 1–20.
Dansky, B.S., Brewerton, T.D., Kilpatrick, D.G., & O'Neil, P.M. (1997). The National Women's Study: Relationship of victimization and posttraumatic stress disorder to bulimia nervosa. *International Journal of Eating Disorders, 21*(3), 213–228
Dansky, B., et al. (2000). Comorbidity of bulimia and alcohol use disorders: results from the National Women's Study. *International Journal of Eating Disorders, 27,* 180–190.
Eger, J. (2004). *Essstörungen und Suchterkrankungen. Dissertation vom 22.07.2004 TU München Fakultät Medizin*
Experten-Netzwerk Essstörungen Schweiz (Enes) (2018) Anorexie, Bulimie, Bingeeating. https://www.netzwerk-essstoerungen.ch/. Zugegriffen: 7. Aug. 2018.
Fairburn, C., et al. (1997). Risk factors for bulimia nervosa. A community-based case-control study. *Arch. Gen psychiatry, 54,* 463–469.
Fairburn, C., et al. (1999). Twin studies and the etiology of eating disorders. *International Journal of eating disorders, 26,* 349–358.

Fairburn, C. G. (1997). Kapitel 5: Bulimia. Genetische Faktoren. In S. Herpertz (Hrsg.), *S3-Leitlinie. Diagnostik und Behandlung der Essstörungen* (S. 158–202). Berlin: Springer.
Feinstein, A. R. (1970). The pre-therapeutic classification of comorbidity in chronic disease. *Journal of Chronic Diseases, 23*, 455–468.
Franzen, S. (1995). Familiäre Transmission von gezügeltem Essverhalten. *Zeitschrift für Klinische Psychologie, 24*, 65–69.
Godart, N. T., Flament, M. F., Lecrubier, Y., Jeammet, P. (2000). Anxiety disorders in anorexia and blulimia nervosa: co-morbidity and chronology of appearance. *European psychiatry: the journal of the Association of European Psychiatrists, 15*, 38–45.
Hall, C.C.I. (2007). Asian Eyes: Body Image and Eating Disorders of Asian and Asian American Women. *Eating Disorders, 3*(1), 8–19.
Haid, B. M. (2014). *Bodysatisfaction. Behandlung der Körperwahrnehmungsstörung und Steigerung der Körperzu-friedenheit bei Frauen mit Bulimia nervosa durch die Psychodramagruppe. Master Thesis. Donau-Universität Krems Österreich*
Herpertz, S. et al. (2011). *S-3 Leitlinie. Diagnostik und Behandlung der Essstörungen* (S. 157–196). Berlin: Springer
Herzog, T. (1996). Ambulante Psychotherapie der Bulimia nervosa. In W. Herzog (Hrsg.), *Essstörungen. Therapieführer und psychodynamische Behandlungskonzepte* (S. 107–117). Stuttgart: Schattauer.
Herzog, W. (2013). Essstörungen: Anorexia nervosa. Psychotherapeutische Medizin und Psychosomatik. In G. Rudolf & P. Henningsen (Hrsg.), *Psychotherapeutische Medizin und Psychosomatik* (S. 231–241). Stuttgart: Thieme.
Herzog, T., Stiewe, M., Sandholz, A., Hartmann, A., et al. (1995). Borderline-Syndrom und Essstörungen. Literaturübersicht und Interview Studie. *Psychotherapie Psychosomatik Medizinische Psychologie, 45*, 97–108.
Herzog, W., Munz, D., & Kächele, H. (Hrsg.). (1996). *Essstörungen. Therapieführer und psychodynamische Behandlungskonzepte*. Stuttgart: Schattauer.
ICD-10 (2000) Klinisch Diagnostische Leitlinien. In H. Dilling, W. Mombour, & M.H. Schmidt (Hrsg.), *Internationale Klassifikation psychischer Störungen*. Bern Göttingen Toronto Seattle: Verlag Hans Huber
Jacobi, C., et al. (2008). Interactions between disturbed eating and weight in children and their mothers. *Journal of development and behavioral paediatrics, 29*, 360–366.
Jacobi, C. (2011). Bulimia nervosa. In S. Herpertz, B. Herpertz Dahlmann, M. Fichter, B. Tuschen-Caffier & A. Zeeck (Hrsg.), *S-3 Leitlinie Diagnostik und Behandlung der Essstörungen* (S. 157–196). Berlin: Springer.
Jäger, B. (2008). Soziokulturelle Aspekte der Essstörungen. In S. Herpertz, M. de Zwaan & S. Zipfel (Hrsg.), *Handbuch Essstörungen und Adipositas* (S. 75–81). Heidelberg: Springer.
Jäger, B., et al. (2002). Body dissatisfaction and its interrelations with other risk factors for bulimia nervosa in 12 countries. *Psychotherapy and psychosomatics, 29*, 360–366.
Johnston, A. (2000). *Die Frau, die im Mondlicht ass*. Bern, München, Wien: Scherz.
Kern, S. (2008). *Anorexie und Bulimie als rigide Rollenkonserven. Magersucht und Bulimie aus dem Blickwinkel des Models Spontaneität-Kreativität. Masterthese ÖÖAG PD U2. Donau-Universität Krems Österreich*
Krüger, T. R. (2015). *Störungsspezifische Psychodramatherapie. Theorie und Praxis*. Göttingen: Vandenhoeck & Ruprecht.
Kunz-Mehlstaub, S., & Stadler, C. (2018). *Psychodramatherapie*. Stuttgart: Kohlhammer.
Leung, F., et al. (1996). Testing a dual-progress family model in understanding the development of eating pathology: a structural equation modelling analysis. *The international Journal of Eating disorders, 20*, 367–375.
Moreno, J. L. (1952). Psychodramatische Produktionsverfahren. In F. von Jonathan (Hrsg.), *Psychodrama und Soziometrie. Essentielle Schriften*. Köln: Edition Humanistische Psychologie.
Reddemann, L. (2001). *Imagination als heilsame Kraft. Zur Behandlung mit Traumafolgen mit ressourcenorientierten Verfahren*. Stuttgart: Pfeiffer bei Klett-Cotta.
Ro, O., et al. (2005). Two-year prospective study of personality disorders in adults with longstanding eating disorders. *Journal of Eating Disrders, 37*, 112–118.
Rost, B., & Köhnlein, F. (2013). Essstörungen. In B. Boothe & A. Riecher-Rössler (Hrsg.), *Frauen in Psychotherapie* (S. 136–151). Stuttgart: Schattauer.
Russell, G.F.M. (1979). Bulimia nervosa – an ominous variant of anorexia nervosa. *Advances in eating disorders, Theory, Research and Practice, 1*(1), 103–107.

Sanci, L., et al. (2008). Childhood sexual abuse and eating disorders in females: finding from the Victorian Adolescent Health Cohort Study. *Archives of Pediatrics & Adolescent Medicine, 162*, 261–267.

Schacht, M. (2003). *Spontaneität und Begegnung. Zur Persönlichkeitsentwicklung aus Sicht des Psychodramas*. München: InScenario.

Schacht, M. (2010). *Das Ziel ist im Weg. Störungsverständnis und Therapieprozess im Psychodrama*. Wiesbaden: VS.

Schauenburg, H., Freyberger, H.J., Cierpka, M., & Buchheim, P. (Hrsg.). (1998). *OPD in der Praxis. Konzepte, Anwendungen, Ergebnisse der Operationalisierten Psychodynamischen Diagnostik*. Bern: Huber.

Stadler, C. (2017). *Ich bin viele. Psychotherapie mit Ich-Anteilen*. München: Ernst Reinhardt.

Thompson-Brenner, H., & Westen, D. (2005). A naturalistic study of psychotherapy for bulimia nervosa, part 1: comorbidity and therapeutic outcome. *The journal of nervous and mental disease, 199*, 573–584.

Vandereycken, W., van Deth, R., & Meermann, R. (2003). *Wundermädchen Hungerkünstler Magersucht. Eine Kulturgeschichte der Essstörungen*. Weinheim, Basel, Berlin: Beltz.

Wurtmann, R.J., et al. (2003). Effects of normal meals rich in carbohydrates or proteins on plasma tryptophan and tyrosins ratios. *The American Journal of Clinical Nutrition, 77*, 128–132.

Weiterführende Literatur

Kellermann, P.F. (2007). *Sociodrama and Collective Trauma*. London: Published by Kingsley.

Susanne Kunz-Mehlstaub geboren 1952, Fachärztin für Psychiatrie und Psychotherapie, Medizinstudium in Wien, Ausbildung zur Psychotherapeutin in Psychodrama und psychoanalytischer Therapie in Wien und Zürich. Psychosomatische Tätigkeit in der Klinik Eggenburg in Österreich. Langjährige ärztliche Leiterin im Bereich Psychotherapie an der Klinik Clienia Littenheid in der Schweiz. Fachlicher Schwerpunkt für Persönlichkeits- und Essstörungen. Seit 2008 therapeutische Tätigkeit für Einzel- und Gruppentherapie und Coaching in eigener Praxis in St. Gallen. Supervisorin in verschiedenen Institutionen, Lehraufträge an der Uni Innsbruck für Aus- und Weiterbildung in Psychodramatherapie, am PSZ in Zürich für Psychoanalyse und am KIF in Luzern für analytische Selbsterfahrung. Mitgliedschaften: ÖAGG, SGPP, PSZ Zürich, PDH Schweiz.

HAUPTBEITRÄGE

An der Schnittstelle zwischen ärztlicher und psychotherapeutischer Behandlung der Anorexia nervosa

Anika bietet eine Freundschaft am Abgrund

Ulrike Altendorfer-Kling

Online publiziert: 25. Oktober 2018
© Springer Fachmedien Wiesbaden GmbH, ein Teil von Springer Nature 2018

Zusammenfassung Die medizinisch-psychotherapeutische Behandlung stellt die BehandlerInnen immer wieder vor komplexe Herausforderungen und die Gefahr der Rollenkonfusion zwischen der Rolle der ÄrztIn und der PsychotherapeutIn. Exemplarisch wird die Behandlung einer jugendlichen Patientin mit der Diagnose Anorexia nervosa vorgestellt. Es werden psychotherapeutische Wirkfaktoren und Begrenzungen vor dem Hintergrund einer lebensbedrohlichen Erkrankung diskutiert. Die psychotherapeutische Medizin bietet hier zukunftsweisende Behandlungsansätze.

Schlüsselwörter Essstörung · Anorexia nervosa · Jugendliche · Psychodrama · Psychotherapeutische Medizin

At the interface between medical and psychotherapeutical treatment of an in-patient with the diagnosis anorexia nervosa

Anika offers a friendship at the edge of the abyss

Abstract The medical and psychotherapuetical treatment repeatedly poses complex challenges and the danger of role confusion between the role of a medical practitioner and the role of a psychotherapist to the doctors. For example, the treatment of an adolescent in-patient with the diagnosis of Anorexia nervosa is presented. Psychotherapeutic effective factors and limitations are discussed against the background of a life-threatening disease. Psychotherapeutic medicine thus offers trendsetting treatment opportunities.

Keywords Eating disorder · Anorexia nervosa · Psychodrama · Adolescents · Psychotherapeutic medicine

---

U. Altendorfer-Kling (✉)
Praxis für Psychodramapsychotherapie, Mönchsberg 33, 5020 Salzburg, Österreich
E-Mail: praxis@draltendorfer.at

1 Ausgangspunkt

Daniela, ein 14-jähriges Mädchen kam zur Aufnahme an die Salzburger Landeskliniken. Zu Beginn des Aufenthaltes zeigte sie ihr zurückhaltendes und bedürfnislos scheinendes Wesen. Sie schien die Rundumversorgung der Klinik zu genießen und war nicht krankheitseinsichtig. Dabei wirkte sie aber nicht schüchtern, sondern in ihrer Zurückweisung therapeutischer Angebote und vor allem des Essens selbstbewusst und konsequent. Die Psychodynamik für dieses Verhalten bezeichnet Rudolf (2017, S. 21, 22, 177, 178) als Pseudo-Autonomie, die der Jugendlichen ein triumphales Gefühl der Autonomie für eine Persönlichkeit verschafft, die sich in der Regel zuvor als hochgradig abhängig, verpflichtet, unaggressiv und wenig durchsetzungsfähig gegenüber anderen erlebt hat. Das Symptom, solange es besteht, ist der Garant einer sicheren Gebundenheit, sodass in der Psychotherapie nach langer und intensiver Arbeit mit dem Autonomiestreben der in der Kindheit ungesättigte und stark ausgeprägte Bindungswunsch sichtbar wird.

2 Schnittstelle zwischen Medizin und Psychotherapie

Für Patientinnen mit der Diagnose Anorexia nervosa ist ein multiprofessioneller Therapieansatz unerlässlich. Hust, Zimmer-Gemmbeck (2015) empfehlen eine Kombination aus familienbasierter Psychotherapie und individueller Arbeit mit der Jugendlichen an ihrem Thema „Perfektionismus". In einer Pilotstudie von S. Lloyd et al. (2015) hatten die Mütter von Personen mit Anorexia nervosa häufiger eine depressive Erkrankung. Daher ist das Familiensystem bereits von Beginn an in die Anamneseerhebung sowie in die Therapie miteinzubeziehen und den von Problemen oder psychischen Erkrankungen betroffenen Bezugspersonen professionelle Hilfestellung anzubieten.

2.1 Rollenpathologie und Essstörung

Ich arbeitete im Rahmen des Psychodramas à deux. Das Rolleninventar, das Daniela anbot, zeigte die Rollen der Bedürfnislosen, Autonomen, Kontaktscheuen, Ängstlichen, Abweisenden, Hungernden, Schonungsbedürftigen und ließ expansive, kreative, spontane und laute Rollen vermissen. Das Rolleninventar dokumentierte die Zunahme von extrovertierten, spontanen und kreativen Rollen im Therapieverlauf (die Neugierige, Widerspenstige, Kreative, für sich Sorgende). Nach Fürst (2004b, S. 288) sind die im Erstkontakt angebotenen Rollen meist die wichtigsten Bewältigungsrollen des Patienten. Sie sind Teil einer Strategie mit dem Unbill des Lebens fertig zu werden und gehören damit zu den Ressourcen des Patienten.

Ein Ziel der Therapie war es, Daniela dabei zu helfen, ihre Gefühle und Bedürfnisse zu erkennen, zuzulassen, zu verstehen, und diese emotionalen Erfahrungen in der persönlichen Welt zu integrieren, um einen kohärenteren Sinn des Selbst zu erreichen.

Der therapeutische Aufenthalt, mit all den Angeboten in der Gruppe, den regelmäßigen Reflexionsgesprächen mit der Patientin, deren Familie und den behandelnden Teammitgliedern kann im erweiterten Sinn als psychodramatische Gruppentherapie gesehen werden. In der Universitätsklinik für Kinder- und Jugendpsychiatrie Salzburg werden zusätzlich supportive Psychodramagruppen für Jugendliche mit Essstörungen und spezielle Essstörungsgruppen angeboten (Thun-Hohenstein et al. 2017, S. 109, 112).

2.2 Probleme in der Behandlung der Anorexia nervosa

An Anorexia nervosa erkranken laut Rudolf (2017, S. 231) ca. 1 % der Jugendlichen im Alter von 11–35 Jahren, (Verhältnis Burschen: Mädchen = 1:7). Die Prognose dieser Störungen, selbst bei rechtzeitiger Therapie ist durch das starke Chronifizierungsrisiko eingeschränkt: Nur etwa 30 % der PatientInnen werden gesund. Ca. ein weiteres Drittel leidet chronisch an der Erkrankung und ein weiteres Drittel verstirbt daran. Daher streben alle diagnostischen und therapeutischen Methoden eine Behandlung zum frühestmöglichen Zeitpunkt an. Meine Aufgaben als behandelnde Ärztin sind die Aufklärung über Verlauf und Prognose der unbehandelten Erkrankung und die Erreichung einer basalen Therapiemotivation, notfalls bei Gefahr im Verzug auch einer Therapie gegen den Willen der PatientIn und ihrer Familie. Ich habe in dieser ersten Phase der Behandlung immer wieder mit größten Widerständen und fehlender Krankheitseinsicht der verschiedenen Familienmitglieder zu (ver-)handeln. In Bezug auf Daniela erlebte ich mich aufgrund der zu besprechenden Themen als Ärztin, zugleich aber von der Haltung der Patientin und ihrer Familie gegenüber als Psychotherapeutin, die handlungsfähig bleiben konnte, wenngleich die PatientInnen, ihre Bedenken und Symptome für mich einfühlbar blieben. Ich stimme mit Diamond-Raab und Orrell-Valente (2002, S. 343–364) darin überein, dass der Focus der Patientin auf die Gewichtskontrolle und die Kalorienanzahl gelegt wird, um gegen Gefühle zu anzukämpfen. So werden zentrale intrapsychische Konfliktthemen auf den Körper verschoben. Die PatientInnen führen unbewusst dasselbe durch wie die westliche Medizin im Laufe der Geschichte der letzten Jahrhunderte. Sie versuchen durch ihre Essensverweigerung Leib und Seele zu trennen. In unserer Gesellschaft halten Essen und Trinken Leib und Seele sprichwörtlich zusammen. Der Zusammenhang zwischen dem Einzelschicksal einer Person und die soziokulturelle Bedeutung der Erkrankung ist leicht erkennbar.

Daniela ist eine überdurchschnittlich intelligente junge Frau, die sich auf ihren Abwehrmechanismus der Intellektualisierung und Rationalisierung verließ. Sie erschien zeitweise von ihren Gefühlen abgeschnitten, unfähig diese zu erkennen und zu benennen (Alexithymie).

Ich halte es für außerordentlich wichtig, den PatientInnen und deren Familien authentisch gegenüberzutreten und mich nicht von dem gezeigten Harmonie- und Schonungsbedürfnis täuschen oder einschränken zu lassen. Dies wirkt sich im Therapieverlauf ungünstig aus, da das Spiel, die wahren Gefühle und Gedanken zu verbergen, fortgesetzt wird. Die Patientin wird ihrer TherapeutIn gegenüber kein Vertrauen entgegenbringen können, da sie zutreffender Weise Unehrlichkeit unterstellt. Es ist hilfreich, der Patientin gegenüber die Konfliktthemen anzusprechen

und auch zu den damit verbundenen Gefühlen zu stehen und diese zu benennen. Dies bewirkt ein klares Beziehungsangebot, in dem Konfliktsituationen (wie zum Beispiel: Manipulation der Sonde, Vortäuschung eines höheren Gewichtes u. ä. m.) besprochen und lösbar werden. Ich konnte nicht zulassen, dass Daniela weiter an Gewicht verlor. Mein Ziel war klar definiert, sie in den gesunden Gewichtsbereich zu begleiten. Damit war sie nicht einverstanden, sie wollte so wenig wie möglich wiegen und ignorierte jegliche Gefährdung. Daniela war zu keinem Zeitpunkt ihres Aufenthaltes auf der Station akut suizidal, brachte aber eine Gleichgültigkeit das Thema Sterben betreffend zum Ausdruck.

Die genaue Falldarstellung ist in meiner unveröffentlichten Arbeit (Altendorfer-Kling 2005) beschrieben. Zu Beginn des stationären Aufenthaltes erreichte Daniela ihren Gewichtstiefststand bei 29,7 kg (2 kg unter der 3. Percentile Gewicht/Alter) bei einer Körpergröße von 154 cm (25. Percentile Größe/Alter), BMI 12,78 (weit unter 3. Percentile BMI/Alter). Sie konnte im Frühsommer des Folgejahres mit einem Gewicht von 41,8 kg (Größe: 158 cm, 10.–25. Percentile Gewicht/Länge) entlassen werden. Ich habe mit Daniela 71 psychotherapeutische Sitzungen verbracht, die in wöchentlichen bis 2-wöchentlichen Abständen gehalten wurden und bin beinahe täglich auf der Station mit ihr in einer medizinisch-therapeutischen Interaktion gestanden.

2.3 Therapieziele

In unserer *47. Sitzung* zeigte mir Daniela, sehr deutlich, wo sie in Bezug auf *die Therapieziele* stand:

Erwärmung: Daniela fühlt sich leer und einsam. Sie ist heute unzufrieden mit sich selbst, weiß aber nicht, warum. Sie hat selbständig eine Liste der 18 nützlichen Dinge mitgebracht, die die Anorexie auszeichnen und die nicht gefährlich für Daniela sind. Wir lesen gemeinsam die Liste durch und besprechen Punkte, die für Daniela wichtig sind: Neinsagen können, Vorschläge, mit denen sie nicht einverstanden ist, nicht widerstandslos annehmen (auch ohne logische Argumente), manchmal schwindeln;

Spiel: Ich interviewe Anika (anorektischer Anteil, gespielt von Daniela), Daniela spielt Gefühle von Einsamkeit (wirkt beleidigt, wie eine Mutter, deren Tochter eigene Wege geht und ihr nicht mehr über alles Bescheid sagt, sie fühlt sich im Stich gelassen) zunächst schüchtern an. Anika (Daniela nach weiterem Rollenwechsel) sitzt verstockt im Trotzwinkel hinter einem Stuhl, wendet sich von Daniela ab. Ich arbeite nach Fürst (2004a, S. 247) mit Daniela, indem ich ihr die Teilung der Antagonistin (Anika) in einen geliebten und einen ungeliebten Anteil ermögliche, den ich im Rollenwechsel und durch wiederholtes Doppeln der für Daniela schwer zugänglichen Gefühle, mit Daniela nach genauer Anleitung durch sie spiele. Daniela trotzt als Anika weiter vor sich hin, reicht mir schließlich die Hand und wendet sich mir nach einer Weile neugierig und fragend zu. Anika ziert sich zunächst, stellt dann viele Fragen, will gesehen und geliebt werden, wichtig für Daniela sein, die sich bei ihr für all die stützenden Eigenschaften bedankt, ihr einen guten Platz gibt und ihr die Freundschaft anbietet. Keine von beiden will die andere verlieren.

Daniela beginnt sich und ihre Erkrankung aus einem neuen Blickwinkel zu betrachten und wird so fähig, selbst in die Situation und ihren Krankheitsverlauf einzugreifen. So wird es ihr langsam möglich, die positiven Anteile, die die Anorexie verkörperte zu integrieren und die negativen Anteile zu verlassen ohne dabei allzu viele Schuldgefühle zu erleiden.

3 Wirkfaktoren und Begrenzungen

3.1 Beziehung zwischen Ärztin und Patientin

Durch Supervision konnte ich meine Rollenklarheit beibehalten, da ich die Rollenerwartungen Danielas reflektierte und sie so von der Ärztin hin zur Heilerin und Gastgeberin erweiterte, wie es Fürst beschreibt (2004b, S. 285). Daniela hat durch ihre Anforderung, Wärme und Kontrolle zu vereinbaren, gezeigt, dass dies elementar für ihre Entwicklung ist. Diese Veränderung hat sie über ihre Erkrankung auch in ihrem Familiensystem bewirkt.

3.2 Auswirkung von Fehlern und Irrtümern während des Therapieverlaufs:

Fehler und Irrtümer haben sich im Therapieverlauf so ausgewirkt, dass sie zu Behandlungsbeginn zu einem Stocken des Prozesses geführt haben. Als ich schließlich psychodramatisch ins Geschehen eingestiegen bin, konnten wir sie konstruktiv nützen und sie boten reichlich Übungs- und Bearbeitungsmaterial. Im Sinne einer Modellwirkung konnte Daniela erkennen, dass man gut leben kann, obwohl Fehler passieren. Sie entwickelte ein sehr gutes Gespür für ihren Bedarf an Autonomie und Kontrolle.

3.3 Nachnähren

Eine zentrale Rolle spielte die Magensonde. Die Sonde garantierte Daniela menschliche Zuwendung, Sorge und Mitleid. Ohne selbst etwas dafür tun zu müssen, blieb Daniela mit der Welt verbunden. Weiters garantierte ihr die Sonde die Fortsetzung des stationären Aufenthalts mit Rundumversorgung und Ernährung ähnlich wie im Mutterleib. Daniela musste genau 9 Monate lang, der Dauer einer Schwangerschaft entsprechend, über die Magensonde ernährt werden. Absetzversuche innerhalb dieser Zeit scheiterten wiederholt. Erst nach ihrer „2. Geburt", die kurz nach Weihnachten stattfand, konnte sie selbst dauerhaft die Verantwortung für ihre Ernährung übernehmen. Daniela holte sich in der Zeit ihrer beginnenden Pubertät, an einem Wendepunkt zwischen Kindheit und Erwachsenenleben, mit Frauwerdung und Verantwortungsübernahme früheste Erlebnisse und Ressourcen im Sinne der Nachreifung frühester mütterlich versorgender Rollen (Stelzig 1996, S. 205–214).

4 Diskussion

Psychotherapie und Medizin allein diagnostisch und therapeutisch angewendet versagen, weil sie nur Teilbereiche der zu behandelnden Krankheiten berücksichtigen. Es ist für den Therapieprozess unabdingbar, dass die behandelnde ÄrztIn neben ihrer medizinischen Tätigkeit zusätzlich eine psychotherapeutische Ausbildung anwendet. Ist die BehandlerIn und die ÄrtzIn eine Person, kann keine Spaltung zwischen den BehandlerInnen stattfinden. Es kann ein Vorteil sein, wenn Pharmakotherapie und Psychotherapie in einer Hand sind, da die PatientIn zumeist mehr Vertrauen zu der TherapeutIn hat, bei der sie auch ihre Probleme bearbeiten kann und nicht nur Medikamente bekommt (Bender 1990, S. 115–116). Allerdings erschwert eine Verquickung von medizinischer und psychotherapeutischer Betreuung für beide Seiten die unvoreingenommene Bearbeitung der psychologischen Aspekte pharmakologischer Behandlung. Dies gilt es umso mehr zu beachten, als die hier fälligen Themen wie Autoritätskonflikte oder Eigenverantwortung im Umgang mit der Erkrankung psychodynamisch bedeutsam sind. Dem Paradigma der biopsychosozialen Medizin folgend, die Aufspaltung in Körper und Seele aufzulösen und durch die Theorie der organischen Einheit (Egger 2005) zu ersetzen, sehe ich es als erforderlich an, dass die HeilerInnen in der Medizin sich diesem geschichtlich gut belegten ganzheitlichen Denken wieder annähern. Es ist nach Mangold (2004, S. 25 ff.) ergänzend die eminente Bedeutung der „Gate-Keeper-Funktion" der ÄrztInnen im medizinischen Alltag zu beachten. Infolgedessen ist eine bessere Vernetzung und Zusammenarbeit der ärztlichen und therapeutischen Berufsgruppen dringend erforderlich. Oft scheitert es an den finanziellen Rahmenbedingungen oder am Mangel an Zeit, ungestörtem Raum und konkurrierenden Formen der Zusammenarbeit der verschiedenen Berufsgruppen. Eine wünschenswerte Zukunftsperspektive wäre, dass sich die Wertigkeiten in der Medizin, die derzeit durch pharmakologisch-technische Machbarkeit dominiert werden, hin zur Gleichstellung des Wertes der Beziehung zwischen ÄrztIn und PatientIn und so zu einer individualisierten psychotherapeutischen Medizin verschieben.

Hokkaido Kürbiscremesuppe mit Kürbiscroutons

Ulrike Altendorfer-Kling

Portionen: 4

Für die Kürbissuppe:
- 500 g Speisekürbis Hokkaido (ungeschält in Stücke geschnitten und entkernt)
- 1 kleine Zwiebel (fein gehackt)
- ½ EL Currypulver
- ½ EL Ingwerpulver oder eine dicke Scheibe frischer Ingwer
- Salz
- 2 EL Olivenöl

Für die Kürbiskernöl-Croutons:
1 EL Kürbiskernöl, 2 Scheiben Schwarzbrot (gewürfelt),1 Knoblauchzehe (klein, fein gehackt, oder Knoblauchgranulat)

Für die Hokkaido Kürbiscremesuppe mit Kürbiskernöl-Croutons das Öl in einem Topf erhitzen und die Zwiebel anschwitzen. Curry und Ingwer dazugeben und umrühren. Die Kürbisstücke in den Topf geben und mit ca. ½ l Wasser oder Gemüsebrühe aufgießen, salzen. Bei geschlossenem Deckel ca. 20 Minuten köcheln lassen. Dann von der heißen Platte nehmen und etwas überkühlen. Pürieren und eventuell nachwürzen. Nochmals erwärmen. In einer kleinen Pfanne etwas Kürbiskernöl erhitzen. Schwarzbrotwürfel mit feingehackten Knoblauchstückchen anrösten. Die Croutons in die Suppe geben und die Hokkaido Kürbiscremesuppe mit Kürbiskernöl-Croutons sofort servieren.

Tipp:
Die Hokkaido Kürbiscremesuppe mit Kürbiskernöl-Croutons können Sie zusätzlich mit Kürbiskernöl beträufeln und mit einem Klecks Schlagobers garnieren.

Literatur

Altendorfer-Kling, U. (2005). *Essen und Trinken hoit Leib und Seel'z'samm*. Unveröffentlichte Abschlussarbeit Psychodrama, Institut für soziale Kommunikation und Psychotherapie, Universität Innsbruck

Bender, W. (1990). Psychodrama mit Psychosepatienten. In M. Vorwerg & T. Albert (Hrsg.), *Psychodrama* (S. 115–116). Leipzig: Barth.

Diamond-Raab, L., & Orrell-Valente, J. K. (2002). Art therapy, psychodrama, and verbal therapy, an integrative model of group therapy in the treatment of andolescents with anorexia nervosa and bulimia nervosa. *Child and Adolescent Psychiatric Clinics of North America, 11*, 343–364.

Egger, J. (2005). Das biopsychosoziale Krankheitsmodell, Grundzüge eines wissenschaftlich begründeten ganzheitlichen Verständnisses von Krankheit. *Psychologische Medizin, Forschung und Lehre/ Research, 16*(2), 7.

Fürst, J. (2004a). Imaginative, symbolorientierte Techniken und Skripttechniken. In *Psychodrama-Therapie, ein Handbuch* (S. 244–265). Wien: Facultas.

Fürst, J. (2004b). Psychodrama in der Einzeltherapie. In *Psychodrama-Therapie, ein Handbuch* (S. 288). Wien: Facultas.

Hurst, K., & Zimmer-Gembeck, M. (2015). Focus on perfectionism in female adolescent anorexia nervosa. *International Journal of Eating Disorders*. https://doi.org/10.1002/eat.22417.

Lloyd, S., Schmidt, U., Simic, M., & Tchanturia, K. (2015). Selbstberichteter und leistungsbasierter Perfektionismus bei Müttern von Personen mit Anorexia nervosa: eine Pilotstudie. *Neuropsychiatrie, 29*, 192–199. https://doi.org/10.1007/s40211-015-0161-y.

Mangold, B. (2004). Somatisierungsstörungen bei Kindern und Jugendlichen, Zuständigkeit und Rollenkompetenz des Kinderarztes. *Pädiatrische Praxis, 65*, 25–33.

Rudolf, G. (2017). *Psychotherapeutische Medizin und Psychosomatik, Lehrbuch auf psychodynamischer Grundlage* (8. Aufl.). (S. 21–22). Stuttgart, New York: Thieme. S. 177–178

Stelzig, M. (1996). Die Nachreifung frühester mütterlicher versorgender Rollen im Monodrama. In B. Erlacher-Farkas & C. Jorda (Hrsg.), *Monodrama. Heilende Begegnung. Vom Psychodrama zur Einzeltherapie* (S. 205–214). Heidelberg, Berlin, New York: Springer.

Thun-Hohenstein, L., & Trost-Schrems, J. (2017). Psychodrama an einer kinder- und jugendpsychiatrischen Versorgungs-und Universitätsklinik. *Zeitschrift für Psychodrama und Soziometrie, 16*(1), 107–113.

Ulrike Altendorfer-Kling, Dr^{in} med., 1972, Fachärztin für Kinder- und Jugendpsychiatrie und psychotherapeutische Medizin, Ärztliche Leiterin der Kinderseelenhilfe Salzburg, Lehrende an der Paracelsus Medizinischen Privatuniversität Salzburg, Lehrtherapeutin mit partieller Lehrbefugnis für Psychodrama, Soziometrie und Rollenspiel (ÖAGG), Mitglied der ÖGKJP, Psychodrama Psychotherapeutin in freier Praxis mit Weiterbildung in Säuglings- Kinder- und Jugendlichenpsychotherapie.

MIX
Papier aus verantwortungsvollen Quellen
Paper from responsible sources
FSC® C105338

If you have any concerns about our products,
you can contact us on
ProductSafety@springernature.com

In case Publisher is established outside the EU,
the EU authorized representative is:
**Springer Nature Customer Service Center GmbH
Europaplatz 3, 69115 Heidelberg, Germany**

Printed by Libri Plureos GmbH
in Hamburg, Germany